II. Akt
DER SCHMETTERLING
DER MAIKÄFER
Ich liebe dich
Sag, solltest du etwa müde sein?

Alphonse Daudet *Der kleine Dingsda*

Büchergilde Gutenberg
Frankfurt am Main
Wien Zürich

ALPHONSE DAUDET

Der kleine Dingsda

EINE KINDERGESCHICHTE
ILLUSTRIERT VON GERHARD OBERLÄNDER

*›Zu meinen Schwächen
gehören die Erinnerungen,
die Orte und Stätten in mir wachrufen;
ich bin ihnen über die Maßen
verfallen.‹*
Madame de Sévigné

1978
Büchergilde Gutenberg
Frankfurt am Main
Wien Zürich

Büchergilde Gutenberg Frankfurt am Main Wien Zürich

Alphonse Daudet
Der kleine Dingsda

Illustriert von Gerhard Oberländer

Ausgabe für die Mitglieder der Büchergilde Gutenberg
Frankfurt am Main Wien Zürich
Mit freundlicher Genehmigung des Winkler Verlages, München
Aus dem Französischen übertragen von Liselotte Ronte
Die Originalausgabe erschien 1868 in Paris
unter dem Titel ›Le Petit Chose‹ Histoire d'un enfant
Illustrationen von Gerhard Oberländer, München (1977)
Ausstattung Juergen Seuss, Niddatal bei Frankfurt am Main
Satz und Druck Dieter Hoffmann, Mainz-Ebersheim
Bindearbeiten G. Lachenmaier, Reutlingen
Schrift Korpus Garamond, Linotype
Printed in Germany 1978. ISBN 3 7632 2191 3

FÜR PAUL DALLOZ

ERSTER TEIL

I *Die Fabrik*

Am 13. Mai 18 . . wurde ich in einer Stadt der Languedoc geboren, wo man, wie in allen Städten des Südens, viel Sonne, reichlich Staub, ein Karmeliterkloster und zwei oder drei römische Bauwerke findet.

Mein Vater, Monsieur Eyssette, der damals einen Seidentuchhandel betrieb, besaß vor den Toren der Stadt eine große Fabrik und hatte sich in einem ihrer Seitenflügel im Schatten schöner Platanen eine behagliche Wohnung eingerichtet, die durch einen riesigen Garten von den Werkstätten abgetrennt war. Dort bin ich zur Welt gekommen, und dort habe ich die ersten, die einzigen glücklichen Jahre meines Lebens verbracht. So haben sich denn der Garten, die Fabrik und die Platanen meinem dankbaren Gedächtnis sehr tief eingeprägt, und als ich mich nach dem Ruin meiner Eltern von diesen Dingen trennen mußte, habe ich ihnen wie lebendigen Wesen nachgetrauert.

Ich muß gleich zu Beginn sagen, daß meine Geburt meinen Eltern kein Glück gebracht hat. Die alte Annou, unsere Köchin, hat mir seither oft erzählt, daß mein Vater, der zu jenem Zeitpunkt gerade verreist war, die Nachricht von meinem Erscheinen auf dieser Welt zusammen mit der Meldung vom Verschwinden eines seiner Kunden aus Marseille erhielt, der ihm vierzigtausend Francs entführte; glücklich und traurig zugleich fragte sich Monsieur Eyssette also, ob er über das Verschwinden des Kunden aus Marseille weinen oder über die glückliche Ankunft des kleinen Daniel lachen sollte . . . Sie hätten weinen sollen, mein lieber Monsieur Eyssette, sie hätten zwiefach weinen sollen.

So viel steht fest, ich war der schlechte Stern meiner Eltern. Vom Tage meiner Geburt an brachen von allen Seiten Unglücke über sie herein. Zuerst war da die Sache mit dem Kunden aus Marseille, dann brannte es zweimal in ein und demselben Jahr bei uns, dann kam der Streik der Anzettlerinnen, dann unser Streit mit Onkel Baptist, dann ein sehr kostspieliger Prozeß gegen unsere Farbenhändler und schließlich noch die Revolution von 18 . . , die uns den Gnadenstoß versetzte.

Von diesem Augenblick an war die Fabrik flügellahm; nach und nach leerten sich die Werkstätten: jede Woche ein Webstuhl, jeden Monat eine Druckplatte weniger. Es jammerte einen, das Leben aus unserem Hause entweichen zu sehen wie aus einem kranken Körper, langsam, jeden Tag ein wenig. Zuerst wurden die Säle im zweiten Stock nicht mehr betreten, dann wurde der Hinterhof zugemauert. Das währte so gute zwei Jahre; so lange dauerte der Todeskampf der Fabrik. Eines Tages dann kamen die Arbeiter nicht mehr, die Glocke in den Werkstätten hörte auf zu läuten, der Drehbrunnen stellte sein Quietschen ein, das Wasser in den großen Bottichen, in denen die Gewebe gewaschen wurden, blieb glatt und reglos, und bald waren in der ganzen Fabrik nur noch Monsieur und Madame Eyssette, die alte Annou, mein Bruder Jacques und ich; und im Hinterhaus wohnte der alte Pförtner Colombe mit seinem Sohn, dem kleinen Rouget, und bewachte die Werkstätten.

Es war aus, wir waren ruiniert.

Damals war ich sechs oder sieben Jahre alt. Da ich sehr zart und kränklich war, hatten meine Eltern mich nicht zur Schule schicken wollen. Meine Mutter hatte mir nur Lesen und Schreiben beigebracht, dazu noch ein paar Worte Spanisch und zwei oder drei Stücke auf der Gitarre, und diese hatten

mir in der Familie den Ruf eines Wunderkindes eingetragen. Dank dieses Erziehungssystems saß ich immer nur zu Hause und konnte den Todeskampf des Hauses Eyssette in allen Einzelheiten miterleben. Ich gebe zu, dieser Anblick ließ mich kalt; ich fand sogar Gefallen an unserem Ruin, weil ich nun nach Herzenslust in der Fabrik herumspringen konnte, was mir zur Zeit, da es noch Arbeiter gab, nur sonntags erlaubt war. Ganz ernst sagte ich zu dem kleinen Rouget: »Jetzt gehört die Fabrik mir; man hat sie mir zum Spielen geschenkt.« Und der kleine Rouget glaubte mir das. Er glaubte alles, was ich sagte, dieser Dummkopf.

Zu Hause allerdings nahm keiner unseren Zusammenbruch so heiter auf. Monsieur Eyssette wurde plötzlich ganz unausstehlich. Von Natur war er ein feuriger, ungestümer, überspannter Charakter, der gern brüllte, Scherben machte und tobte; im Grunde ein vortrefflicher Mann, der nur eine etwas lockere Hand hatte, gern das große Wort führte und das zwingende Bedürfnis verspürte, alles um sich herum erzittern zu lassen. Statt ihn zu dämpfen und niederzudrücken, brachte ihn sein Mißgeschick geradezu in Harnisch. Von früh bis spät erfüllte ihn ein gewaltiger Zorn, der nicht wußte, an wen er sich halten sollte, und sich folglich gegen alles und jedes richtete, gegen die Sonne, den Mistral, Jacques, die alte Annou, die Revolution, o ja, vor allem gegen die Revolution! ... Wenn man meinen Vater so reden hörte, hätte man schwören können, die Revolution von 18.., die uns übel mitgespielt hatte, sei ausdrücklich gegen uns gerichtet gewesen. Und im Hause Eyssette waren die Revolutionäre wahrlich nicht gut angeschrieben. Was haben wir damals nicht alles über diese Herren gesagt ... Noch heute, wenn der alte Vater Eyssette — Gott erhalte ihn mir! — seinen Gichtanfall kommen fühlt, legt er sich mühsam auf seine Chaiselongue, und dann hören wir ihn stöhnen: »O diese Revolutionäre! ...«

Zu der Zeit, von der ich spreche, hatte Monsieur Eyssette noch keine Gicht, und der Schmerz darüber, daß er ruiniert war, hatte aus ihm einen fürchterlichen Mann gemacht, dem sich keiner mehr zu nähern wagte. Zweimal innerhalb von vierzehn Tagen mußte er zur Ader gelassen werden. In seiner Nähe schwieg ein jeder; man hatte Angst. Bei Tisch baten wir mit leiser Stimme um Brot. In seiner Gegenwart wagten wir nicht einmal zu weinen. Und sobald er den Rücken gekehrt hatte, war es ein einziges Schluchzen vom einen Ende des Hauses zum andern; meine Mutter, die alte Annou, mein Bruder Jacques und sogar mein großer Bruder, der Abbé, alle fingen an zu heulen. Meine Mutter, versteht sich, weinte, weil sie Monsieur Eyssette so unglücklich sah; der Abbé und die alte Annou weinten, weil sie Madame Eyssette weinen sahen; Jacques dagegen, der noch zu jung war, um unser Unglück überhaupt zu begreifen — er war kaum zwei Jahre älter als ich —, weinte ohne Grund einfach zum Vergnügen.

Er war ein recht seltsames Kind, mein Bruder Jacques; er gehörte zu denen, die weinen können, wann sie wollen! Soweit ich zurückdenken kann, sehe ich ihn mit geröteten Augen und tränennassen Wangen vor mir. Morgens, abends, am Tag, nachts, in der Schule, zu Hause, auf dem Spaziergang, er weinte unablässig, er weinte überall. Wenn man zu ihm sagte: »Was hast du?«, antwortete er schluchzend: »Ich habe nichts.« Und sonderbar, er hatte wirklich nichts. Er weinte, wie man sich schneuzt, nur eben öfter, das war alles. Manchmal sagte Monsieur Eyssette ganz verzweifelt zu meiner Mutter: »Sieh dir nur diesen Jungen an, er ist einfach lächerlich . . . ein richtiger Fluß.« Darauf antwortete Madame Eyssette mit sanfter Stimme: »Was willst du, mein Freund, das gibt sich, wenn er größer ist; in seinem Alter war ich genauso.« Unterdessen wurde Jacques größer, sogar sehr viel größer, doch das gab sich nicht. Ganz im Gegenteil, die merkwürdige Fähigkeit dieses sonderbaren Knaben, ohne allen Grund Tränen vergießen zu können, steigerte sich mit jedem Tag. Überdies empfand er das Unglück unserer Eltern als ein großes Glück . . . Diesmal konnte er sich so recht nach Herzenslust dem Schluchzen hingeben, ganze Tage lang, ohne daß jemand ihn gefragt hätte: ›Was hast du?‹

Alles in allem hatte unser Ruin für Jacques wie für mich seine gute Seite.

Ich für meinen Teil war sehr glücklich. Man kümmerte sich nicht mehr um mich. Ich nutzte das aus und spielte den ganzen Tag mit Rouget in den verlassenen Werkstätten, wo unsere Schritte wie in einer Kirche hallten, und auf den großen einsamen Höfen, die das Gras schon überwucherte. Dieser junge Rouget, der Sohn des Pförtners Colombe, war ein dicker Junge von etwa zwölf Jahren, stark wie ein Stier, treu und anhänglich wie ein Hund, dumm wie ein Esel und bemerkenswert vor allem durch sein rotes Haar, dem er seinen Spitznamen Rouget, Rotschopf, verdankte. Doch muß ich gestehen, daß Rouget für mich nicht Rouget war. Für mich war er abwechselnd mal mein getreuer Freitag, mal ein Stamm Wilder oder eine aufsässige Besatzung, je nachdem. Ich selbst hieß zu jener Zeit nicht Daniel Eyssette: Ich war der sonderbare in Tierhäute gekleidete Mann, dessen Abenteuer man mir gerade zu lesen gegeben hatte, ich war Crusoe persönlich. Süßer Wahn! Abends nach dem Essen las ich wieder und wieder mei-

nen Robinson, ich lernte ihn auswendig; tagsüber spielte ich ihn, spielte ihn begeistert und leidenschaftlich und bezog alles, was mich umgab, in mein Schauspiel mit ein. Die Fabrik war nicht mehr die Fabrik, das war meine einsame Insel, o ja, sehr einsam. Die Bottiche übernahmen die Rolle des Ozeans. Der Garten wurde zum Urwald. In den Platanen wohnten zahllose Zikaden, die mitspielten und es nicht wußten.

Auch Rouget ahnte wohl kaum, wie wichtig seine Rolle war. Hätte man ihn gefragt, wer Robinson war, man hätte ihn in große Verlegenheit gebracht; trotzdem muß ich sagen, er spielte seine Rolle sehr überzeugend, und keiner konnte so gut wie er das Gebrüll der Wilden nachahmen. Wo hatte er das gelernt? Ich weiß es nicht. Fest steht, bei seinem gewaltigen Gebrüll der Wilden, das er aus der Tiefe seiner Kehle heraufholte, während er dazu seine kräftige rote Mähne schüttelte, hätten auch die tapfersten Männer angefangen zu zittern. Sogar ich, Robinson, war dadurch manchmal ganz verstört und mußte ihm schließlich leise zuflüstern: »Nicht so laut, Rouget, du machst mir ja Angst!«

Rouget ahmte zwar das Geschrei der Wilden sehr gut nach, doch er verstand sich leider noch besser auf die derben Ausdrücke der Straßenkinder und aufs Fluchen. Beim Spielen lernte ich das bald so gut wie er, und eines Tages platzte mir bei Tisch, ich weiß nicht wie, ein fürchterlicher Fluch

heraus. Allgemeine Bestürzung! ›Wer hat dir das beigebracht? Wo hast du das gehört?‹ Das war eine böse Geschichte. Monsieur Eyssette sprach gleich davon, mich in eine Besserungsanstalt zu stecken; mein großer Bruder, der Abbé, meinte, man müsse mich vor allem zur Beichte schicken, da ich schon in einem verständigen Alter sei. Also wurde ich zum Beichten geschickt. Ein großes Ereignis! In allen Winkeln meines Gedächtnisses mußte ich haufenweise Sünden zusammensuchen, die dort schon sieben Jahre herumlagen. Zwei Nächte konnte ich nicht schlafen; denn da war doch ein ganzer Korb voll von diesen verdammten Sünden; die kleinsten hatte ich zuoberst gelegt, doch das half nichts, man sah die anderen trotzdem, und als ich dann in diesem kleinen Eichenkasten kniete und das alles Pfarrer de Récollets zeigen mußte, meinte ich vor Angst und Scham zu sterben . . .

Nun war es aus. Mit Rouget wollte ich nicht mehr spielen; jetzt wußte ich ja, und der heilige Paulus hatte es gesagt, und Pater de Récollets hatte es wiederholt, daß der Teufel unablässig um uns herumstreift wie ein Löwe, *quaerens quem devoret.* Ach!, wie tief hatte mich dieses *quaerens quem devoret* beeindruckt! Ich wußte auch, daß dieser Intrigant Luzifer nach Belieben alle Gesichter annimmt, um uns in Versuchung zu führen. Und man hätte mir nicht mehr ausreden können, daß er sich in der Gestalt von Rouget versteckt hatte, um mir beizubringen, wie man Gott lästert. Daher hatte ich denn auch, als ich in die Fabrik zurückkehrte, nichts Eiligeres zu tun, als Freitag mitzuteilen, er solle von nun an zu Hause bleiben. Der unglückliche Freitag! Dieser Befehl brach ihm das Herz, doch fügte er sich, ohne zu klagen. Manchmal sah ich ihn in der Türe der Pförtnerwohnung drüben bei den Werkstätten stehen; er schaute traurig vor sich hin; und wenn er merkte, daß ich ihn beobachtete, stieß der Unglückliche, um mich zu rühren, ein entsetzliches Gebrüll aus und schüttelte dazu seine feuerrote Mähne; doch je mehr er brüllte, desto mehr mied ich ihn. Ich fand, er gleiche dem berühmten Löwen *quaerens,* und rief ihm zu: »Mach, daß du wegkommst, mir graut vor dir!«

Rouget versteifte sich einige Tage lang darauf, derart zu brüllen; dann schickte ihn sein Vater, der dieses Gebrüll zu Hause leid war, eines Morgens zum Austoben in die Lehre, und ich sah ihn nicht wieder.

Meine Begeisterung für Robinson kühlte sich deshalb nicht einen Augenblick ab. Genau zu diesem Zeitpunkt hatte Onkel Baptist plötzlich seinen Papageien satt und schenkte ihn mir. Dieser Papagei nahm die Stelle von Freitag ein. Ich setzte ihn in einen schönen Käfig mitten in meinen Winterwohnsitz; und nun war ich mehr Crusoe denn je; ich verbrachte meine Tage im Zwiegespräch mit diesem interessanten Federvieh und versuchte, ihm beizubringen: ›Robinson, mein armer Robinson!‹ zu sagen. Unbegreiflich! Dieser Papagei, den mir Onkel Baptist geschenkt hatte, um sein ewiges Geschwätz loszuwerden, ebendieser Papagei weigerte sich beharrlich zu sprechen, sobald er mir gehörte. Weder ›mein armer Robinson‹ noch irgend etwas anderes; ich habe ihm nie ein einziges Wort entlockt. Trotzdem liebte ich ihn sehr und sorgte gut für ihn.

So lebten mein Papagei und ich in strengster Einsamkeit, als sich eines Morgens etwas ganz Ungewöhnliches ereignete. An jenem Tag hatte ich schon früh meine Hütte verlassen und unternahm, bis zu den Zähnen bewaffnet, einen Erkundungszug durch meine Insel ... Plötzlich sah ich eine Gruppe von drei oder vier Personen auf mich zukommen, die sehr laut sprachen und lebhaft gestikulierten. Um Himmelswillen! Menschen auf meiner Insel! Ich konnte gerade noch hinter ein Oleandergebüsch stürzen und mich platt auf den Bauch legen, unerhört! ... Die Männer gingen dicht an mir vorbei, ohne mich zu sehen. Ich glaubte, die Stimme des Pförtners Colombe zu erkennen, was mich etwas beruhigte; sobald sie weit genug weg waren, kam ich aus meinem Versteck hervor und folgte ihnen in einiger Entfernung, um zu sehen, was das zu bedeuten hatte.

Diese Fremden blieben lange auf meiner Insel. Sie besichtigten sie von einem Ende zum anderen bis in alle Einzelheiten. Ich sehe sie noch meine Höhlen betreten und mit ihren Stöcken die Tiefe meiner Ozeane ausloten. Von Zeit zu Zeit blieben sie stehen und wiegten die Köpfe. Meine große Angst war, sie könnten meine Behausungen entdecken. Was wäre dann aus mir geworden, großer Gott! Zum Glück geschah nichts dergleichen, und nach einer halben Stunde zogen sich die Männer wieder zurück, ohne auch nur zu ahnen, daß die Insel bewohnt war. Sobald sie fort waren, lief ich in eine meiner Hütten und schloß mich ein; den Rest des Tages verbrachte ich damit, darüber zu grübeln, wer diese Männer waren und was sie hier zu suchen hatten.

Ich sollte es bald erfahren.

Beim Abendessen verkündete uns Monsieur Eyssette feierlich, die Fabrik sei verkauft, und in einem Monat würden wir nach Lyon reisen, wo wir in Zukunft wohnen sollten. Das war ein furchtbarer Schlag. Mir war, als ob der Himmel einstürzte. Die Fabrik verkauft! ... Nun, und meine Insel, meine Höhlen, meine Hütten?

Doch ach! Die Insel, die Höhlen, die Hütten — Monsieur Eyssette hatte alles verkauft; wir mußten das alles verlassen. Mein Gott, wie habe ich geweint!

Einen Monat lang lief ich traurig und allein in meiner geliebten Fabrik herum, während im Haus die Spiegel, das Geschirr eingepackt wurden. Ich hatte keine Lust mehr zu spielen, natürlich nicht. Ich setzte mich in alle Winkel, schaute mir die Dinge ringsum an und sprach mit ihnen wie zu Menschen; zu den Platanen sagte ich: »Lebt wohl, meine lieben Freunde!«, und zu den Bottichen: »Es ist aus, wir werden uns nie wiedersehen!« Ganz hinten im Garten stand ein Granatapfelbaum, dessen schöne rote Blüten sich in der Sonne öffneten. Schluchzend sagte ich zu ihm: »Schenk mir eine deiner Blüten.« Er schenkte sie mir. Ich legte sie mir an die Brust als Erinnerung an ihn. Ich war sehr unglücklich.

Mitten in diesem großen Schmerz entlockten mir doch zwei Dinge ein Lächeln: einmal der Gedanke, ein Schiff zu besteigen, und zum anderen die Erlaubnis, meinen Papagei mitzunehmen. Ich sagte mir, Robinson habe seine Insel unter ähnlichen Umständen verlassen, und das gab mir wieder Mut.

Schließlich kam der Tag unserer Abreise. Monsieur Eyssette war schon seit einer Woche in Lyon. Er war mit den großen Möbeln vorausgefahren. Ich reiste also in Begleitung von Jacques, meiner Mutter und der alten Annou. Mein großer Bruder, der Abbé, fuhr nicht mit, doch begleitete er uns bis zur Postkutsche von Beaucaire, ebenso der Pförtner Colombe. Er lief vorneweg und schob eine riesige Schubkarre voller Koffer. Ihm folgte mein Bruder, der Abbé, und gab Madame Eyssette den Arm.

Mein armer Abbé, den ich nie mehr wiedersehen sollte!

Dann kam die alte Annou zwischen einem riesengroßen blauen Regenschirm und Jacques, der sich sehr freute, nach Lyon zu fahren, aber trotzdem schluchzte . . . Am Schluß endlich ging Daniel Eyssette; sehr ernst trug er den Käfig mit dem Papageien in der Hand und drehte sich bei jedem Schritt nach seiner geliebten Fabrik um.

Je weiter sich der Zug entfernte, desto höher reckte sich der Granatapfelbaum mit aller Kraft in die Höhe, um uns über die Gartenmauer hinweg noch einmal zu sehen . . . Die Platanen winkten mit ihren Zweigen zum Abschied. Daniel Eyssette war sehr bewegt und warf ihnen verstohlen Handküsse zurück.

Am 30. September 18 . . verließ ich meine Insel.

II *Die Schaben*

Ach, die Ereignisse aus meiner Kindheit! Wie tief haben sie sich mir eingeprägt! Mir ist, als wäre diese Reise auf der Rhône gestern gewesen. Ich sehe noch das Schiff, die Passagiere, die Besatzung; ich höre noch das Stampfen der Räder und die Pfeife der Maschine. Der Kapitän hieß Géniès, der Schiffskoch Montélimart. Solche Dinge vergißt man nicht.

Die Fahrt dauerte drei Tage. Ich brachte diese drei Tage an Deck zu und ging nur zum Essen und Schlafen in die Kajüte hinunter. Die übrige Zeit hielt ich mich an der vordersten Spitze in der Nähe des Ankers auf. Dort war eine große Glocke, die beim Einfahren in die Städte geläutet wurde; und neben diese Glocke setzte ich mich, mitten auf die Taue; ich stellte den Käfig mit dem Papagei zwischen meine Beine und schaute und schaute. Die Rhône war so breit, daß man die Ufer kaum sehen konnte. Meinetwegen hätte sie noch breiter sein und ›das Meer‹ heißen können! Der Himmel lachte, das Wasser war grün. Große Barken fuhren stromabwärts. Flußschiffer, die auf Mauleseln durch den Strom wateten, kamen singend an uns vorbei. Zuweilen fuhr unser Schiff an irgendeiner dichtbelaubten Insel entlang, überall Binsen und Weiden. Ach! Eine einsame Insel! dachte ich bei mir und verschlang sie mit den Augen ...

Gegen Ende des dritten Tages glaubte ich, wir würden in eine schwere Bö geraten. Der Himmel hatte sich ganz plötzlich verfinstert; am Bug des Schiffes brannte eine große Laterne; angesichts all dieser Anzeichen war ich natürlich schon ganz aufgeregt. Da sagte jemand neben mir: »Wir sind in Lyon!« Im gleichen Augenblick fing die Glocke an zu läuten. Es war Lyon. Undeutlich sah ich im Nebel auf dem einen und auf dem anderen Ufer Lichter leuchten; wir fuhren unter einer Brücke hindurch, dann unter einer zweiten. Jedesmal bog sich das Schornsteinrohr zurück und spuckte dicke schwarze Rauchwolken aus, in denen man husten mußte. Auf dem Schiff herrschte ein entsetzliches Durcheinander. Die Passagiere suchten ihr Gepäck; die Matrosen fluchten und rollten Fässer durch das Dunkel. Es regnete. Ich beeilte mich, wieder zu meiner Mutter, Jacques und der alten Annou zu kommen, die am anderen Ende des Schiffes waren, und dann standen wir alle vier, eng aneinandergepreßt, unter dem großen Regenschirm von Annou, während das Schiff längs der Quais anlegte und das Aussteigen begann.

Fürwahr, hätte uns Monsieur Eyssette dort nicht herausgeholt, ich glaube, wir wären nie vom Schiff gekommen. Im Dunkeln tappend arbeitete er sich bis zu uns vor und rief: »Wer da? Wer da?« Auf dieses uns wohlbekannte ›Wer da?‹ antworteten wir alle vier gleichzeitig glücklich und unsagbar erleichtert: »Gut Freund!« Monsieur Eyssette umarmte uns rasch, nahm meinen Bruder an die eine, mich an die andere Hand, sagte zu den Frauen: »Folgt mir!«, und auf ging's ... Ach! Er war eben ein Mann.

Wir kamen nur mühsam vorwärts; es war stockfinster, das Deck war glatt. Bei jedem Schritt stieß man gegen Kisten. Plötzlich drang vom anderen Ende des Schiffs eine schrille, klagende Stimme bis zu uns: »Robinson! Robinson!«

»O mein Gott!« rief ich und versuchte meine Hand aus der meines Vaters zu ziehen; er aber glaubte, ich sei ausgerutscht und packte mich nur um so fester.

Die Stimme ertönte wieder, noch schriller und noch klagender: »Robinson, mein armer Robinson!« Ich machte eine zweite Anstrengung, mich loszumachen. »Mein Papagei«, schrie ich, »mein Papagei!«

»Spricht der jetzt etwa?« sagte Jacques.

Und ob er sprach, allerdings; man hörte ihn eine Meile weit. In meiner Aufregung hatte ich ihn vergessen, dort drüben am Bug des Schiffes neben dem Anker; von dort rief er nach mir und schrie aus Leibeskräften: »Robinson! Robinson! Mein armer Robinson!«

Unglücklicherweise waren wir schon zu weit weg; der Kapitän rief: »Bitte beeilen!«

»Wir holen ihn morgen«, sagte Monsieur Eyssette, »auf solchen Schiffen geht nichts verloren.« Und darauf zog er mich trotz meiner Tränen mit sich fort. Weh mir! Am andern Tag schickten wir nach ihm, doch der Papagei war nicht zu finden ... Stellt euch meine Verzweiflung vor: keinen *Freitag* mehr! Keinen Papagei mehr! So war Robinson kaum noch möglich. Wie hätte ich mir aber auch im vierten Stock eines schmutzigen und feuchten Hauses der Rue Lanterne, und wenn ich mich noch so bemühte, eine einsame Insel ausmalen können?

Ach! Dieses schauderhafte Haus! Mein ganzes Leben werde ich es vor mir sehen: die Treppen waren klebrig; der Hof sah aus wie ein Brunnen; der Hausmeister, ein Schuster, hatte seine Bude gleich neben der Pumpe ... Es war scheußlich.

Als sich die alte Annou am Abend unserer Ankunft in ihrer Küche einrichtete, stieß sie einen Angstschrei aus: »Schaben! Schaben!«

Wir kamen herbeigelaufen. Was für ein Anblick! ... In der Küche wimmelte es von diesen abscheulichen Tieren; überall waren welche, auf dem Buffet, an den Wänden, in den Schubladen, auf dem Kamin, im Küchenschrank. Ohne es zu wollen, zertrat man sie. Puh! Annou hatte schon viele

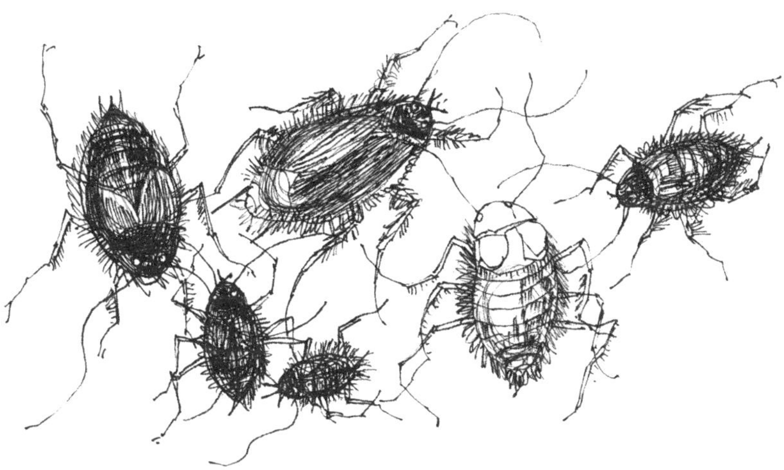

von ihnen getötet; doch je mehr sie zerquetschte, um so mehr wurden es. Sie kamen aus dem Abfluß des Spülbeckens, und wir verstopften den Abfluß des Spülbeckens; doch am nächsten Abend kamen sie von irgendeinem anderen Ort, keiner wußte, woher. Wir mußten eine Katze anschaffen, um sie zu töten, und jeden Abend fand in der Küche ein fürchterliches Blutbad statt.

Die Schaben waren schuld daran, daß ich Lyon vom ersten Abend an haßte. Am folgenden Tag wurde es noch viel schlimmer. Wir mußten neue Lebensgewohnheiten annehmen; wir aßen zu anderen Zeiten. Die Brote waren anders geformt als bei uns. Sie wurden ›couronnes‹, Kränze, genannt. Was für ein Name!

Als die alte Annou beim Fleischer eine Karbonade verlangte, lachte ihr der Fleischergeselle glatt ins Gesicht; dieser Flegel wußte nicht, was eine Karbonade war! ... Ach! Wie habe ich mich zurückgesehnt!

Um uns etwas aufzuheitern, machten wir sonntags einen Familienspaziergang am Ufer der Rhône, mit Regenschirmen bewaffnet. Ganz instinktiv gingen wir immer nach Süden in Richtung Perrache. »Mir ist, als bringe uns das der Heimat etwas näher«, sagte meine Mutter, die noch mehr unter der Sehnsucht litt als ich ...

Diese Familienspaziergänge waren grausig. Monsieur Eyssette schimpfte, Jacques weinte die ganze Zeit, ich blieb stets etwas zurück; ich weiß nicht, warum, doch ich schämte mich, auf der Straße zu sein, bestimmt, weil wir arm waren.

Nach einem Monat wurde die alte Annou krank. In diesem Nebel ging sie ein; wir mußten sie in den Süden zurückschicken. Diese arme Frau, die meine Mutter heiß liebte, konnte sich nicht entschließen, uns zu verlassen. Sie flehte, wir möchten sie behalten, und sie versprach, sie werde nicht sterben. Wir mußten sie mit Gewalt aufs Schiff bringen. Als sie wieder im Süden war, heiratete sie aus Verzweiflung.

Nachdem Annou fort war, nahmen wir uns kein neues Hausmädchen, was in meinen Augen der Gipfel der Not und der Armut war. Die Frau des Hausmeisters kam zu uns herauf und erledigte die schwere Arbeit, meine Mutter verbrannte sich am Herdfeuer ihre schönen weißen Hände, die ich so gern küßte; die Besorgungen dagegen mußte Jacques machen. Man hing ihm einen großen Korb über den Arm und sagte zu ihm: »Du gehst dies und das kaufen«, und er kaufte ganz richtig dies und das, natürlich weinte er stets dabei.

Armer Jacques! Er war nicht glücklich, auch er nicht. Als Monsieur Eyssette ihn ewig mit Tränen in den Augen sah, war er zuletzt böse auf ihn und verabreichte ihm dauernd Kopfnüsse. Den ganzen Tag hörte man: »Jacques, du bist ein Tölpel! Jacques, du bist ein Esel!« Tatsache ist, daß der unglückliche Jacques völlig kopfscheu wurde, wenn sein Vater da war. Die Anstrengungen, die es ihn kostete, seine Tränen zurückzuhalten, machten ihn häßlich. Monsieur Eyssette brachte ihm Unglück. Das zeigt zum Beispiel die Geschichte vom Krug.

Als wir uns eines Abends gerade zu Tisch setzen wollten, stellten wir fest, daß kein Tropfen Wasser mehr im Haus war.

»Wenn ihr wollt, kann ich welches holen gehen«, sagt Jacques, das gute Kind.

Und schon ergreift er den Krug, einen dicken Krug aus Steingut.

Monsieur Eyssette zuckt die Achseln: »Wenn Jacques geht«, sagt er, »geht der Krug entzwei, das steht fest.«

»Hörst du, Jacques« — nun spricht Madame Eyssette mit ihrer sanften Stimme —, »hörst du, zerbrich ihn nicht, paß schön auf.«

Monsieur Eyssette fährt fort: »Ach! Du kannst ihm lange sagen, er soll ihn nicht zerbrechen, er wird ihn trotzdem zerbrechen.«

Darauf die tränenerstickte Stimme von Jacques: »Aber warum wollt ihr nur, daß ich ihn zerbreche?«

»Ich will nicht, daß du ihn zerbrichst, ich sage dir nur, du wirst ihn zerbrechen«, antwortet Monsieur Eyssette in einem Ton, der keinen Widerspruch duldet.

Jacques widerspricht nicht; er nimmt den Krug mit zitternder Hand und geht rasch hinaus, als wollte er sagen: So! Ich ihn zerbrechen? Na schön, wir werden ja sehen.

Es vergehen fünf Minuten, zehn Minuten; Jacques kommt nicht wieder. Madame Eyssette wird unruhig. »Wenn ihm nur nichts zugestoßen ist!«

»Bei Gott! Was soll ihm denn zugestoßen sein?« sagt Monsieur Eyssette mürrisch. »Er hat den Krug zerbrochen und traut sich nicht mehr nach Hause.«

Und noch während er das ausspricht — so mürrisch er auch dreinschaute, er war doch der beste Mann der Welt —, steht er auf und öffnet die Türe, um nachzusehen, was mit Jacques los ist. Er braucht nicht weit zu gehen; Jacques steht auf dem Flur vor der Türe mit leeren Händen, stumm, versteinert. Als er Monsieur Eyssette erblickt, erbleicht er und sagt mit kläglicher und schwacher, ach gar so schwacher Stimme: »Ich habe ihn zerbrochen . . .« Er hatte ihn wahrhaftig zerbrochen.

In den Annalen der Familie Eyssette heißt das ›die Geschichte vom Krug‹.

Nun waren wir schon ungefähr zwei Monate in Lyon. Da dachten unsere Eltern an unsere Schulbildung. Mein Vater hätte uns gern aufs Gymnasium geschickt, aber das war zu teuer. »Wenn wir sie nun auf eine Singschule tun«, meinte Madame Eyssette. »Die Kinder sollen dort sehr gut aufgehoben sein.« Diese Idee sagte meinem Vater zu, und da Saint-Nizier die am nächsten gelegene Kirche war, wurden wir auf die Singschule von Saint-Nizier geschickt.

Es ging sehr lustig zu auf der Singschule! Statt uns den Kopf mit Griechisch und Latein vollzustopfen wie in den anderen Anstalten, lehrte man uns den Dienst im Hochamt und in der stillen Messe, die Vorgesänge zu singen, richtig niederzuknien, auf feine Weise Weihrauch zu streuen, was sehr schwierig ist. Sicher waren hin und wieder ein paar Stunden am Tag den Deklinationen und einer *Epitomé* gewidmet, doch das geschah nur nebenbei. In erster Linie waren wir für den Dienst in der Kirche da. Mindestens einmal in der Woche sagte Abbé Micou zwischen zwei Prisen Tabak mit feierlicher Miene zu uns: »Morgen, meine Herren, kein Unterricht am Vormittag! Wir sind auf Beerdigung.«

Wir waren auf Beerdigung. So ein Glück! Dann waren es Taufen, Hochzeiten, ein Besuch von Hochwürden, die heilige Wegzehrung, die einem Sterbenden gebracht wurde. Oh!, die heilige Wegzehrung! Wie stolz waren wir, wenn wir sie begleiten durften! . . . Unter einem kleinen Baldachin aus rotem Samt schritt der Priester und hielt die Hostie mit dem geweihten Öl in seinen Händen. Zwei Chorknaben trugen den Baldachin, zwei andere gaben ihm das Geleit mit vergoldeten Leuchtern. Ein fünfter ging an der Spitze und schwenkte eine Klapper. Für gewöhnlich war das meine Aufgabe. Überall, wo die heilige Wegzehrung vorüberkam, entblößten die Männer das Haupt, schlugen die Frauen das Kreuz. Ging man an einem Posten vorbei, rief der Wachmann: »An die Gewehre!« — die Soldaten liefen herbei und stellten sich in Reih und Glied. »Präsentiert das Gewehr! Kniet nieder!« befahl der Offizier. Die Gewehre klickten, die Trommel wurde gerührt. Ich schwenkte meine Klapper im Dreiertakt, wie im Sanctus, und wir zogen vorüber. Die Singschule war wirklich sehr lustig.

Jeder von uns hatte in einem kleinen Schrank die vollständige Ausrüstung eines Geistlichen: eine schwarze Soutane mit einer langen Schleppe, ein Meßhemd, ein Chorhemd mit weiten, steif gestärkten Ärmeln, schwarze Seidenstrümpfe, zwei Käppchen, das eine aus Tuch, das andere aus Samt, mit weißen Perlen besetzte Kragen, alles, was man brauchte.

Dieses Kostüm muß mir sehr gut gestanden haben.

»Er ist zum Anbeißen süß da drunter«, sagte Madame Eyssette. Leider war ich sehr klein, und das brachte mich zur Verzweiflung. Stellt euch vor, selbst wenn ich mich auf die Zehenspitzen stellte, reichte ich knapp bis an den oberen Rand der weißen Strümpfe von Monsieur Caduffe, unserem Kirchendiener, und obendrein war ich so schmächtig! Als ich einmal während der Messe das Evangelienbuch umlegen mußte, war der dicke Band so schwer, daß er mich zu Boden riß. Ich fiel der Länge nach auf die Altarstufen. Das Pult zerbrach, die Messe wurde unterbrochen. Das war an einem Pfingsttag. Welche Schande!... Abgesehen von diesen geringfügigen Nachteilen durch meine kleine Gestalt, war ich mit meinem Los sehr zufrieden, und abends beim Zubettgehen sagten Jacques und ich uns oft: »Alles in allem ist die Singschule wirklich sehr lustig.« Leider blieben wir nicht lange dort. Ein Freund der Familie, der Rektor einer Universität im Süden, schrieb eines Tages an meinen Vater, wenn er für einen seiner Söhne ein Stipendium als Externer am Gymnasium von Lyon wünsche, so könne er eins bekommen.

»Das ist etwas für Daniel«, sagte Monsieur Eyssette.

»Und Jacques?« erwiderte meine Mutter.

»Ach Jacques! Den behalte ich bei mir; er wird mir sehr nützlich sein. Außerdem stelle ich fest, daß er Sinn fürs Geschäft hat. Wir wollen einen Kaufmann aus ihm machen.«

In gutem Glauben hatte Monsieur Eyssette also feststellen können — wie, weiß ich nicht —, Jacques habe Sinn fürs Geschäft. Damals hatte der gute Junge nur Sinn für Tränen, und hätte man ihn gefragt... Doch er wurde sowenig gefragt wie ich.

Bei meinem Eintritt ins Gymnasium fiel mir gleich als erstes auf, daß ich der einzige war, der einen Kittel trug. In Lyon trugen die Söhne der Reichen keine Kittel; so etwas hatten nur die Straßenkinder. Ich aber trug einen kleinen Kittel, ich sah aus wie ein Straßenjunge... Als ich in die Klasse kam, kicherten die Schüler und sagten: »Guck mal! Der hat ja einen Kittel an!« Der Lehrer verzog das Gesicht und hatte sofort eine Abneigung gegen mich. Von da an sprach er mit mir stets nur von oben herab, geringschätzig. Er nannte mich nie bei meinem Namen; er sagte immer:

»Heda, Sie dort, kleiner Dingsda!« — obschon ich ihm schon mehr als zwanzigmal gesagt hatte, ich hieße Daniel Ey—sset—te ... Zuletzt gaben mir meine Klassenkameraden den Spitznamen ›kleiner Dingsda‹, und dieser Spitzname ist mir treu geblieben ...

Es war nicht allein mein Kittel, der mich von den anderen Kindern unterschied. Die anderen hatten auch schöne Schulmappen aus gelbem Leder, Tintenfässer aus Buchsbaum, die herrlich dufteten, Hefte mit Pappeinband, neue Bücher mit vielen Anmerkungen am Fuß der Seite; meine Bücher waren alte Schinken, an den Quais gekauft, muffig, verblichen, die ranzig rochen; die Einbände waren immer zerfetzt, manchmal fehlten auch Seiten. Jacques tat sein Bestes, um sie für mich mit dicker Pappe und starkem Leim wieder zu binden; doch er nahm immer zuviel Leim, und das stank. Er fertigte mir auch eine Schulmappe mit zahllosen Nebentaschen an, sehr praktisch, aber immer wieder zuviel Leim. Das Bedürfnis zu kleben und in Pappe zu binden war für Jacques eine Sucht geworden wie der Drang zu weinen. Ständig hatte er vor dem Feuer viele kleine Leimtöpfe stehen, und sobald er sich für einen Augenblick aus dem Laden stehlen konnte, klebte er, band er ein, kartonierte er. Die übrige Zeit trug er Pakete in die Stadt, schrieb nach Diktat, machte Besorgungen — kurzum, er arbeitete im Geschäft.

Ich dagegen hatte begriffen, daß man als Stipendiat, der einen Kittel trägt und ›der kleine Dingsda‹ heißt, zweimal soviel arbeiten muß wie die anderen, um ihnen nicht nachzustehen, und wahrlich, der kleine Dingsda machte sich mit seinem ganzen Mut an die Arbeit.

Tapferer kleiner Dingsda! Ich sehe ihn noch im Winter in seinem ungeheizten Zimmer an seinem Schreibtisch sitzen, die Beine in eine Decke gewickelt. Draußen peitschte der Frost Eisblumen gegen die Fenster. Im Laden hörte man Monsieur Eyssette diktieren: »Ich habe Ihr geschätztes Schreiben vom 8. dieses Monats erhalten.«

Und die weinerliche Stimme von Jacques wiederholte: »Ich habe Ihr geschätztes Schreiben vom 8. dieses Monats erhalten.«

Von Zeit zu Zeit wurde die Tür des Zimmers leise geöffnet: Madame Eyssette kam herein. Auf Zehenspitzen schlich sie zum kleinen Dingsda. Pst! ...

»Arbeitest du?« sagte sie leise zu ihm.

»Ja, Mutter.«

»Frierst du auch nicht?«

»Aber nein doch!«

Der kleine Dingsda log; im Gegenteil, er fror tüchtig.

Dann setzte Madame Eyssette sich zu ihm mit einer Strickarbeit, blieb stundenlang dort und zählte leise ihre Maschen mit einem tiefen Seufzer dann und wann.

Arme Madame Eyssette! Sie dachte immerzu an das geliebte Land, das sie nicht wiederzusehen glaubte. Ach! Zu unserem Unglück, zu unser aller Unglück sollte sie es schon bald wiedersehen ...

III *Er ist tot, betet für ihn!*

Es war an einem Montag im Monat Juli.

Als ich an jenem Tag aus der Schule kam, hatte ich mich dazu verführen lassen, mit den anderen Krieg zu spielen, und als ich mich dann entschloß, nach Hause zu gehen, war es viel später, als mir lieb war. Von der Place des Terreaux bis zur Rue Lanterne rannte ich in einem Zug durch, meine Bücher am Gürtel, die Mütze zwischen den Zähnen. Da ich jedoch furchtbare Angst vor meinem Vater hatte, verschnaufte ich eine Weile auf der Treppe, gerade so lange, um eine Geschichte zu erfinden, die meine Verspätung erklären sollte. Daraufhin klingelte ich mutig.

Monsieur Eyssette machte mir persönlich die Türe auf. »Wie spät du kommst!« sagte er zu mir. Ich fing an, zitternd meine Lüge zu stammeln; doch der gute Mann ließ mich nicht ausreden, zog mich an seine Brust und umarmte mich lange und wortlos.

Mich, der ich zumindest auf eine gehörige Strafpredigt gefaßt gewesen war, überraschte dieser Empfang. Mein erster Gedanke war, der Pfarrer von Saint-Nizier sei bei uns zu Tisch; ich wußte aus Erfahrung, daß wir an solchen Tagen nie ausgeschimpft wurden. Doch als ich in das Eßzimmer kam, sah ich sofort, daß ich mich geirrt hatte. Auf dem Tisch lagen nur zwei Gedecke, eins für meinen Vater und eins für mich.

»Und meine Mutter? Und Jacques?« fragte ich verwundert.

Monsieur Eyssette antwortete mir mit sanfter Stimme, die an ihm ungewohnt war: »Deine Mutter und Jacques sind verreist, Daniel; dein Bruder, der Abbé, ist schwer krank.«

Als er sah, daß ich ganz blaß geworden war, fügte er dann fast heiter hinzu, um mich zu beruhigen: »Wenn ich sage schwer krank, so ist das nur so eine Redensart; man hat uns geschrieben, der Abbé liege zu Bett; du kennst deine Mutter, sie wollte sofort hinfahren, und ich habe ihr Jacques als Begleitung mitgegeben. Kurz und gut, es wird schon nicht so schlimm sein! ... Und nun setz dich, wir wollen essen; ich sterbe vor Hunger.«

Wortlos setzte ich mich zu Tisch, doch das Herz war mir schwer; es kostete mich entsetzliche Mühe, meine Tränen zurückzuhalten, wenn ich daran dachte, daß mein großer Bruder, der Abbé, schwer krank war. Traurig saßen wir uns gegenüber und verzehrten unser Mahl, ohne zu sprechen. Monsieur Eyssette aß schnell, nahm große Schlucke, dann hielt er plötzlich inne und grübelte. Ich aber blieb regungslos und wie betäubt am Tisch sitzen und entsann mich der schönen Geschichten, die mir der Abbé erzählt hatte, wenn er zur Fabrik kam. Ich sah ihn, wie er mutig seine Soutane schürzte und durch die Bottiche watete. Mir fiel auch wieder ein, wie schön er war am Tag seiner ersten Messe, an der die ganze Familie teilnahm, als er sich uns zuwandte, die Arme weit ausgebreitet, und ›Dominus vobiscum‹ sprach mit einer so sanften Stimme, daß Monsieur Eyssette vor Freude weinen mußte! ... Und nun stellte ich ihn mir vor, wie er dort im Bett lag, krank. Ja! Irgend etwas sagte mir, schwer krank. Und mein Kummer darüber, ihn krank zu wissen, wurde verdoppelt durch eine Stimme, die ich in meinem Herzen rufen hörte: ›Gott straft dich; du bist schuld daran! Du hättest sofort nach Hause gehen sollen! Du hättest nicht lügen dürfen!‹ Und ganz erfüllt von diesem entsetzlichen Gedanken, Gott werde, um ihn zu strafen, seinen Bruder sterben lassen, sagte der kleine Dingsda in seiner Verzweiflung zu sich selbst: ›Nie mehr! Nein, nie mehr will ich Krieg spielen, wenn ich aus der Schule komme.‹

Nach dem Essen wurde die Lampe angezündet, und der Abend begann. Monsieur Eyssette hatte seine dicken Geschäftsbücher auf das Tischtuch mitten zwischen die Überreste des Nachtischs gelegt und rechnete mit lauter Stimme. Finet, die ›Katze der Schaben‹, maunzte traurig und strich um den Tisch herum; ich hatte das Fenster geöffnet und lehnte mich hinaus.

Es war dunkel, die Luft war schwül. Man hörte die Leute unten vor ihren Türen lachen und schwatzen und in der Ferne die Trommeln der Festung Loyasse schlagen ... Ich stand dort schon seit einigen Minuten, dachte an traurige Dinge und starrte in die Dunkelheit, da riß mich ein stürmisches Klingeln jäh vom Fensterkreuz weg. Entsetzt blickte ich meinen Vater an und meinte, in seinem Gesicht die Furcht und das Entsetzen zu sehen, die mich befallen hatten. Auch ihm hatte dieses Klingeln Angst eingeflößt.

»Es klingelt!« sagte er beinahe flüsternd.

»Bleib hier, Vater! Ich gehe schon.« Und ich stürzte zur Türe.

Auf der Schwelle stand ein Mann. Ich sah undeutlich im Dunkeln, daß er mir irgend etwas reichte, und ich zögerte, es zu nehmen.

»Es ist ein Telegramm«, sagte er.

»Ein Telegramm, großer Gott! Wozu?«

Erschauernd nahm ich es in Empfang und wollte gleich die Türe wieder zuschlagen; doch der Mann stellte seinen Fuß dazwischen und sagte kalt zu mir: »Sie müssen unterschreiben.«

Ich mußte unterschreiben! Das wußte ich nicht. Es war das erste Telegramm, das ich erhielt.

»Wer ist das, Daniel?« rief Monsieur Eyssette; seine Stimme zitterte.

Ich antwortete: »Nichts! Ein Bettler ...« Ich machte dem Mann ein Zeichen, lief schnell in mein Zimmer, tauchte meine Feder in die Tinte und kam, im Dunkeln tappend, wieder zurück.

Der Mann sagte: »Unterschreiben Sie hier.«

Der kleine Dingsda unterschrieb mit zitternder Hand beim Schein der Treppenbeleuchtung; dann schloß er die Türe und ging ins Zimmer zurück; das Telegramm hatte er unter seinem Kittel versteckt.

O ja! Ich hatte dich unter meinem Kittel versteckt, Unglückstelegramm! Ich wollte nicht, daß Monsieur Eyssette dich sieht; denn ich wußte sofort, daß du uns etwas ganz Schreckliches bringen würdest; und als ich dich öffnete, hast du mir nichts Neues gemeldet, hörst du, Telegramm! Du hast mir nichts mitgeteilt, was mein Herz nicht schon gewußt hätte.

»War es ein Bettler?« sagte mein Vater zu mir und schaute mich dabei an. Ohne rot zu werden, antwortete ich: »Es war ein Bettler«; und um jeden Verdacht zu zerstreuen, stellte ich mich wieder an das Fensterkreuz.

Dort blieb ich eine geraume Weile stehen, ohne mich zu rühren, ohne zu sprechen, und drückte dieses Papier, das mich verbrannte, an meine Brust. Mitunter versuchte ich, Vernunft anzunehmen, Mut zu fassen; dann sagte ich zu mir: ›Was weißt du schon? Vielleicht ist es eine gute Nachricht. Vielleicht steht drin, er sei genesen.‹ Doch im Grunde meines Herzens fühlte ich sehr wohl, daß dies nicht zutraf, daß ich mir selbst etwas vorlog, daß dieses Telegramm uns nicht meldete, er sei wieder gesund.

Endlich entschloß ich mich, in mein Zimmer hinüberzugehen, um ein für allemal zu wissen, woran ich war. Ich verließ das Eßzimmer, langsam, als ob nichts los wäre; doch als ich in meinem Zimmer war, zündete ich mit fiebernder Eile meine Lampe an. Und wie meine Hände zitterten, als ich das Todestelegramm öffnete! Und wie heiß waren die Tränen, mit denen ich es begoß, nachdem ich es geöffnet hatte! Ich las es wohl an die zwanzig Mal in der Hoffnung, ich hätte mich geirrt; doch weh mir!, sooft ich es auch las und wieder las und es um- und umdrehte, ich konnte dem Telegramm nichts anderes entnehmen als das, was von Anfang an darin stand und was ich schon vorher gewußt hatte: *›Er ist tot! Betet für ihn!‹*

Wie lange ich dort stehenblieb und vor dem geöffneten Telegramm weinte, weiß ich nicht. Ich entsinne mich nur noch, daß meine Augen furchtbar

brannten und ich mein Gesicht lange kühlte, ehe ich mein Zimmer verließ. Dann ging ich ins Eßzimmer zurück und hielt in meiner kleinen Hand krampfhaft das dreifach verfluchte Telegramm.
Und was sollte ich nun machen? Wie sollte ich es anstellen, diese entsetzliche Nachricht meinem Vater mitzuteilen, und welche kindliche Torheit hatte mich bewogen, sie für mich zu behalten? Hätte er sie nicht etwas früher oder später doch erfahren? Welcher Wahnsinn! Wäre ich doch wenigstens gleich zu ihm hingegangen, als das Telegramm angekommen war, dann hätten wir es gemeinsam geöffnet; und alles wäre längst gesagt.
Und während ich so zu mir selbst sprach, trat ich an den Tisch und setzte mich neben Monsieur Eyssette, dicht neben ihn. Der arme Mann hatte seine Bücher zugeschlagen und vergnügte sich damit, mit der Fahne seiner Feder die weiße Schnauze von Finet zu kitzeln. Mir krampfte sich das Herz zusammen, als ich sah, daß er sich so vergnügte. Ich sah sein gutes Gesicht, das von der Lampe halb beschienen wurde, sich zuweilen aufheitern und lachen, und ich hätte am liebsten zu ihm gesagt: ›O nein, lache doch bitte nicht.‹
Und als ich ihn so traurig mit meinem Telegramm in der Hand anschaute, hob Monsieur Eyssette den Kopf. Unsere Blicke begegneten sich, und ich weiß nicht, was er in dem meinen lesen konnte, doch ich weiß, daß sein Gesicht sich plötzlich verzerrte, sich ein lauter Aufschrei seiner Brust entrang, er mit herzzerreißender Stimme zu mir sagte: »Er ist tot, nicht wahr?«, daß das Telegramm meinen Fingern entglitt, ich schluchzend in seine Arme fiel, wir lange weinten und uns in tiefem Schmerz umfangen hielten, während vor unseren Füßen Finet mit dem Todestelegramm spielte — der Ursache all unserer Tränen.
Doch ich lüge gewiß nicht: Nun ist es schon lange her, daß sich dies alles zugetragen hat, nun ruht mein guter Abbé, den ich so liebte, schon lange unter der Erde, aber wenn ich ein Telegramm bekomme, kann ich es noch heute nicht ohne einen Schauer des Schreckens öffnen. Mir ist dann immer, als müßte ich lesen *er ist tot* und *betet für ihn!*

IV *Das rote Heft*

In den alten Meßbüchern mit naiven Malereien hat die Schmerzensreiche eine tiefe Falte auf jeder Wange, ein göttliches Wundmal, das der Künstler dort angebracht hat, um uns zu sagen: Schaut her, wie sie geweint hat! ... Diese Falte — die Falte der Tränen — habe ich, das schwöre ich, auf dem abgehärmten Gesicht von Madame Eyssette gesehen, als sie nach Lyon zurückkehrte, nachdem sie ihren Sohn begraben hatte.

Arme Mutter, seit jenem Tag wollte sie nicht mehr lächeln. Sie trug immer nur Schwarz, ihr Gesicht war stets schmerzerfüllt. In ihrer Kleidung wie in ihrem Herzen legte sie tiefe Trauer an und gab sie nie mehr auf. Sonst änderte sich übrigens nichts im Hause Eyssette; es wurde nur etwas trostloser, das war alles. Der Pfarrer von Saint-Nizier las einige Messen für die Seelenruhe des Abbés. Für die Kinder wurden zwei schwarze Kleidungsstücke aus einem alten Fuhrmannskittel ihres Vaters zugeschnitten, und das Leben, das traurige Leben ging weiter.

Unser lieber Abbé war schon einige Zeit tot, als eines Abends beim Zubett-

gehen Jacques zu meinem großen Erstaunen unser Zimmer zweimal abschloß, die Ritzen der Tür sorgfältig verstopfte und darauf mit feierlicher und geheimnisvoller Miene auf mich zukam.

Ich muß vorausschicken, daß in den Gewohnheiten von Freund Jacques seit seiner Rückkehr aus dem Süden eine eigenartige Veränderung eingetreten war. Zunächst einmal werden mir wenige glauben wollen, daß Jacques nicht mehr weinte oder doch so gut wie nicht mehr; dann war ihm auch seine Sucht, Papparbeiten zu machen, völlig vergangen. Die kleinen Leimtöpfe wurden noch ab und an aufs Feuer gestellt, doch es geschah nicht mehr mit dem gleichen Eifer; wenn man jetzt irgend eine Mappe brauchte, mußte man schon vor ihm auf die Knie fallen, um sie zu bekommen ... Unglaubliche Dinge! Eine Hutschachtel, die Madame Eyssette bestellt hatte, war seit acht Tagen in Arbeit ... Die zu Hause merkten nichts; doch ich sah wohl, daß mit Jacques irgend etwas los war. Mehrmals schon hatte ich ihn im Laden überrascht, als er allein vor sich hinredete und große Gesten dazu machte. Nachts schlief er nicht; ich hörte ihn leise murmeln, dann plötzlich aus seinem Bett springen und mit großen Schritten im Zimmer auf und ab gehen. Das alles war nicht normal und beunruhigte mich sehr, wenn ich darüber nachdachte. Mir schien, Jacques könne verrückt werden.

Als ich ihn an jenem Abend die Türe unseres Zimmers zweimal abschließen sah, kam mir wieder der Gedanke an diesen Wahnsinn, mich durchfuhr ein großer Schrecken; mein armer Jacques! Er bemerkte es gar nicht und nahm voller Ernst eine meiner Hände in die seine: »Daniel«, sagte er zu mir, »ich will dir etwas anvertrauen, doch du mußt mir versprechen, niemals darüber zu sprechen.«

Ich wußte sofort, daß Jacques nicht verrückt war.

Ohne zu zögern, antwortete ich: »Ich schwöre es dir, Jacques.«

»Gut. Weißt du es noch nicht? ... pst! ... Ich schreibe ein Gedicht, ein langes Gedicht.«

»Ein Gedicht, Jacques! Du schreibst ein Gedicht, du!«

Statt einer Antwort zog Jacques unter seiner Jacke ein sehr großes rotes Heft hervor, das er selbst gebunden hatte und auf dem mit seiner schönen Schrift geschrieben stand:

RELIGION! RELIGION!
Gedicht in zwölf Gesängen
von Eyssette (Jacques)

Das war alles so großartig, daß mir fast schwindlig wurde. Nicht zu fassen ... Jacques, mein Bruder Jacques, ein Kind von dreizehn Jahren, der Jacques der Tränen, der Jacques der kleinen Leimtöpfe, dieser Jacques schrieb: *Religion! Religion!* — Gedicht in zwölf Gesängen.
Und kein Mensch ahnte etwas davon! Und man schickte ihn ruhig noch mit einem Korb am Arm zu den Gemüsehändlern! Und sein Vater schrie ihn mehr denn je an: »Jacques, du bist ein Esel! ...«
Ach!, armer lieber Eyssette (Jacques)! Wie gern wäre ich dir um den Hals gefallen, wenn ich es nur gewagt hätte. Doch ich traute mich nicht ... Bedenkt doch! ... *Religion! Religion!* — Gedicht in zwölf Gesängen! Um der Wahrheit willen muß ich jedoch sagen, daß dieses Gedicht in zwölf Gesängen bei weitem noch nicht vollendet war. Ich glaube sogar, in Wirklichkeit existierten nur die vier ersten Verse des ersten Gesanges; doch es ist ja bekannt, daß bei solchen Vorhaben das Einarbeiten immer das Schwierigste ist, und Eyssette (Jacques) sagte natürlich mit vollem Recht: »Nun ich meine vier ersten Verse habe, ist der Rest kein Problem mehr; das ist nur noch eine Frage der Zeit.« Hier sind diese vier Verse so, wie ich sie an jenem Abend in schöner gestochener Rundschrift auf der ersten Seite des roten Heftes gesehen habe:

›Religion! Religion!
Hehres Wort! Mysterium!
Einsame, rührende Stimme.
Erbarmen! Erbarmen!‹

Ihr dürft nicht lachen, es hatte ihn viel Mühe gekostet.
Diesen Rest, der nur eine Frage der Zeit war, hatte Eyssette (Jacques) nie vollenden können ... Das ist nun mal so. Die Gedichte haben eben ihr Schicksal; es muß wohl das Schicksal von *Religion! Religion!* — Gedicht in zwölf Gesängen — gewesen sein, gar nicht aus zwölf Gesängen zu bestehen. Der Dichter mochte sich noch so bemühen, er kam nie über die ersten vier Verse hinaus. Das mußte eben so kommen. Zuletzt verlor der unglückliche Junge die Geduld, wünschte sein Gedicht zum Teufel und entließ die Muse — damals sagte man noch Muse. Am gleichen Tag fing das Heulen und Schluchzen wieder an, und die kleinen Leimtöpfe erschienen wieder vor dem Feuer. Und das rote Heft? ... Ach, auch das rote Heft hatte sein Schicksal.

Jacques sagte zu mir: »Ich schenke es dir, schreib hinein, was du willst.« Und wißt ihr, was ich hineinschrieb? ... Meine Dichtungen, fürwahr! Die Dichtungen des kleinen Dingsda. Jacques hatte mich angesteckt.

Wenn es dem Leser recht ist, wollen wir jetzt, während der kleine Dingsda Reime sucht, mit einem großen Satz vier oder fünf Jahre seines Lebens überspringen. Ich habe es eilig, zu einem gewissen Frühling des Jahres 18 .. zu kommen, den das Haus Eyssette bis heute nicht vergessen hat; so gibt es in allen Familien bestimmte Daten.

Überdies ist es für den Leser kein Verlust, wenn er diesen Abschnitt meines Lebens, den ich mit Stillschweigen übergehe, nicht so genau kennt. Es ist immer das gleiche Lied: Tränen und Not! Die Geschäfte gehen nicht, rückständige Mieten, die Gläubiger mahnen, die Diamanten meiner Mutter werden verkauft, das Silber wandert ins Pfandhaus, die Bettücher sind zerlöchert, die Hosen geflickt, alle möglichen Entbehrungen, jeden Tag neue Demütigungen, das ewige ›Was wird morgen?‹, das freche Klingeln der Gerichtsvollzieher, das Grinsen des Hausmeisters, wenn man vorbeigeht, und zuletzt wird dann Geld geliehen, werden Wechsel protestiert, und dann ... und dann ...

Und nun sind wir im Jahre 18 ...

In jenem Jahr besuchte der kleine Dingsda die Oberprima, die Philosophieklasse.

Er war, wenn ich mich recht entsinne, ein sehr selbstbewußter junger Mann, der sich als Philosoph und ebenso als Dichter sehr ernst nahm; ansonsten war er nicht viel größer als ein Schaftstiefel und hatte noch keine Bartstoppeln am Kinn.

Eines Morgens schickte sich dieser große Philosoph, der kleine Dingsda, an, zur Schule zu gehen, als Monsieur Eyssette ihn ins Geschäft rief und ihm, kaum daß er eingetreten war, mit seiner brutalen Stimme zurief: »Daniel, wirf deine Bücher in die Ecke, du gehst nicht mehr aufs Gymnasium.«

Nachdem er das gesagt hatte, lief Monsieur Eyssette senior mit großen Schritten im Laden wortlos auf und ab. Er schien sehr bewegt zu sein, und der kleine Dingsda ebenfalls, das versichere ich euch.

Nach langem Schweigen ergriff Monsieur Eyssette senior wieder das Wort: »Mein Junge«, sagte er, »ich habe eine schlechte Nachricht für dich, o ja, eine sehr schlechte ... wir werden uns alle trennen müssen; höre, warum.«

An dieser Stelle vernahm man hinter der halboffenen Türe ein tiefes Schluchzen, ein herzzerreißendes Schluchzen.

»Jacques, du bist ein Esel!« schrie Monsieur Eyssette, ohne sich umzudrehen; dann fuhr er fort: »Als wir vor sechs Jahren nach Lyon kamen, von den Revolutionären ruiniert, hoffte ich, durch zähe Arbeit uns ein neues Vermögen zu schaffen; doch der Teufel hatte die Hand im Spiel! Ich habe es lediglich geschafft, uns bis zum Hals in Schulden und ins Elend zu stürzen. Jetzt ist es aus, wir stecken im Dreck ... Um da wieder herauszukommen, bleibt uns nur eine Wahl: nun ihr groß seid, den letzten Rest unserer Habe verkaufen und jeder für sich selbst aufkommen.«

Ein erneutes Schluchzen des unsichtbaren Jacques unterbrach Monsieur Eyssette; doch er war selbst so bewegt, daß er nicht böse wurde. Er machte Daniel nur ein Zeichen, er solle die Türe schließen.

Und als die Türe zu war, fuhr er fort: »Ich habe folgendes beschlossen: Bis auf weiteres wird deine Mutter bei ihrem Bruder, Onkel Baptist, im Süden leben. Jacques bleibt in Lyon: er hat eine kleine Anstellung im Pfandhaus gefunden. Ich selbst gehe als Vertreter zur Weinbaugesellschaft. Und was dich anbetrifft, mein armes Kind, so wirst du dein Leben selbst verdienen müssen ... Ich habe gerade einen Brief des Rektors bekommen, der dir eine Stelle als Studienaufseher anbietet. Hier, lies selbst!«

Der kleine Dingsda nahm den Brief.

»Wie ich sehe«, sagte er noch im Lesen, »habe ich keine Zeit zu verlieren.«

»Du mußt morgen abreisen.« — »Gut, ich reise morgen ...«

Daraufhin faltete der kleine Dingsda den Brief wieder zusammen und gab ihn seinem Vater zurück mit einer Hand, die nicht zitterte. Ihr seht, er war ein großer Philosoph.

In diesem Augenblick betrat Madame Eyssette den Laden, und hinter ihr kam zaghaft Jacques. Alle beide traten zum kleinen Dingsda und umarmten ihn schweigend; seit dem Vortag wußten sie, wie die Dinge standen.

»Kümmert euch um seinen Koffer!« sagte unvermittelt Monsieur Eyssette. »Er fährt morgen mit dem Schiff.«

Madame Eyssette stieß einen tiefen Seufzer aus, Jacques deutete ein Schluchzen an, und damit war alles geregelt.

In diesem Haus waren wir allmählich an das Unglück gewöhnt.

Am Morgen nach diesem denkwürdigen Tag begleitete die ganze Familie den kleinen Dingsda zum Schiff. Durch ein merkwürdiges Zusammentreffen war es das gleiche Schiff, das die Eyssettes vor sechs Jahren nach Lyon gebracht hatte. Kapitän Géniès, der Schiffskoch Montélimart! Natürlich, man entsann sich des Regenschirms von Annou, des Papageis von Robinson und einiger anderer Zwischenfälle beim Aussteigen ... Solche Erinnerungen heiterten diese traurige Abreise etwas auf und zauberten den Schatten eines Lächelns auf die Lippen von Madame Eyssette.

Plötzlich ertönte die Schiffsglocke. Ich mußte gehen.

Der kleine Dingsda entriß sich den Umarmungen seiner Freunde und ging tapfer über die Landebrücke.

»Sei immer anständig«, rief ihm sein Vater zu.

»Bleib schön gesund«, sagte Madame Eyssette.

Jacques wollte etwas sagen, doch er konnte nicht; er weinte zu sehr.

Der kleine Dingsda aber weinte nicht. Wie ich bereits festzustellen die Ehre hatte, war er ein großer Philosoph, und Philosophen dürfen nun einmal nicht weich werden.

Und doch liebte er sie heiß, diese treuen Geschöpfe, die er dort im Nebel zurückließ. Und er hätte, weiß Gott, gern sein ganzes Blut und sein Leben für sie hingegeben ... Aber so ist es nun mal; die Freude, Lyon zu verlassen, das fahrende Schiff, die Begeisterung der Reise, der Stolz, sich als Mann zu fühlen — ein freier Mann, ein gemachter Mann zu sein, der allein reist und sein Leben verdient —, das alles berauschte den kleinen Dingsda und ließ ihn nicht, wie er hätte tun sollen, an die drei geliebten Menschen denken, die dort am Ende des Rhônequais schluchzten ...

Ach! Diese drei waren eben keine Philosophen. Mit besorgten und zärtlichen Blicken verfolgten sie die keuchende Fahrt des Schiffs, und als seine Rauchfahne nur noch wie eine Schwalbe am Horizont zu sehen war, schrien sie immer weiter »Leb wohl! Leb wohl!« und winkten mit großen Bewegungen.

Unterdessen spazierte der Herr Philosoph an Deck auf und ab, die Hände in den Taschen, den Kopf im Wind. Er pfiff, spuckte sehr weit, sah den Damen ins Gesicht, schaute beim Manövrieren zu, ging wie ein großer Mann aus den Schultern, fand sich bezaubernd. Noch ehe man in Vienne war, hatte er dem Schiffskoch Montélimart und seinen beiden Küchenjungen erzählt, er sei an der Universität und verdiene dort sehr gut ... Die Herren gratulierten ihm, und das machte ihn sehr stolz.

Als er einmal von einem Ende des Schiffs zum anderen spazierte, stieß unser Philosoph in der Nähe der großen Glocke an einen Packen Taue, auf dem vor sechs Jahren Robinson Crusoe stundenlang gesessen hatte, seinen Papagei zwischen den Beinen. Über diesen Packen Taue mußte er sehr lachen, ja, er errötete auch ein wenig.

›Muß ich albern gewesen sein‹, dachte er bei sich, ›daß ich diesen blau angestrichenen Käfig und den komischen Papagei überall mit mir herumgeschleppt habe . . .‹

Armer Philosoph! Er ahnte nicht, daß er sein ganzes Leben lang verurteilt sein würde, diesen blau gestrichenen Käfig — die Farbe der Illusion — und diesen grünen Papagei — die Farbe der Hoffnung — in so lächerlicher Weise mit sich herumzuschleppen.

Ach! Auch jetzt noch, da der Unglückliche diese Zeilen schreibt, schleppt er seinen blau gestrichenen Käfig mit sich herum. Allein, mit jedem Tag blättert das Blau der Gitterstäbe weiter ab, und der grüne Papagei hat schon die meisten seiner Federn verloren; weh mir!

Bei seiner Ankunft in seiner Geburtsstadt begab sich der kleine Dingsda sofort als erstes in die Akademie, wo der Rektor wohnte.

Dieser Rektor, ein Freund von Eyssette senior, war ein schöner großer alter Mann, wach und nüchtern, der nichts, aber auch gar nichts Pedantisches an sich hatte. Er empfing Eyssette junior mit großem Wohlwollen. Trotzdem konnte der gute Mann, als Daniel in sein Arbeitszimmer geführt wurde, einen Ausruf der Überraschung nicht unterdrücken.

»Ach!, mein Gott! Ist der aber klein!«

Tatsache ist, daß der kleine Dingsda lächerlich klein war; und außerdem wirkte er so jung, so schwächlich.

Der Ausruf des Rektors versetzte ihm einen schweren Schlag.

Sie werden mich hier nicht brauchen können, dachte er. Und er zitterte am ganzen Körper.

Zum Glück fuhr der Rektor fort, so als habe er erraten, was in diesem armen kleinen Kopf vorging: »Tritt näher, mein Junge. Wir wollen aus dir also einen Studienaufseher machen . . . In deinem Alter, mit dieser Figur und einem solchen Gesicht wird dir der Beruf schwerer werden als einem anderen. Doch da es sein muß, da du ja dein Leben selbst verdienen mußt, mein liebes Kind, werden wir das so gut einrichten, wie es geht . . . Für den Anfang stecken wir dich nicht in eine große Schule. Ich werde dich auf ein städtisches Gymnasium schicken, einige Meilen von hier entfernt, nach Sarlande, mitten in den Bergen. Dort machst du deine Lehre als Mann, du gewöhnst dich an den Beruf, du wächst, du bekommst einen Bart; und wenn du dann erwachsen bist, sehen wir weiter!«

Und während der Rektor so sprach, schrieb er an den Direktor des Gym-

nasiums von Sarlande, um ihm seinen Schützling zu empfehlen. Als er den Brief fertig hatte, übergab er ihn dem kleinen Dingsda und ermahnte ihn, noch am selben Tag abzureisen; darauf erteilte er ihm ein paar weise Ratschläge, entließ ihn mit einem freundschaftlichen Klaps auf die Wange und versprach, ihn nicht aus dem Auge zu verlieren.

Nun ist unser kleiner Dingsda wirklich sehr froh. Immer gleich vier Stufen überspringend, rennt er die hundertjährige Treppe der Akademie herunter und will auch gleich einen Platz nach Sarlande belegen.

Die Postkutsche fährt erst am Nachmittag; er hat noch vier Stunden Zeit. Der kleine Dingsda nutzt sie aus, um in der Sonne auf dem großen Platz einherzustolzieren und sich seinen Landsleuten zu zeigen. Nachdem er dieser ersten Pflicht genügt hat, beschließt er, etwas zu essen, und begibt sich auf die Suche nach einer Schenke, die für ihn erschwinglich ist. Genau gegenüber den Kasernen entdeckt er eine, schmuck, freundlich, mit einem schönen ganz neuen Schild: ›Zum Wandergesellen‹.

›Das ist genau das richtige für mich‹, sagte er sich. Und nach kurzem Zögern — es ist schließlich das erstemal, daß der kleine Dingsda in ein Restaurant geht — stößt er entschlossen die Türe auf.

Um diese Zeit ist die Schenke leer. Gekalkte Wände, ein paar Eichentische. In einer Ecke lange Wanderstöcke mit Kupferspitzen und bunten Bändern verziert. An der Theke schnarcht ein dicker Mann, Nase in der Zeitung.

»Heda! Jemand hier!« sagt der kleine Dingsda und schlägt mit der Faust auf einen der Tische wie jemand, der in Kneipen zu Hause ist.

Bei so wenig Lärm wacht der dicke Mann an der Theke nicht auf; aber aus dem hinteren Raum kommt die Wirtin herbei. Als sie den neuen Gast sieht, den ihr der Engel Zufall herbeigeführt hat, stößt sie einen lauten Schrei aus: »Barmherziger Gott! Monsieur Daniel!«

»Annou, meine alte Annou!« antwortet der kleine Dingsda, und schon liegen sie sich in den Armen.

Mein Gott! Ja, das ist Annou, die alte Annou, früher Hausmädchen bei Eyssettes, heute Wirtin, Mutter der Wandergesellen, mit Jean Peyrol verheiratet, dem Dicken, der dort an der Theke schnarcht ... Wenn ihr wüßtet, wie glücklich sie ist, die gute alte Annou, Monsieur Daniel wiederzusehen! Wie sie ihn küßt, wie fest sie ihn in ihre Arme schließt, wie sie ihn fast erdrückt!

Während dieser Herzensergüsse wacht der Mann an der Theke auf.

Zuerst wundert er sich ein wenig über den warmherzigen Empfang, den seine Frau gerade diesem jungen Unbekannten bereitet; doch als er erfährt, daß dieser junge Unbekannte Monsieur Daniel Eyssette in eigener Person ist, wird Jean Peyrol rot vor Freude und bemüht sich eifrig um seinen erlauchten Gast.

»Haben Sie zu Mittag gegessen, Monsieur Daniel?«

»Ehrlich gesagt, nein, mein guter Peyrol; eben darum bin ich hier hereingekommen.«

Gerechter Gott! Monsieur Daniel hat noch nicht gegessen. Die alte Annou läuft in ihre Küche; Jean Peyrol stürzt in den Keller — ein Keller, der sich sehen lassen kann, wie die Wandergesellen behaupten.

Im Handumdrehen ist der Tisch gedeckt, geschmückt, der kleine Dingsda braucht sich nur zu setzen und loszulegen ... Zu seiner Linken schneidet Annou ihm kleine Scheiben Brot für seine Eier, Eier von heute morgen,

weiß, sahnig, locker. Zu seiner Rechten schenkt ihm Jean Peyrol einen alten Château-Neuf-du-Pape ein, der wie eine Handvoll Rubin im Glas leuchtet. Der kleine Dingsda ist sehr glücklich, er trinkt tüchtig, ißt wie ein Scheunendrescher und kann zwischen zwei Bissen immer noch erzählen, daß er zur Universität geht, was ihm erlaubt, anständig seinen Lebensunterhalt zu verdienen. Und wie er das sagt: anständig seinen Lebensunterhalt verdienen! — Die alte Annou ist voller Bewunderung.

Die Begeisterung von Jean Peyrol ist weniger lebhaft. Er findet es ganz natürlich, daß Monsieur Daniel seinen Lebensunterhalt verdient, da er doch dazu in der Lage ist. Im Alter von Monsieur Daniel zog er, Jean Peyrol, schon vier oder fünf Jahre lang in der Welt herum und kostete den Vater nicht mehr einen Heller, im Gegenteil . . .

Selbstverständlich behält der Wirt seine Überlegungen für sich. Wie vermessen, Jean Peyrol mit Daniel Eyssette zu vergleichen! . . . Annou hätte das nie geduldet.

Unterdessen läßt sich der kleine Dingsda nicht stören. Er spricht, er trinkt, er ißt, er wird lebhaft; seine Augen leuchten, seine Wangen glühen. Hallo! Meister Peyrol, man hole Gläser! Der kleine Dingsda will anstoßen. Jean Peyrol bringt die Gläser, und sie stoßen an: zuerst auf Madame Eyssette, danach auf Monsieur Eyssette, dann auf Jacques, auf Daniel, auf die alte Annou, auf ihren Mann, auf die Universität . . . Worauf noch? . . .

Beim Trinken und Schwatzen vergehen zwei Stunden rasch. Sie schildern die Vergangenheit in dunklen, die Zukunft in rosigen Farben. Sie entsinnen sich der Fabrik, der Rue Lanterne, des armen Abbé, den sie so gern hatten ... Plötzlich erhebt sich der kleine Dingsda und will gehen ...
»Schon«, sagt die alte Annou traurig.
Der kleine Dingsda entschuldigt sich; er muß in der Stadt noch jemand aufsuchen, ehe er wegfährt, ein sehr wichtiger Besuch ... Wie schade! Man war so schön im Zug! Man hätte sich noch viel zu erzählen! ... Doch da es sein muß, da Monsieur Daniel in der Stadt noch jemanden aufsuchen muß, wollen ihn seine Freunde aus ›Dem Wandergesellen‹ nicht länger aufhalten. »Gute Reise, Monsieur Daniel! Gott sei mit Euch!« Und Jean Peyrol und seine Frau begleiten ihn mit ihren Segenswünschen bis zur Mitte der Straße.
Und wißt ihr, wer der Betreffende ist, den der kleine Dingsda in der Stadt aufsuchen will, ehe er abfährt?
Das ist die Fabrik, die er so liebte, und der er so nachgeweint hat! ... Das sind der Garten, die Werkstätten, die großen Platanen, alle Freunde seiner Kindheit, alle Freuden seiner frühesten Jugend ... Das ist nun mal so!
Das Herz des Menschen hat seine Schwächen; er liebt, was er kann, selbst Holz, auch Steine, sogar eine Fabrik! Übrigens berichtet die Geschichte, der alte Robinson, nach England zurückgekehrt, sei wieder aufs Meer hinausgefahren und habe ich weiß nicht wie viele Meilen zurückgelegt, um seine einsame Insel wiederzusehen.
Es ist also nicht verwunderlich, daß der kleine Dingsda ein paar Schritte macht, um die seine wiederzusehen.
Schon haben die großen Platanen, deren federngeschmückter Kopf über die Häuser hinwegschaut, ihren alten Freund erkannt, der dort mit großen Schritten auf sie zukommt. Von ferne machen sie ihm Zeichen und stecken ihre Wipfel zusammen, als wollten sie sagen: Dort ist Daniel Eyssette! Daniel Eyssette ist wieder da!
Und er beeilt sich, beeilt sich; doch als er an die Fabrik kommt, bleibt er betroffen davor stehen.
Große graue Mauern, über die kein Oleanderzweig, kein Granatapfelbaum schaut ... Keine Fenster, nur Luken; keine Werkstätten, nur eine Kapelle. Über dem Tor ein großes Kreuz aus rotem Sandstein mit etwas Latein drum herum! ...
O Schmerz! Die Fabrik ist keine Fabrik mehr; es ist ein Karmeliterinnenkloster, zu dem Männer niemals Zutritt haben.

V *Verdiene deinen Lebensunterhalt*

Sarlande ist eine kleine Stadt in den Cevennen, am Ende eines engen Tales gelegen, das die Berge von allen Seiten wie eine große Mauer umschließen. Wenn dort die Sonne scheint, ist es ein Glutofen, wenn der Nordwind weht, ein Eiskeller.

Am Abend meiner Ankunft tobte der Nordwind schon seit dem Morgen; und obgleich es Frühjahr war, fühlte der kleine Dingsda, der oben auf dem Verdeck der Postkutsche saß, wie ihm die Kälte bis ins Herz drang, als sie in die Stadt einfuhren.

Die Straßen waren dunkel und menschenleer ... Auf dem Paradeplatz erwarteten ein paar Leute die Kutsche und gingen vor dem schlecht erleuchteten Büro der Posthalterei auf und ab.

Kaum war ich von meinem Versteck heruntergeklettert, ließ ich mich unverzüglich zum Gymnasium führen. Ich hatte es sehr eilig, meinen Dienst anzutreten.

Das Gymnasium war ganz in der Nähe des Paradeplatzes; nachdem mich der Mann, der meinen Koffer trug, über zwei oder drei breite stille Straßen geführt hatte, blieb er vor einem großen Gebäude stehen, in dem seit Jahren schon alles ausgestorben zu sein schien.

»Hier ist es«, sagte er und hob den riesigen Türklopfer an ...

Der Türklopfer fiel zurück, schwer, sehr schwer ... Die Türe öffnete sich von selbst ... Wir traten ein.

Unter dem Tor wartete ich einen Augenblick im Dunkeln. Der Mann stellte meinen Koffer auf den Boden, ich bezahlte ihn, und er ging sehr schnell weg. Hinter ihm fiel das riesige Tor wieder ins Schloß, schwer, sehr schwer ... Kurz darauf kam ein verschlafener Hausmeister, der eine große Laterne in der Hand hielt, auf mich zu.

»Sie sind sicher ein Neuer?« sagte er müde zu mir.

Er hielt mich für einen Schüler.

»Ich bin überhaupt kein Schüler, ich komme hierher als Studienaufseher; führen Sie mich zum Direktor ...«

Der Hausmeister schien überrascht; er lüftete seine Mütze und forderte mich auf, eine Minute in seine Hausmeisterwohnung zu kommen. Vorläufig war der Direktor mit den Kindern in der Kirche. Man wollte mich zu ihm führen, sobald das Abendgebet beendet wäre.

In der Hausmeisterwohnung waren sie gerade mit dem Abendessen fertig. Ein großer schöner Bursche mit blondem Schnurrbart schlürfte ein Glas Branntwein neben einer kleinen hageren Frau, die leidend aussah, quittengelb, und bis zu den Ohren in einen verschossenen Schal eingemummelt war.
»Wer ist das denn, Monsieur Cassagne?« fragte der Mann mit dem Schnurrbart.
»Das ist der neue Studienaufseher«, antwortete der Hausmeister und zeigte auf mich. »Monsieur ist so klein, daß ich ihn zuerst für einen Schüler gehalten habe.«
»Wir haben hier tatsächlich Schüler, die größer und auch älter sind als Monsieur«, sagte der Mann mit dem Schnurrbart und schaute mich über sein Glas an. »Zum Beispiel Veillon.«
»Und Crouzat«, fügte der Hausmeister hinzu.
»Und Soubeyrol ...« meinte die Frau.
Daraufhin sprachen sie leise untereinander, schnupperten an ihrem abscheulichen Branntwein und musterten mich verstohlen. Draußen hörte man den Nordwind heulen und die gellenden Stimmen der Schüler, die in der Kapelle die Litaneien aufsagten.
Plötzlich läutete eine Glocke; in den Fluren vernahm man das Geräusch von Schritten. »Das Gebet ist aus«, sagte Monsieur Cassagne zu mir und erhob sich; »gehen wir zum Direktor hinauf.«
Er nahm seine Laterne, und ich folgte ihm.
Die Schule kam mir riesig vor. Endlose Flure, große Vorhallen, breite Treppen mit schmiedeeisernen Geländern, alles alt, dunkel, verräuchert. Der Hausmeister erzählte mir, vor 89 sei in dem Gebäude eine Marineschule untergebracht gewesen mit fast achthundert Schülern, alle aus dem höchsten Adel.
Als er mit seinen wertvollen Auskünften gerade fertig war, kamen wir in das Büro des Direktors. Monsieur Cassagne öffnete behutsam eine gepolsterte Außentüre und klopfte dann zweimal an die Holztäfelung.
Eine Stimme antwortete: »Herein!« Wir traten ein.
Es war ein sehr großes Arbeitszimmer mit grüner Tapete. Im Hintergrund schrieb der Direktor an einem langen Tisch beim blassen Schein einer Lampe, deren Schirm ganz heruntergeschraubt war.
»Herr Direktor«, sagte der Hausmeister und schob mich vor sich her, »hier ist der neue Studienaufseher, der als Ersatz für Monsieur Serrières kommt.«
»Es ist gut«, antwortete der Direktor, ohne sich stören zu lassen.

Der Hausmeister verbeugte sich und ging hinaus. Ich blieb in der Mitte des Raumes stehen und drehte meinen Hut in den Händen.
Als der Direktor zu Ende geschrieben hatte, drehte er sich nach mir um, und ich konnte ungeniert sein kleines, etwas bleiches und hageres Gesicht beobachten, aus dem zwei kalte, farblose Augen blickten. Um mich besser zu sehen, schraubte er den Schirm der Lampe hoch und setzte sich einen Klemmer auf die Nase.
»Das ist doch ein Kind!« rief er aus und sprang von seinem Sessel auf. »Was soll ich denn mit einem Kind anfangen!«
Diesmal hatte der kleine Dingsda schreckliche Angst; er sah sich schon auf der Straße, ohne Geld ... Er hatte gerade noch die Kraft, zwei oder drei Worte zu stammeln und dem Direktor das Einführungschreiben zu überreichen, das er für diesen bei sich hatte.
Der Direktor nahm den Brief, las ihn, las ihn wieder, faltete ihn zusammen, faltete ihn auseinander, las ihn abermals und sagte dann schließlich zu mir, dank der ganz besonderen Empfehlung des Rektors und der Achtbarkeit meiner Familie willige er ein, mich bei sich aufzunehmen, wenn ihm auch meine große Jugend Sorge bereite. Dann machte er mir lange Ausführungen über den Ernst meiner neuen Pflichten; doch ich hörte ihm nicht mehr zu. Für mich war das Wichtigste, daß man mich nicht wieder wegschickte; ich war glücklich, überglücklich. Ich wünschte mir, der Direktor hätte tausend Hände, die ich ihm alle küssen könnte.
Ein fürchterliches Eisengeklapper machte meinen Freudengefühlen ein Ende. Ich drehte mich rasch um und stand einem langen Individuum mit rotem Backenbart gegenüber, das in das Arbeitszimmer gekommen war, ohne daß man es gehört hätte: es war der Oberaufseher.
Er hielt seinen Kopf auf die Schulter geneigt wie der *Ecce homo,* schaute mich mit dem sanftesten Lächeln an und klapperte dazu mit einem Bund Schlüssel aller Größen, der an seinem Zeigefinger hing. Das Lächeln hätte mich für ihn einnehmen können, doch die Schlüssel rasselten so schrecklich — krrr! krrr! krrr! —, daß er mir Angst einjagte.
»Monsieur Viot«, sagte der Direktor, »das ist der Ersatz für Monsieur Serrières; er ist gerade angekommen.«
Monsieur Viot machte mit dem sanftesten Lächeln der Welt eine Verbeugung. Seine Schlüssel dagegen zappelten ironisch und böse, als wollten sie sagen: »Dieser kleine Kerl da Monsieur Serrières ersetzen! Warum nicht gar! Warum nicht gar!«

Der Direktor verstand ebensogut wie ich, was die Schlüssel gerade gesagt hatten, und fügte seufzend hinzu: »Ich weiß, daß für uns Monsieur Serrières so gut wie unersetzlich ist« — da stimmten die Schlüssel ein wahres Schluchzen an — »doch bin ich sicher, wenn Monsieur Viot geruht, den neuen Aufseher unter seinen besonderen Schutz zu nehmen, und ihm seine wertvollen Gedanken über das Lehramt einprägt, daß die Ordnung und die Disziplin dieses Hauses nicht allzusehr unter dem Weggang von Monsieur Serrières leiden werden.«

Immer noch lächelnd und sanft antwortete Monsieur Viot, ich hätte sein Wohlwollen gewonnen und er werde mir gern mit seinem Rat zur Seite stehen; doch die Schlüssel waren ganz und gar nicht wohlwollend. Man brauchte nur zu hören, wie wild sie zappelten und rasselten: »Wehe dir, du kleiner Schlingel, wenn du aufmuckst!«

»Monsieur Eyssette«, sagte der Direktor abschließend, »Sie können sich zurückziehen. Heute abend müssen Sie wohl noch im Hotel übernachten ... Seien Sie morgen um acht hier. Gehen Sie jetzt!«

Und er entließ mich mit einer würdevollen Gebärde.

Monsieur Viot, lächelnder und sanfter denn je, begleitete mich bis zur Türe; doch ehe er mich verließ, schob er mir ein kleines Heft in die Hand.

»Das ist die Dienstvorschrift«, sagte er zu mir. »Lesen Sie sie, und denken Sie darüber nach!«

Dann öffnete er die Türe, schloß sie hinter mir zu und rasselte dabei auf ganz besondere Weise mit den Schlüsseln ... krrr! krrr! krrr!

Die Herren hatten vergessen, mir zu leuchten ... Eine Weile irrte ich in den stockfinsteren Fluren herum, tastete mich an den Wänden entlang und versuchte, meinen Weg zurück zu finden. Hier und da fiel etwas Mondlicht durch die Gitter eines hohen Fensters und half mir, mich zu orientieren. Plötzlich leuchtete im Dunkel der Flure ein Lichtfleck auf, bewegte sich auf mich zu ... Ich machte noch ein paar Schritte; das Licht wurde größer, kam näher, strich an mir vorüber, entfernte sich, verschwand. Es war wie eine Vision; doch wenn alles auch sehr schnell ging, ich konnte die kleinsten Einzelheiten erfassen.

Stellt euch zwei Frauen vor, wie zwei Schatten: die eine alt, runzelig, zusammengeschrumpft, gekrümmt, mit einer riesigen Brille, die das halbe Gesicht verdeckte; die andere jung, schlank, ein bißchen schmal wie alle Phantome, die aber — und das haben Geister im allgemeinen nicht — ein Paar sehr große und schwarze, tiefschwarze Augen hatte ... Die Alte hielt eine kleine kupferne Lampe in der Hand; die schwarzen Augen aber trugen nichts. Die beiden Schatten gingen an mir vorüber, sehr rasch, schweigend, ohne mich zu sehen, und noch lange, nachdem sie verschwunden waren, stand ich wie gebannt an derselben Stelle, verzaubert und erschrocken zugleich.

Tastend setzte ich dann meinen Weg fort, doch mein Herz schlug sehr laut, und ich sah im Dunkeln immer die entsetzliche Fee mit der Brille neben den schwarzen Augen einhergehen ...

Es galt jedoch, eine Unterkunft für die Nacht zu finden, und das war gar nicht so einfach. Zum Glück traf ich den Mann mit dem Schnurrbart, der vor der Hausmeisterwohnung seine Pfeife rauchte, und er erbot sich sofort, mich in ein kleines gutes und nicht zu teueres Hotel zu führen, wo ich wie ein Fürst bedient würde. Natürlich nahm ich von Herzen gern an.

Dieser Mann mit dem Schnurrbart sah sehr gutmütig aus; unterwegs erfuhr ich, daß er Roger hieß, Tanz-, Reit-, Fecht- und Turnlehrer am Gymnasium von Sarlande war und lange bei den Jägern in Afrika gedient hatte. Nun fand ich ihn wirklich sympathisch. Kinder neigen immer dazu, die

Soldaten zu lieben. Wir trennten uns am Eingang des Hotels mit einem kräftigen Händedruck und dem ausdrücklichen Versprechen, Freunde zu werden.

Und nun, lieber Leser, muß ich etwas gestehen.

Als der kleine Dingsda allein in seinem kalten Zimmer stand vor dem unbekannten und gewöhnlichen Gasthausbett, fern von denen, die er liebte, strömte sein Herz über, und der große Philosoph weinte wie ein Kind. Jetzt jagte ihm das Leben Furcht ein; er fühlte sich schwach und wehrlos, und er weinte, er weinte ... Mitten in seinen Tränen zog plötzlich das Bild der Seinen an ihm vorüber; er sah das verlassene Haus, die zerstreute Familie, die Mutter hier, den Vater dort. Kein Dach mehr, kein Heim! Da vergaß der kleine Dingsda seine eigene Verlassenheit und dachte nur noch an das gemeinsame Elend; er faßte einen großen und schönen Entschluß: er wollte ganz allein die Familie Eyssette wieder zusammenführen und das Heim neu aufbauen. Stolz, daß er seinem Leben dieses edle Ziel gesetzt hatte, trocknete er nun die eines Mannes unwürdigen Tränen, machte sich daran, die Dienstvorschrift von Monsieur Viot zu lesen und sich über seine neuen Pflichten zu unterrichten. Diese Dienstvorschrift, liebevoll und eigenhändig von Monsieur Viot abgeschrieben, war eine regelrechte Abhandlung, die methodisch in drei Teile zerfiel:

1. Die Pflichten des Studienaufsehers gegenüber seinen Vorgesetzten
2. Die Pflichten des Studienaufsehers gegenüber seinen Kollegen
3. Die Pflichten des Studienaufsehers gegenüber den Schülern.

Alle nur möglichen Fälle waren darin vorgesehen, von der zerbrochenen Fensterscheibe bis zu den zwei Händen, die im Klassenraum gleichzeitig hochgehoben werden; alle Einzelheiten im Leben der Aufseher waren dort festgelegt, von der Höhe ihrer Bezüge bis zur halben Flasche Wein, auf die sie bei jeder Mahlzeit Anspruch hatten.

Die Dienstvorschrift endete mit einem schönen Stück Beredsamkeit, einer Abhandlung über die Nützlichkeit der Dienstvorschrift an sich; doch trotz allen Respekts für das Werk von Monsieur Viot hatte der kleine Dingsda nicht die Kraft, sie zu Ende zu lesen, und genau an der schönsten Stelle der Abhandlung schlief er ein ...

In dieser Nacht schlief ich schlecht. Tausend phantastische Träume störten meinen Schlummer. Mal waren es die fürchterlichen Schlüssel von Monsieur Viot, die ich zu hören glaubte — krrr! krrr! krrr! — oder aber die

Brillenfee setzte sich ans Kopfende meines Betts und weckte mich jäh; dann wieder ließen sich die schwarzen Augen — o, wie schwarz sie waren — auf meinem Bett nieder und schauten mich mit seltsamer Hartnäckigkeit an ...

Am anderen Tag war ich um acht Uhr im Gymnasium. Monsieur Viot stand in der Türe, seinen Schlüsselbund in der Hand, und beaufsichtigte das Kommen der Externen. Er empfing mich mit seinem sanftesten Lächeln.

»Warten Sie in der Eingangshalle«, sagte er zu mir, »wenn die Schüler im Gebäude sind, werde ich Sie Ihren Kollegen vorstellen.«

Ich wartete in der Eingangshalle, ging dort auf und ab und grüßte die Herren Professoren, die außer Atem angelaufen kamen, mit einer tiefen Verbeugung. Ein einziger dieser Herren erwiderte meinen Gruß; das war ein Priester, der Philosophielehrer, ›ein Original‹, wie Monsieur Viot mir sagte. Ich mochte ihn gleich sehr gern, diesen Sonderling.

Die Glocke läutete. Die Klassen füllten sich. Vier oder fünf große Burschen zwischen fünfundzwanzig und dreißig, schlecht gekleidet, alltägliche Gesichter, kamen angesprungen und blieben beim Anblick von Monsieur Viot verdutzt stehen.

»Meine Herren«, sagte der Oberaufseher zu ihnen und zeigte dabei auf mich, »das ist Monsieur Daniel Eyssette, Ihr neuer Kollege.«

Mit diesen Worten machte er eine Verbeugung und zog sich zurück, immerzu lächelnd, immer den Kopf auf die Schulter geneigt, und immer mit den fürchterlichen Schlüsseln rasselnd.

Meine Kollegen und ich, wir schauten uns einen Augenblick schweigend an. Der größte und der dickste von ihnen ergriff als erster das Wort: es war Monsieur Serrières, der berühmte Serrières, den ich ablösen sollte.

»Bei Gott!« rief er fröhlich aus, »hier könnte man wirklich sagen, die Aufseher folgen sich, doch seht, sie gleichen sich nicht.«

Damit spielte er auf den ungeheuren Größenunterschied zwischen uns an. Wir lachten herzlich darüber, ich als erster; doch ich versichere euch, in diesem Augenblick hätte der kleine Dingsda nur zu gern seine Seele dem Teufel verkauft, um ein paar Zoll mehr zu bekommen.

»Das macht nichts«, fügte der dicke Serrières hinzu und streckte mir die Hand entgegen; »wenn wir auch nicht von der gleichen Bauart sind, so können wir trotzdem ein paar Fläschchen zusammen trinken. Ich spendiere einen Abschiedspunsch im Café Barbette; Sie sind mit von der Partie ... beim Bechern wollen wir uns kennenlernen.« Ohne mir die Zeit zu einer Antwort zu lassen, nahm er meinen Arm und zog mich mit nach draußen.

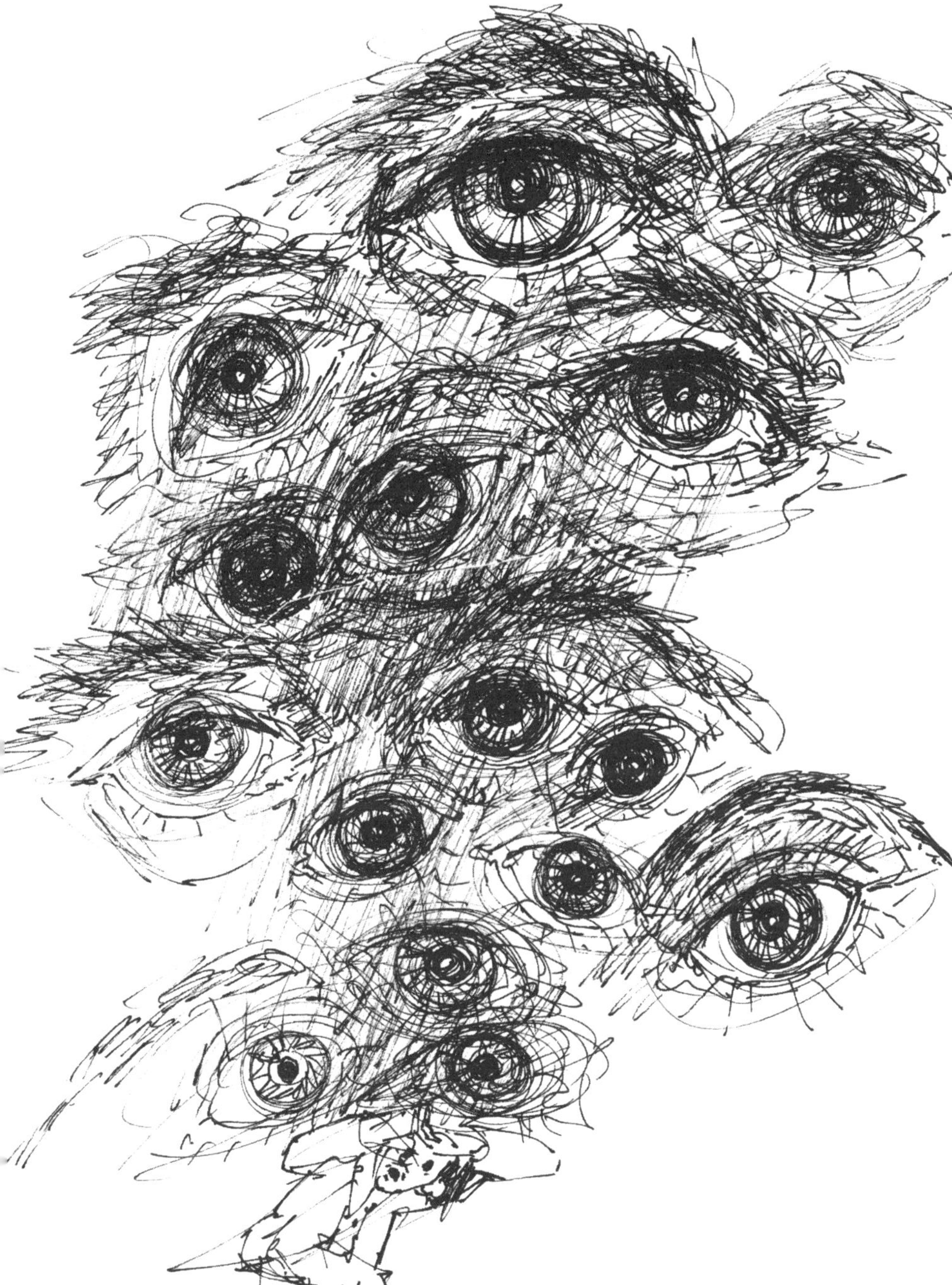

Das Café Barbette, wohin mich meine neuen Kollegen führten, lag am Marktplatz. Die Unteroffiziere der Garnison verkehrten dort, und beim Eintreten fielen mir gleich die vielen Tschakos und Koppel auf, die an den Kleiderhaken hingen ...

An jenem Tag hatten die Abreise von Serrières und sein Abschiedspunsch den ganzen Troß der Stammgäste angelockt. Die Unteroffiziere, denen mich Serrières bei unserer Ankunft vorstellte, empfingen mich mit großer Herzlichkeit. In Wahrheit erregte jedoch die Ankunft des kleinen Dingsda kein großes Aufsehen, und ich saß bald vergessen in einer Ecke des Saals, wo ich schüchtern Zuflucht gesucht hatte. Während die Gläser gefüllt wurden, setzte sich der dicke Serrières neben mich; er hatte seinen Gehrock ausgezogen und hielt zwischen den Zähnen eine lange Tonpfeife, auf der in Porzellanbuchstaben sein Name stand. Alle Studienaufseher hatten im Café Barbette eine solche Pfeife.

»Nun, Kollege«, sagte der dicke Serrières zu mir, »Sie sehen, es gibt in unserem Beruf auch noch gute Augenblicke. Alles in allem haben Sie es hier in Sarlande als Anfänger ganz gut getroffen. Zunächst einmal ist der Absinth im Café Barbette ausgezeichnet, und dort drüben in dem Kasten wird es Ihnen auch nicht gar zu schlecht gehen.«

Der Kasten, das war das Gymnasium.

»Sie werden die Klasse der Kleinen übernehmen, Jungen, die man mit dem Stock regieren kann. Sie werden sehen, wie ich sie dressiert habe! Der Direktor ist nicht bösartig; die Kollegen sind nette Kerle; nur die Alte und Monsieur Viot ...«

»Was für eine Alte?« fragte ich zitternd.

»Ach, die werden Sie bald kennenlernen. Zu jeder Tages- und Nachtzeit begegnet man ihr, wenn sie mit einer riesigen Brille durch das Schulgebäude geistert ... Sie ist eine Tante des Direktors, und sie bekleidet hier die Stelle einer Wirtschafterin. Oh, diese Schurkin! Wenn wir hier nicht Hungers sterben, so ist das nicht ihre Schuld.«

An der Personenbeschreibung, die Serrières mir gab, erkannte ich die Brillenfee und fühlte, daß ich rot wurde, ohne es zu wollen. Zehnmal war ich drauf und dran, meinen Kollegen zu unterbrechen und ihn zu fragen: ›Und die schwarzen Augen?‹ Doch ich traute mich nicht. Im Café Barbette von den schwarzen Augen sprechen!

Unterdessen kreiste der Punsch, die leeren Gläser wurden wieder gefüllt, die gefüllten Gläser geleert; man brachte Trinksprüche aus, rief oh! und ah!, schwenkte Billardstöcke, rempelte und drängelte, lachte derb und laut, kalauerte, wurde vertraulich ... Nach und nach war der kleine Dingsda nicht mehr so schüchtern. Er war aus seiner Ecke herausgekommen, spazierte durch das Café und sprach laut, das Glas in der Hand.

Zu dieser Stunde waren die Unteroffiziere seine Freunde; er erzählte unverfroren einem von ihnen, er komme aus einer sehr reichen Familie und wegen einiger Jugendtorheiten sei er aus dem Elternhaus gejagt worden; er habe sich als Studienaufseher gemeldet, um leben zu können, doch habe er nicht vor, lange am Gymnasium zu bleiben ... Sie verstehen, bei einer so reichen Familie ...

Ach! Hätten die Seinen aus Lyon ihn in diesem Augenblick hören können. Wir armseligen Menschen! Als man im Café Barbette erfuhr, ich sei ein von seiner Familie Verstoßener, ein Lebemann, ein durchtriebener Kerl, und nicht, wie man hätte meinen können, ein armer, durch Not zur Pädagogik verdammter junger Mann, behandelten mich alle gleich viel freundlicher. Die ältesten Unteroffiziere geruhten, mit mir zu sprechen; man ging sogar noch weiter: als es Zeit war zu gehen, stand Roger auf, der Fechtmeister, mein Freund vom vorhergehenden Abend, und brachte ein Hoch auf Daniel Eyssette aus. Ihr könnt euch vorstellen, wie stolz der kleine Dingsda war.

Der Toast auf Daniel Eyssette war das Zeichen zum Aufbruch. Es war ein Viertel vor Zehn, mit anderen Worten, Zeit, ins Gymnasium zu gehen.

Der Mann mit den Schlüsseln erwartete uns am Eingang.

»Monsieur Serrières«, sagte er zu meinem dicken Kollegen, der nach seinem Abschiedspunsch leicht schwankte, »Sie werden zum letztenmal Ihre Schüler in den Arbeitssaal führen; sobald Sie dort sind, werden der Herr Direktor und ich erscheinen und den neuen Aufseher einführen.«

In der Tat, ein paar Minuten später hielten der Direktor, Monsieur Viot und der neue Aufseher ihren feierlichen Einzug im Arbeitssaal.

Alle standen auf.

Der Direktor stellte mich in einer etwas zu langen, aber sehr würdigen Rede den Schülern vor; dann zog er sich zurück, gefolgt vom dicken Serrières, dem sein Punsch mehr und mehr zu schaffen machte. Monsieur Viot war der letzte. Er hielt zwar keine Rede, aber seine Schlüssel — krrr! krrr! krrr! — sprachen für sich, und zwar so entsetzlich, daß sich alle Köpfe unter den Pultdeckeln versteckten und auch der neue Aufseher nicht sehr ermutigt war.

Sobald die furchtbaren Schlüssel draußen waren, kamen viele schelmische Gesichter hinter den Pulten hervor; alle Federfahnen legten sich auf die Lippen, alle diese glänzenden, spöttischen, ängstlichen Augen richteten sich auf mich, während ein langes Flüstern von Tisch zu Tisch lief.
Etwas verwirrt stieg ich langsam die Stufen zu meinem Stuhl hinan; ich versuchte, wild um mich zu blicken, dann schlug ich zweimal knapp und fest auf den Tisch und rief, so laut ich konnte, dazwischen: »Arbeiten, meine Herren, arbeiten!«
So begann der kleine Dingsda seine erste Aufsichtsstunde.

VI *Die Kleinen*

Sie waren nicht bösartig; das waren die anderen. Sie fügten mir kein Leid zu, und ich mochte sie gern, weil man ihnen das Gymnasium noch nicht anmerkte und weil in ihren Augen ihre ganze Seele zu lesen war.
Ich strafte sie niemals. Wozu auch? Straft man denn die Vögel? ... Wenn sie zu laut piepsten, brauchte ich nur ›Ruhe‹ zu rufen, und schon schwieg mein Vogelhaus — für wenigstens fünf Minuten.
Der Älteste im Arbeitssaal war elf Jahre alt. Und der dicke Serrières hatte sich gerühmt, er habe sie mit dem Stock regiert!
Ich jedenfalls lenkte sie nicht mit dem Stock. Ich versuchte, immer gut zu sein, das war alles.
Wenn sie sehr artig gewesen waren, erzählte ich ihnen manchmal eine Geschichte. Eine Geschichte! ... Welches Glück! Schnell, schnell wurden die Hefte zugeklappt, die Bücher geschlossen; Tintenfässer, Lineale, Federhalter, alles flog ins Pult, wie es eben kam; dann wurden die Arme verschränkt und auf den Tisch gelegt, die Augen weit geöffnet, und man hörte ganz ruhig zu. Für sie habe ich fünf oder sechs kleine Märchen verfaßt: ›Die ersten Versuche einer Grille‹, ›Die Mißgeschicke von Jean Lapin‹ usw. Dann war, wie heute zum Beispiel, der gute Lafontaine mein Lieblingsheiliger im literarischen Kalender, und meine Geschichten erläuterten nur seine Fabeln; doch mischte ich mein eigenes Leben darunter. Stets war da irgendwo eine arme Grille, die sich ihr Leben verdienen mußte wie der kleine Dingsda, Marienkäfer, die kartonierten und klebten und dabei weinten wie Eyssette (Jacques). Das machte meinen Kleinen viel Freude — und mir natürlich auch. Leider verstand Monsieur Viot nicht, daß man auf solche Weise Freude haben konnte.
Drei- oder viermal in der Woche machte der schreckliche Mann einen Inspektionsrundgang durch das Gymnasium, um nachzusehen, ob sich alles nach seiner Dienstvorschrift abspielte. Nun, an einem dieser Tage kam er gerade im rührendsten Augenblick der Geschichte von Jean Lapin in unseren Arbeitssaal. Als die Schüler Monsieur Viot hereinkommen sahen, fuhren sie alle zusammen. Bestürzt schauten sich die Kleinen an. Dem Erzähler verschlug es das Wort. Verdutzt blieb Jean Lapin sitzen, hielt eine Pfote in die Luft und spitzte voller Angst seine großen Ohren.
Der lächelnde Monsieur Viot stand vor meinem Katheder und ließ einen

langen und erstaunten Blick über die leeren Pulte gleiten. Er sagte nichts, doch seine Schlüssel rasselten wie wild: ›Krrr! krrr! krrr! Ihr seid mir welche, wird hier denn nicht mehr gearbeitet?‹
Ich versuchte zitternd, diese fürchterlichen Schlüssel zu beschwichtigen.
»Die Herren haben in diesen Tagen sehr gut gearbeitet«, stammelte ich, »da wollte ich ihnen zur Belohnung eine kurze Geschichte erzählen . . .«
Monsieur Viot antwortete nicht. Er verbeugte sich lächelnd, ließ seine Schlüssel ein letztes Mal schimpfen und ging hinaus.
Am Abend, während der Vieruhrpause, kam er zu mir und übergab mir, immer noch lächelnd, immer noch schweigend, das Heft mit der Dienstvorschrift, das bei Seite 12 aufgeschlagen war: ›Pflichten des Aufsehers gegenüber seinen Schülern.‹
Ich verstand, daß ich keine Geschichten mehr erzählen durfte, und ich erzählte keine mehr.
Einige Tage waren meine Kleinen untröstlich. Jean Lapin fehlte ihnen, und mir zerriß es das Herz, daß ich ihnen Jean Lapin nicht zurückgeben konnte. Ich hatte diese Jungen doch so gern! Wir trennten uns nie . . . Das Gymnasium war in drei streng abgegrenzte Bezirke aufgeteilt: die Oberstufe, die Mittelstufe, die Unterstufe; jede Abteilung hatte ihren Hof, ihren Schlafsaal, ihren Arbeitssaal. Meine Kleinen gehörten also mir, ganz mir. Und ich meinte, ich hätte fünfunddreißig Kinder.
Außer ihnen hatte ich keinen Freund. Wenn mich Monsieur Viot auch in den Pausen beim Arm nahm, mir Ratschläge bezüglich der Dienstvorschrift gab, so mochte ich ihn doch nicht leiden, konnte ich ihn nicht gern haben; seine Schlüssel flößten mir zu viel Angst ein. Den Direktor sah ich nie. Die Lehrer verachteten den kleinen Dingsda und schauten ihn unter ihrem Barett sehr von oben herab an. Und was meine Kollegen anlangte, so hatte die Sympathie, die mir der Mann mit den Schlüsseln entgegenzubringen schien, sie mir entfremdet; außerdem war ich seit meiner Einführung bei den Unteroffizieren nicht mehr ins Café Barbette gegangen, und das verziehen mir diese Leute nicht.
Sogar der Hausmeister Cassagne und der Fechtlehrer Roger waren gegen mich. Vor allem der Fechtlehrer schien sehr böse auf mich zu sein. Wenn ich an ihm vorbeiging, zwirbelte er mit grimmiger Miene seinen Bart und rollte die Augen, als ob er hundert Araber niedersäbeln wollte. Einmal sagte er sehr laut zu Cassagne und schaute dabei zu mir hinüber, er könne Spitzel nicht leiden. Cassagne antwortete nicht; doch ich konnte seinem Gesicht

ansehen, daß er sie auch nicht leiden konnte.... Welche Spitzel meinten sie? Das gab mir viel zu denken.

Angesichts dieser allgemeinen Antipathie hatte ich mich eingelebt, so gut es eben ging. Der Studienaufseher der Mittelstufe teilte mit mir ein kleines Zimmer im dritten Stock unter dem Dach; dorthin zog ich mich während der Unterrichtsstunden zurück. Da mein Kollege seine ganze Zeit im Café Barbette verbrachte, gehörte das Zimmer mir; es war mein Zimmer, mein Zuhause.

Kaum war ich dorthin zurückgekehrt, schloß ich die Türe zweimal ab, schleppte meinen Koffer — in meinem Zimmer gab es keinen Stuhl — vor einen alten Schreibtisch voller Tintenkleckse und Einkerbungen mit Taschenmessern und breitete dort meine Bücher aus. Und dann an die Arbeit! Es war gerade Frühling. Wenn ich aufblickte, sah ich den tiefblauen Himmel und die großen Bäume des Hofes, die schon Blätter angelegt hatten. Draußen war alles still. Von Zeit zu Zeit hörte ich die monotone Stimme eines Schülers, der seine Lektion aufsagte, den Ausruf eines wütenden Lehrers, ein Gezänk zwischen Spatzen im Laub; dann trat wieder Ruhe ein, das ganze Gymnasium schien zu schlafen.

Der kleine Dingsda aber schlief nicht. Er träumte nicht einmal, was auch eine köstliche Form des Schlafens ist. Er arbeitete, arbeitete unermüdlich, trichterte sich Latein und Griechisch ein, bis ihm der Kopf zu platzen drohte. Manchmal klopfte ein geheimnisvoller Finger an die Türe, wenn er mitten in der schweren Arbeit steckte.

›Wer da?‹ — ›Ich bin's, die Muse, deine alte Freundin, die Frau des roten Hefts; mach mir schnell auf, kleiner Dingsda.‹

Doch der kleine Dingsda hütete sich, die Türe zu öffnen. Draußen stand wahrhaftig die Muse!

Zum Teufel mit dem roten Heft! Im Augenblick kam es nur darauf an, viele griechische Übersetzungen zu machen, sein Examen abzulegen, eine Lehrerstelle zu bekommen und so schnell wie möglich ein schönes neues Heim für die Familie Eyssette zu schaffen.

Der Gedanke, ich arbeitete für die Familie, gab mir großen Mut und versüßte mir das Leben. Selbst mein Zimmer wurde dadurch schöner... O Mansarde, geliebte Mansarde, wie so manche köstliche Stunde habe ich in deinen vier Wänden verbracht! Wie gut konnte ich dort arbeiten! Wie tapfer kam ich mir vor!...

Doch wenn ich ein paar schöne Stunden hatte, so gab es für mich auch schlechte. Zweimal in der Woche, sonntags und donnerstags, mußte ich die Kinder auf dem Spaziergang begleiten. Dieser Spaziergang war eine Qual für mich.

Für gewöhnlich gingen wir zur ›Prairie‹, einer großen Wiese, die sich wie ein Teppich am Fuße des Berges eine halbe Meile vor der Stadt ausbreitete. Mit ein paar dicken Kastanienbäumen, drei oder vier gelb angestrichenen Vorstadtschenken, einer munteren Quelle im Grünen bot dieser Ort einen lieblichen und freundlichen Anblick. Die drei Abteilungen des Gymnasiums gingen getrennt dorthin; waren sie erst einmal dort, wurden sie unter der Aufsicht eines einzigen Aufsehers vereint, und der war immer ich. Meine beiden Kollegen ließen sich in den umliegenden Kneipen von den Erwachsenen aushalten, und da mich niemand einlud, mußte ich stets die Schüler hüten ... Eine harte Arbeit an diesem schönen Ort.

Es wäre so wohltuend gewesen, sich im Schatten der Kastanien ins grüne Gras zu legen, sich an Feldthymian zu berauschen und dem Gesang der kleinen Quelle zu lauschen! ... Stattdessen mußte ich aufpassen, schreien, strafen. Ich hatte das gesamte Gymnasium am Hals. Es war fürchterlich.

Die Schüler auf der Prairie zu beaufsichtigen, war jedoch nicht das schlimmste, viel ärger war es, mit meiner Abteilung, mit der Abteilung der Kleinen, die Stadt zu durchqueren. Die anderen Abteilungen marschierten wunderbar im Gleichschritt und klapperten mit den Absätzen wie alte Haudegen! Das roch nach Disziplin und Trommelschlag. Meine Kleinen dagegen verstanden von diesen schönen Dingen gar nichts. Sie gingen nicht in Reih und Glied, hielten sich bei der Hand und hörten den ganzen Weg nicht auf zu schnattern. Ich mochte ihnen noch so oft zurufen: »Abstand halten!« — sie begriffen es nicht und liefen kreuz und quer durcheinander.

Mit der Spitze meines Zuges war ich ganz zufrieden. Dort steckte ich die Größten, die Ernsthaftesten hin, diejenigen, die schon die Schuluniform trugen; doch am Ende, welches Durcheinander! Ein verrückt gewordener Kinderhaufen, zerzauste Haare, schmutzige Hände, zerfetzte Hosen! Ich wagte nicht, sie anzuschauen.

»Desinit in piscem«, sagte dazu der lächelnde Monsieur Viot, der in solchen Augenblicken sehr geistreich war. Tatsache ist, das Ende meines Zuges sah traurig aus.

Sicher versteht ihr meine Verzweiflung darüber, mich in den Straßen von Sarlande in solchem Aufzug zu zeigen, besonders am Sonntag. Die Glokken läuteten, die Straßen waren voller Menschen. Wir begegneten Mäd-

chenpensionaten, die zum Nachmittagsgottesdienst gingen, Putzmacherinnen mit rosa Hauben, Stutzern in perlgrauen Hosen. An all denen mußte ich vorübergehen im abgeschabten Anzug und mit einer albernen Abteilung von Schülern. Welche Schande! . . .

Unter diesen vielen kleinen Teufeln, die ich zweimal in der Woche durch die Stadt führte, war vor allem einer, ein Halbpensionär, der mich durch seine Häßlichkeit und seine schlechte Haltung zur Verzweiflung brachte.

Stellt euch einen scheußlichen Knirps vor, so klein, daß es geradezu lächerlich war; dazu tölpisch, schmutzig, ungekämmt, schlecht angezogen, verkommen und obendrein auch noch furchtbar krummbeinig.

Nie stand jemals ein solcher Schüler — wenn es überhaupt erlaubt ist, so etwas Schüler zu nennen — auf den Zulassungslisten der Universität. Er war eine Schande für ein Gymnasium.

Jedenfalls mochte ich ihn nicht leiden; und wenn ich ihn auf den Spaziergängen am Ende des Zuges wie eine junge Ente einherwatscheln sah, hatte ich nicht übel Lust, ihn mit großen Fußtritten um der Ehre meiner Abteilung willen fortzujagen.

Bamban — wir hatten ihm den Spitznamen Bamban gegeben wegen seines unregelmäßigen Ganges — Bamban gehörte beileibe keiner aristokratischen Familie an. Das konnte man leicht an seinen Manieren, seiner Art zu sprechen und vor allem an seinem feinen Umgang in der Stadt sehen.

Alle Straßenjungen von Sarlande waren seine Freunde.

Wenn wir ausgingen, hatten wir es ihm zu verdanken, daß uns stets ein ganzer Schwarm von Lausejungen folgte, die hinter uns radschlugen, Bamban beim Namen riefen, mit dem Finger auf ihn zeigten, ihm Kastanienschalen nachwarfen und tausend andere kleine Possen trieben. Meine Kleinen fanden das sehr lustig, doch ich lachte nicht, und ich ließ dem Direktor jede Woche einen eingehenden Bericht zukommen über den Schüler Bamban und die zahllosen Störungen, die seine Anwesenheit mit sich brachte.

Leider blieben meine Berichte ohne Antwort, und ich war nach wie vor gezwungen, mich auf den Straßen in Begleitung von Monsieur Bamban zu zeigen, der schmutziger und krummbeiniger war denn je.

An einem von vielen Sonntagen, einem schönen Sonntag bei herrlichem Sonnenschein, erschien er zum Spaziergang in einem Aufzug, daß wir alle entsetzt waren. Nicht im Traum könnt ihr euch so etwas vorstellen. Schwarze Hände, Schuhe ohne Schnürsenkel, Dreck bis in die Haare, so gut wie keine Hose mehr — ein Scheusal.

Das Komischste daran war, daß man ihn an jenem Tag offenbar besonders schön zurechtgemacht hatte, ehe man ihn zu mir schickte. Er war besser gekämmt als sonst und sein Haar steif von Pomade; dem Krawattenknoten sah man noch die mütterlichen Hände an. Doch bis zur Schule gibt es so viele Gossen! . . .

Und Bamban hatte sich in allen gewälzt.

Als ich sah, daß er sich unter den anderen an seinen Platz stellte, friedlich und lächelnd, als sei nichts geschehen, packten mich Abscheu und Empörung.

Ich schrie ihn an: »Mach, daß du wegkommst!«

Bamban meinte, ich scherzte, und lächelte weiter. Er hielt sich für sehr schön an jenem Tag.

Ich schrie ihn wieder an: »Mach, daß du wegkommst! Los!« Er schaute mich traurig und unterwürfig an, seine Augen flehten mich an; doch ich war unerbittlich, und der Zug setzte sich in Bewegung; er blieb allein, unbeweglich, mitten auf der Straße zurück.

Ich glaubte, ich sei ihn für den ganzen Tag los, da hörte ich beim Verlassen der Stadt Lachen und Flüstern in meiner Nachhut und drehte mich um.

Vier oder fünf Schritte hinter uns folgte Bamban mit ernster Miene.

»Schneller gehen«, sagte ich zu den Vordersten.

Die Schüler begriffen, daß es darum ging, dem Krummbeinigen einen Streich zu spielen, und die Abteilung legte ein Höllentempo vor.

Von Zeit zu Zeit drehten wir uns um, ob Bamban uns folgen konnte, und wir lachten, als wir ihn ganz weit hinten entdeckten, noch faustgroß, wie er im Staub der Straße zwischen den Kuchen- und Limonadenverkäufern einhertrottete.

Der Tollkopf kam wirklich fast zur gleichen Zeit wie wir auf der Prairie an. Doch er war bleich vor Erschöpfung und schleppte sein Bein nach, daß es einen dauerte.

Ich war betroffen, schämte mich ein wenig meiner Grausamkeit und rief ihn freundlich zu mir.

Er trug einen kleinen, verschossenen, rot karierten Kittel, den Kittel des kleinen Dingsda im Gymnasium von Lyon.

Ich erkannte ihn sofort, diesen Kittel, und sagte zu mir: Du Elender, schämst du dich nicht? Das bist doch du, der kleine Dingsda, den du fröhlich auf diese Weise quälst. Ich weinte innerlich und fing an, diesen armen Benachteiligten von ganzem Herzen zu lieben.

Bamban hatte sich auf den Boden gesetzt, weil ihm seine Beine weh taten. Ich setzte mich zu ihm. Ich sprach mit ihm. Ich kaufte ihm eine Apfelsine ... Ich hätte ihm die Füße gewaschen!

Von diesem Tag an wurde Bamban mein Freund. Ich erfuhr über ihn ergreifende Dinge ...

Er war der Sohn eines Hufschmieds, der überall die Wohltaten der Bildung hatte preisen hören und sich nun abrackerte und krummlegte, der arme Mann, um seinen Sohn als Halbpensionär aufs Gymnasium zu schicken. Doch leider war Bamban für das Gymnasium nicht geschaffen und hatte kaum etwas davon.

Bei seinem Eintritt hatte man ihm eine Vorlage mit Strichen gegeben und zu ihm gesagt: »Male Stöcke!« Und seit einem Jahr malte Bamban Stöcke. Und was für Stöcke — mein Gott! — schief, schmutzig, plump, krumm, Stöcke wie Bamban! ...

Niemand kümmerte sich um ihn. Er gehörte keiner bestimmten Klasse an; für gewöhnlich ging er in die Klasse, die er zufällig offen fand. Eines Tages malte er Stöcke in der Philosophieklasse ... Ein merkwürdiger Schüler, dieser Bamban!

Manchmal beobachtete ich ihn im Arbeitssaal, wie er über sein Heft gebeugt saß, schwitzend, schnaufend, die Zunge herausstreckte, seine Feder krampfhaft mit der ganzen Hand festhielt und mit aller Kraft aufdrückte, als wollte er den Tisch durchbohren. Bei jedem Stock nahm er neue Tinte, und am Ende jeder Zeile zog er die Zunge wieder ein, ruhte sich aus und rieb sich dabei die Hände.

Nun wir Freunde waren, arbeitete Bamban viel lieber.

Wenn er eine Seite fertig hatte, kletterte er voller Eifer auf allen Vieren auf mein Katheder und legte mir wortlos sein Meisterwerk vor.

Ich gab ihm einen kleinen freundlichen Klaps und sagte zu ihm: »Das ist sehr schön!« Es war abscheulich, doch ich wollte ihn nicht entmutigen.

Tatsächlich gingen die Stöcke allmählich etwas aufrechter, die Feder spuckte weniger, und auf seinen Heften war nicht mehr so viel Tinte. Ich glaube, mit der Zeit hätte ich es geschafft, ihm etwas beizubringen; doch leider trennte uns das Schicksal. Der Aufseher der Mittelstufe verließ das Gymnasium. Da das Ende des Schuljahres kurz bevorstand, wollte der Direktor keinen neuen Aufseher einstellen. Man setzte einen bärtigen Unterprimaner auf das Katheder der Kleinen und übergab mir die Studienaufsicht in der Mittelstufe.

Ich hielt das für eine Katastrophe.

Zunächst einmal jagten mir die Schüler der Mittelstufe Angst ein. Ich hatte sie an den Tagen der Prairie erlebt, und bei dem Gedanken, ich sollte unentwegt mit ihnen zusammenleben, wurde mir schwer ums Herz.

Dann mußte ich meine Kleinen verlassen, meine lieben Kleinen, die ich so gern hatte ... Wie würde der bärtige Unterprimaner mit ihnen umgehen? Was wurde aus Bamban? Ich war wirklich unglücklich.

Auch meine Kleinen waren sehr traurig, daß ich weggehen mußte. Als es am Tag meiner letzten Aufsicht dort klingelte, entstand eine gewisse Unruhe. Sie wollten mich alle umarmen. Ich versichere euch, einige von ihnen wußten mir ganz reizende Dinge zu sagen.

Und Bamban?

Bamban sprach nicht. Doch in dem Augenblick, als ich den Saal verlassen wollte, trat er auf mich zu, ganz rot, und legte mir feierlich ein herrliches Heft in die Hand, lauter Stöcke, die er für mich gezeichnet hatte.

Armer Bamban!

VII *Der Aufpasser*

Also übernahm ich die Studienaufsicht in der Mittelstufe.
Dort hatte ich es mit etwa fünfzig bösartigen Spitzbuben zu tun, pausbäckigen, zwölf bis vierzehn Jahre alten Kindern aus den Bergen, Söhnen reich gewordener Pächter, die von ihren Eltern aufs Gymnasium geschickt wurden, um aus ihnen kleine Bürger zu machen — zum Preis von einhundertzwanzig Francs im Trimester.
Sie waren flegelhaft, unverschämt, eingebildet, sprachen untereinander die rauhe Mundart aus den Cevennen, die ich nicht verstand, und hatten fast alle diese besondere Häßlichkeit der Halbwüchsigen, dicke rote Hände mit Froststellen, Stimmen wie heisere junge Hähne, einen stumpfen Blick, und obendrein noch den Geruch des Internats ... Sie haßten mich sofort, ohne mich zu kennen. In ihren Augen war ich der Feind, der Aufpasser; und von dem Tag an, da ich mich auf mein Katheder setzte, herrschte Krieg zwischen uns, ein verbissener Krieg, unaufhörlich, in jedem Augenblick.
Ach! Wie litt ich unter den grausamen Kindern!
Ich möchte darüber ohne Groll sprechen, diese traurigen Begebenheiten sind so lange her! Doch nein, ich kann nicht; in dem Augenblick, da ich diese Zeilen schreibe, fühle ich, wie meine Hand vor Aufregung und Erschütterung zittert. Mir ist, als sei ich noch dort.
Sie denken bestimmt nicht mehr an mich. Sie erinnern sich nicht mehr an den kleinen Dingsda, auch nicht mehr an diesen schönen Kneifer, den er sich gekauft hatte, um würdiger auszusehen ...
Meine ehemaligen Schüler sind heute Männer, angesehene Männer. Soubeyrol wird wohl irgendwo dort oben in den Cevennen Notar sein, Veillon, der Jüngere, Justizsekretär am Gericht, Loupi Apotheker und Bouzanquet Tierarzt. Sie haben gute Stellungen, haben Bauch angesetzt, haben alles, was nötig ist. Manchmal jedoch treffen sie sich am Stammtisch oder auf dem Platz vor der Kirche und denken an ihre gute Schulzeit zurück; dann sprechen sie mitunter auch von mir.
»Sag mal, Sekretär, erinnerst du dich noch an den kleinen Eyssette, unsern Aufpasser in Sarlande, mit seinen langen Haaren und seinem Gesicht wie aus Papiermaché? Dem haben wir gute Streiche gespielt!«
Es stimmt, meine Herren. Sie haben ihm gute Streiche gespielt, und Ihr alter Aufpasser hat Sie noch nicht vergessen ...

Ach! Der unglückliche Aufpasser! Wie haben Sie über ihn lachen müssen! Und er hat genug Ihretwegen weinen müssen! ... Ja, weinen! Er hat Ihretwegen geweint, und das machte Ihre Streiche nur um so besser.

Wie oft lag der arme Teufel am Ende eines solchen qualvollen Tages zusammengekauert in seinem Bett und biß in seine Bettdecke, damit sie sein Schluchzen nicht hörten!

Es ist so schrecklich, mitten unter Gehässigkeit zu leben, immer Angst zu haben, ständig auf seiner Hut zu sein, immer bösartig, immer gewappnet; es ist so schrecklich zu strafen — man wird ungerecht, ohne es zu wollen —, so schrecklich, Argwohn zu hegen, überall Fallen zu sehen, nicht mehr ruhig zu essen, nicht ruhig zu schlafen, sich immer zu sagen, selbst während einer Pause: ›Ach! Mein Gott! Was werden sie mir jetzt antun?‹

Nein, und würde der Aufpasser Daniel Eyssette hundert Jahre alt, er könnte nie vergessen, was er im Gymnasium von Sarlande erleiden mußte von dem traurigen Tag an, da er die Aufsicht der Mittelstufe übernahm.

Und gleichwohl — ich will nicht lügen — durch den Wechsel der Abteilung hatte ich auch etwas gewonnen: jetzt konnte ich die schwarzen Augen sehen! Zweimal am Tag während der Pausen erblickte ich sie von weitem; sie arbeiteten hinter einem Fenster des ersten Stocks, das auf den Hof der Mittelstufe ging ... Sie waren da, schwärzer, größer denn je, von morgens bis abends über eine endlose Näharbeit gebeugt, denn die schwarzen Augen nähten, sie wurden nicht müde zu nähen. Zum Nähen, nur zum Nähen hatte die alte Brillenfee sie von den Findelkindern geholt — denn die schwarzen Augen kannten weder ihren Vater noch ihre Mutter —, und vom Anfang bis zum Ende des Jahres nähten und nähten sie ohne Unterlaß unter dem unerbittlichen Blick der entsetzlichen Fee mit der Brille, die neben ihnen ihr Garn spann.

Und ich schaute sie an. Die Pausen waren mir viel zu kurz. Ich hätte mein Leben unter diesem gesegneten Fenster verbringen können, hinter dem die schwarzen Augen arbeiteten. Auch sie wußten, daß ich da war. Von Zeit zu Zeit schauten sie von ihrer Näharbeit auf, und mit Hilfe der Blicke hielten wir Zwiesprache — ohne miteinander zu sprechen.

›Sie sind sehr unglücklich, Monsieur Eyssette?‹ — ›Und ihr auch, arme schwarze Augen?‹ — ›Wir, wir hatten weder Vater noch Mutter.‹ — ›Mein Vater und meine Mutter sind auch weit weg.‹ — ›Die Brillenfee ist fürchterlich, wenn Sie wüßten.‹ — ›Die Kinder quälen mich sehr, schrecklich!‹ — ›Mut, Monsieur Eyssette.‹ — ›Mut, schöne schwarze Augen.‹

Mehr sagten wir uns nie. Ich fürchtete immer, Monsieur Viot mit seinen Schlüsseln auftauchen zu sehen — krrr! krrr! krrr! —, und die schwarzen Augen hinter dem Fenster dort oben hatten auch ihren Monsieur Viot. Nach einem Zwiegespräch von einer Minute senkten sie sich rasch und nahmen die Näharbeit wieder auf unter dem grimmigen Blick der großen Stahlbrille.

Liebe schwarze Augen! Wir haben immer nur aus großer Entfernung und durch flüchtige Blicke miteinander gesprochen, und gleichwohl liebte ich euch von ganzem Herzen.

Da war noch Abbé Germane, den ich auch sehr gern hatte.

Dieser Abbé Germane war der Philosophielehrer. Er galt als ein Original, und im Gymnasium fürchteten ihn alle, sogar der Direktor, ja sogar Mon-

sieur Viot. Er sprach wenig, mit knapper schneidender Stimme, duzte uns alle, ging mit großen Schritten einher, den Kopf zurückgelegt, die Soutane gerafft und ließ — wie ein Dragoner — die Absätze seiner Schnallenschuhe laut knallen. Er war groß und kräftig. Lange hielt ich ihn für schön; doch als ich ihn mir eines Tages näher anschaute, bemerkte ich, daß dieses edle Löwengesicht ganz furchtbar entstellt war durch die Blattern. Nicht eine Stelle im Gesicht, die nicht zerhackt, zersäbelt, mit Narben bedeckt war, ein Mirabeau in der Soutane. Der Abbé lebte mürrisch und allein in einem kleinen Zimmer am äußersten Ende des Gebäudes, das alte Gymnasium genannt. Niemand kam jemals zu ihm außer seinen beiden Brüdern, zwei bösen Taugenichtsen, die in der Mittelstufe waren und denen er die Ausbildung bezahlte. Abends, wenn man über die Höfe ging, um in den Schlafsaal zu gelangen, sah man dort oben in dem dunklen und baufälligen Gebäude des alten Gymnasiums einen schwachen Lichtschein wachen: das war die Lampe von Abbé Germane. Sehr oft sah ich auch morgens, wenn ich um sechs Uhr zur ersten Studienaufsicht ging, durch den Nebel noch die Lampe brennen; Abbé Germane war nicht schlafen gegangen ... Es hieß, er arbeite an einem großen philosophischen Werk.

Was mich angeht, so empfand ich für diesen seltsamen Abbé schon Sympathie, ehe ich ihn persönlich kannte. Sein schreckliches und schönes Gesicht, aus dem Geist und Klugheit leuchteten, zog mich an. Allein, die Erzählungen von seinen Absonderlichkeiten und Grobheiten hatten mich so erschreckt, daß ich nicht zu ihm zu gehen wagte. Ich ging dennoch hin, und das zu meinem Glück.

Hört, unter welchen Umständen . . .

Ich muß berichten, daß ich zu jener Zeit bis zum Hals in der Geschichte der Philosophie steckte — ein hartes Stück Arbeit für den kleinen Dingsda!

Und eines Tages bekam ich Lust, Condillac zu lesen. Unter uns gesagt, es lohnt sich nicht, diesen Mann zu lesen; er ist kein richtiger Philosoph, und sein gesamtes philosophisches Gepäck würde in die Fassung eines Ringes für fünfundzwanzig Sous passen; doch ihr wißt ja, wenn man jung ist, hat man über die Dinge und über die Menschen ganz verrückte Vorstellungen. Ich wollte also Condillac lesen. Ich mußte einen Condillac haben, und zwar um jeden Preis. Leider hatte die Bibliothek des Gymnasiums nichts von ihm, und die Buchläden von Sarlande führten diesen Artikel nicht. Ich beschloß, mich an Abbé Germane zu wenden. Seine Brüder hatten mir gesagt, in seinem Zimmer befänden sich über zweitausend Bände, und ich zweifelte nicht, daß ich dort das Buch meiner Träume finden würde. Doch dieser Teufelskerl jagte mir Angst ein, und es bedurfte meiner ganzen Liebe zu Monsieur de Condillac, um den Entschluß zu fassen, in sein Versteck hinaufzusteigen. Als ich vor der Türe stand, zitterten mir die Beine vor Angst . . .

Ich klopfte zweimal ganz leise.

»Herein!« antwortete eine Titanenstimme.

Der schreckliche Abbé Germane saß rittlings auf einem niedrigen Stuhl mit ausgestreckten Beinen und hochgeschürzter Soutane, so daß man die starken Muskeln sehen konnte, die unter den schwarzen Seidenstrümpfen hervorquollen. Mit den Ellenbogen stützte er sich auf die Rückenlehne seines Stuhls, las in einem Folianten mit rotem Schnitt und rauchte geräuschvoll eine kleine kurze und braune Pfeife, die man ›Nasenwärmer‹ nennt.

»Ach, du bist es«, sagte er zu mir und schaute kaum von seinem Folianten auf. »Guten Tag! Wie geht es dir? Was willst du?«

Seine schneidende Stimme, der strenge Anblick dieses rundum mit Büchern tapezierten Zimmers, die ungezwungene Art, wie er auf dem Stuhl saß, diese kleine Pfeife, die er zwischen den Zähnen hatte — das alles schüchterte mich sehr ein.

Trotzdem gelang es mir, mehr schlecht als recht, den Grund meines Besuches zu erklären und um den berühmten Condillac zu bitten.

»Condillac! Du willst Condillac lesen!« antwortete Abbé Germane mit einem Lächeln. »Was für eine komische Idee! . . . Möchtest du nicht lieber eine Pfeife mit mir rauchen! Hol dir doch diese hübsche indianische Friedenspfeife, die dort an der Wand hängt, und zünde sie dir an; du wirst sehen, das ist viel besser als alle Condillacs der Welt.«

Errötend entschuldigte ich mich mit einer ablehnenden Geste.

»Du möchtest nicht? Ganz wie du willst, mein Junge! Dein Condillac steht dort oben auf dem dritten Fach links. Du kannst ihn mitnehmen; ich leihe ihn dir. Beschädige ihn aber nicht, sonst schneide ich dir die Ohren ab.«

Ich erwischte den Condillac im dritten Fach links, und schickte mich an, wieder zu gehen; doch der Abbé hielt mich zurück.

»Du beschäftigst dich also mit Philosophie?« sagte er zu mir und schaute mir in die Augen. »Glaubst du etwa gar daran? . . . Geschichten, mein Lieber, nichts als Geschichten! Wenn man bedenkt, daß man mich zum Philosophielehrer machen wollte! So ein Unsinn! Die Null, das Nichts unterrichten! Da sie schon mal dabei waren, hätten sie mich ebensogut zum Oberaufseher der Sterne oder zum Kontrolleur des Pfeifenrauchs machen können . . . Ach! Weh mir Armen! Man muß manchmal gar seltsame Berufe ausüben, um seinen Lebensunterhalt zu verdienen . . . Davon kannst du auch ein Lied singen, nicht wahr? . . . Oh, du brauchst nicht rot zu werden. Ich weiß, daß du nicht glücklich bist, mein armer kleiner Aufpasser, und daß die Kinder dir das Leben verdammt schwer machen.«

Hier unterbrach sich Abbé Germane einen Augenblick. Er schien sehr wütend zu sein und klopfte grimmig seine Pfeife auf seinem Daumennagel aus. Als ich diesen ehrwürdigen Mann mit so viel Anteilnahme über mein Schicksal sprechen hörte, war ich ganz bewegt und verbarg mit dem Condillac meine Augen, in denen dicke Tränen standen.

Der Abbé fuhr gleich fort: »Da fällt mir ein, ich vergaß ganz, dich zu fragen . . . Glaubst du an den lieben Gott? . . . Du mußt ihn lieben, verstehst du, und Vertrauen zu ihm haben und ganz beharrlich zu ihm beten; sonst schaffst du es niemals. Gegen die großen Leiden des Lebens kenne ich nur drei Mittel: die Arbeit, das Gebet und die Pfeife, die ganz kurze Tonpfeife, vergiß das nicht! Doch rechne nicht auf die Philosophen; sie werden dich niemals trösten. Ich habe das selbst erfahren, du kannst mir glauben.«

»Ich glaube Ihnen, Monsieur l'Abbé.«

»Nun geh, du ermüdest mich! Wenn du Bücher haben möchtest, brauchst du dir nur welche zu holen. Der Schlüssel zu meinem Zimmer steckt immer, und die Philosophen stehen immer im dritten Fach links ... Sag jetzt nichts mehr, leb wohl!«

Darauf vertiefte er sich wieder in sein Buch und ließ mich gehen, ohne mich auch nur anzuschauen.

Von diesem Tag an standen mir sämtliche Philosophen der Welt zur Verfügung, ich ging zu Abbé Germane hinein ohne anzuklopfen, als ob ich dort zu Hause wäre. Zu den Zeiten, da ich zu ihm kam, unterrichtete der Abbé meistens gerade, und das Zimmer war leer. Die kleine Pfeife schlief auf dem Rand des Tisches mitten zwischen den Folianten mit rotem Schnitt und unzähligen vollgekritzelten Bogen Papier. Manchmal war Abbé Germane auch da. Er las, schrieb oder ging mit großen Schritten auf und ab. Beim Eintreten sagte ich mit schüchterner Stimme: ›Guten Tag, Monsieur l'Abbé!‹ Meist antwortete er mir nicht. Ich nahm meinen Philosophen vom dritten Fach links und ging wieder weg, ohne daß er meine Gegenwart auch nur zu ahnen schien. Bis zum Ende des Jahres tauschten wir keine zwanzig Worte; doch was tut das! Irgend etwas in meinem Herzen sagte mir, daß wir sehr gute Freunde waren ...

Indessen rückten die Ferien näher. Den ganzen Tag hörte man die Schüler für die Preisverteilung Musikstücke üben und im Zeichensaal Polkas und Marschweisen proben. Diese Polkas erfreuten alle. Abends, in der letzten Arbeitsstunde, sah man aus den Pulten viele kleine Kalender herauskommen, und jedes Kind strich auf dem seinen den Tag aus, der zu Ende ging: »Noch einer weniger!« In den Höfen lagen überall Bretter für die Tribüne herum. Sessel wurden geklopft, Teppiche ausgeschüttelt — mehr Arbeit, mehr Disziplin. Doch der Haß gegen den Aufpasser und die Streiche, diese schrecklichen Streiche, hörten bis zum Schluß nicht auf!

Endlich war der große Tag da. Es war Zeit, ich konnte einfach nicht mehr. Die Preise wurden in meinem Hof verteilt, im Hof der Mittelstufe. Ich sehe ihn noch vor mir mit dem bunt bemalten Zelt, den weiß verkleideten Mauern, den großen Bäumen voller Fähnchen und darunter ein Gewühl von Baretten, Käppis, Tschakos, Helmen, geblümten Hauben, gestickten Klapphüten, Federn, Bändern, Quasten, Helmbüschen. Am Ende des Hofes war eine lange Tribüne, auf der die Großen des Gymnasiums in granatroten Samtsesseln saßen ... Oh, diese Tribüne, wie klein fühlte man sich vor ihr! Was für ein vornehmes Gebaren voller Verachtung und Überlegenheit sie denjenigen verlieh, die sich darauf befanden! Keiner dieser Herren hatte noch sein gewohntes Gesicht.

Abbé Germane war auch auf der Tribüne, doch er schien es kaum zu bemerken. Ausgestreckt lehnte er in seinem Sessel, hatte den Kopf zurückgelegt und hörte zerstreut seinen Nachbarn zu, während sein Blick durch das Laub hindurch dem Rauch seiner eingebildeten Pfeife zu folgen schien.

Zu Füßen der Tribüne glänzten die Musikinstrumente, Posaunen und Klapphörner, in der Sonne; die drei Abteilungen saßen dicht gedrängt auf Bänken, jeweils mit ihrem Studienaufseher als Schlußmann; dahinter dann die Menge der Eltern, der Lehrer der Sekunda bot den Damen seinen Arm und rief: »Platz da! Platz da!«; und schließlich, in der Menge ganz verloren, die Schlüssel von Monsieur Viot, der von einem Ende des Hofes zum anderen eilte und den man rechts, links, hier, dort, überall gleichzeitig mit seinem krrr! krrr! krrr! hörte.

Die Zeremonie begann, es war heiß. Kein Luftzug unter dem Zelt. Dicke, puterrote Damen schlummerten im Schatten ihrer Marabufedern, und glatzköpfige Herren wischten sich die Köpfe mit dunkelroten seidenen Tüchern. Alles war rot: die Gesichter, die Teppiche, die Fahnen, die Sessel ... Es wurden drei Reden gehalten, die viel Beifall ernteten; doch ich konnte sie nicht hören. Dort oben hinter dem Fenster des ersten Stockwerks nähten die schwarzen Augen am gewohnten Platz, und mein Herz wanderte zu ihnen ... Arme schwarze Augen! Nicht einmal an diesem Tag ließ die Brillenfee sie ausruhen.

Als der letzte Name des letzten Preisgekrönten der letzten Klasse aufgerufen war, stimmte die Musik einen Triumphmarsch an, und alles lief auseinander. Allgemeines Tohuwabohu. Die Lehrer kamen von der Tribüne herunter, die Schüler sprangen über die Bänke, um zu ihren Familien zu gelangen. Man umarmte sich, rief: »Hierher! Hierher!« Die Schwestern der Preisträger gingen stolz mit den Kränzen ihrer Brüder hinaus. Die seidenen Kleider rauschten zwischen den Stühlen. Der kleine Dingsda stand ganz still hinter einem Baum und ließ die schönen Damen an sich vorüberziehen; in seinem abgeschabten Rock fühlte er sich ganz kläglich und armselig.

Nach und nach leerte sich der Hof. Am Hauptportal standen der Direktor und Monsieur Viot, streichelten die Kinder beim Vorübergehen, verbeugten sich bis zum Boden vor den Eltern.

»Bis zum nächsten Jahr, bis zum nächsten Jahr!« sagte der Direktor mit

katzenfreundlichem Lächeln ... Die Schlüssel von Monsieur Viot bimmelten ganz liebevoll: ›Krrr! krrr! krrr! Kommt nächstes Jahr wieder!‹
Die Kinder ließen sich achtlos umarmen und sprangen mit einem großen Satz die Treppe hinunter.
Sie bestiegen schöne wappengeschmückte Wagen, in denen die Mütter und die Schwestern ihre weiten Röcke zurücklegten, um ihnen Platz zu machen: Klick! klack! ... auf geht's zum Schloß! Wir werden unsere Parks, unsere Rasen, die Schaukel unter den Akazien, die Vogelhäuser mit den seltenen Vögeln, den Weiher mit den beiden Schwänen und die große Terrasse mit den Geländersäulen wiedersehen, wo man abends Halbgefrorenes zu essen pflegt.
Andere kletterten auf die Wagen mit der Familienbank neben hübsche Mädchen, die unter ihren weißen Hauben über das ganze Gesicht lachten. Die Bäuerin mit ihrer Goldkette um den Hals lenkte den Wagen ... Hei! Wir fahren wieder auf den Hof; wir werden gute Butterbrote essen, Muskatwein trinken, den ganzen Tag mit der Lockpfeife auf Vogelfang gehen und uns im Heu wälzen, das so herrlich duftet!
Glückliche Kinder! Sie gingen von dannen, sie fuhren alle weg ... Ach! Hätte ich doch auch wegfahren können ...

VIII *Die schwarzen Augen*

Jetzt ist das Gymnasium wie ausgestorben. Alle sind weggefahren. Am hellichten Tag stürmen ganze Schwadronen Ratten von einem Ende des Schlafsaals zum anderen. In den Pulten trocknen die Schreibgeräte aus. Auf den Bäumen im Hof feiert die Division der Spatzen ein Fest; diese Herren haben alle ihre Kameraden aus der Stadt eingeladen, die vom Bischofspalast, die von der Unterpräfektur, und von morgens bis abends reißt das betäubende Gepiepse nicht ab.

In seinem Zimmer unter dem Dach hört ihnen der kleine Dingsda zu, während er arbeitet. Aus Barmherzigkeit durfte er die Ferien über im Haus bleiben. Er nutzt die Zeit und studiert wie verrückt die griechischen Philosophen. Doch das Zimmer ist zu warm und die Decke zu niedrig. Man erstickt darunter ... Keine Läden vor den Fenstern. Die Sonne scheint herein wie eine Fackel und setzt alles in Brand. Der Gips an den Deckenbalken kracht, bröckelt ab. Dicke Fliegen, von der Hitze benommen, kleben an den Fensterscheiben und schlafen. Der kleine Dingsda aber gibt sich alle Mühe, nicht zu schlafen. Sein Kopf ist schwer wie Blei; seine Augenlider fallen zu. Arbeite doch, Daniel Eyssette! Du mußt das Heim schaffen ... Aber nein! Er kann nicht. Die Buchstaben seines Buches tanzen ihm vor den Augen, dann dreht sich das Buch, dann der Tisch, zuletzt das Zimmer. Um diese sonderbare Betäubung abzuschütteln, steht der kleine Dingsda auf und macht ein paar Schritte; als er an die Türe kommt, taumelt er, fällt schwer zu Boden, vom Schlaf niedergeschlagen.

Draußen pfeifen die Spatzen, die Grillen singen aus vollem Halse; die Platanen, weiß vor Staub, recken ihre abertausend Äste, bis ihre Rinde birst.

Der kleine Dingsda hat einen eigenartigen Traum; ihm ist, als klopfe jemand an seine Türe und eine laute Stimme rufe seinen Namen: »Daniel, Daniel! ...« Er kennt diese Stimme. Im gleichen Tonfall rief sie früher: »Jacques, du bist ein Esel!«

Das Klopfen an der Türe wird heftiger: »Daniel, mein Daniel, dein Vater ist es, mach auf, schnell!«

Oh! Der furchtbare Alptraum. Der kleine Dingsda möchte antworten, aufmachen. Er stützt sich auf seinen Ellenbogen, aber sein Kopf ist zu schwer, er fällt zurück und verliert das Bewußtsein ...

Als der kleine Dingsda wieder zu sich kommt, ist er ganz erstaunt, in einem schönen weißen Bett zu liegen mit großen blauen Vorhängen, die rundum Schatten machen ... Ein sanftes Licht, ein ruhiges Zimmer. Kein Geräusch außer dem Ticken einer Wanduhr und dem Klappern eines Löffels auf Porzellan. Der kleine Dingsda weiß nicht, wo er ist; aber er fühlt sich wohl hier. Die Vorhänge öffnen sich einen Spalt. Monsieur Eyssette, sein Vater, beugt sich über ihn, eine Tasse in der Hand, er lächelt froh, Tränen stehen in seinen Augen. Der kleine Dingsda kann seinen Traum weiterträumen.

»Seid Ihr es, Vater? Seid Ihr es wirklich?«

»Ja, mein lieber Daniel; ja, mein liebes Kind, ich bin es.«

»Wo bin ich denn?«

»Im Krankenzimmer, seit acht Tagen; jetzt bist du über den Berg, aber du bist sehr krank gewesen ...«

»Aber Ihr, mein Vater, wieso seid Ihr hier? Umarmt mich nochmal! ... Ach, wenn ich Euch sehe, meine ich noch zu träumen.«

Vater Eyssette küßt ihn: »Los, deck dich zu, sei vernünftig! Der Arzt will nicht, daß du sprichst.«

Und um zu verhindern, daß das Kind spricht, redet der gute Mann die ganze Zeit.

»Stell dir vor, es ist acht Tage her, daß mich die Weinbaugesellschaft auf Geschäftsreise in die Cevennen schickte. Du kannst dir denken, wie froh ich war: eine Gelegenheit, meinen Daniel zu besuchen! Ich komme ins Gymnasium. Man ruft dich, man sucht dich ... Kein Daniel! Ich lasse mich zu deinem Zimmer führen: der Schlüssel steckt von innen ... Ich klopfe: niemand. Rums! ich trete die Türe ein, und ich finde dich am Boden liegend mit sehr hohem Fieber! ... Ach, du armes Kind, wie krank du gewesen bist! Fünf Tage Fieberwahn ... Du hast die ganze Zeit phantasiert; du hast immer davon gesprochen, du wollest ein neues Heim schaffen. Was für ein Heim? Sag mal! ... Du hast gerufen: ›Keine Schlüssel! Nehmt die Schlüssel aus den Schlössern!‹ Du lachst? Ich schwöre dir, mir war nicht zum Lachen. Mein Gott, was für Nächte habe ich mit dir verbracht! ... Verstehst du? Monsieur Viot — er heißt doch Monsieur Viot, nicht wahr? — wollte nicht, daß ich im Gymnasium schlafe! Er berief sich auf die Vorschrift ... O ja, die Vorschrift! Kenne ich sie denn, seine Vorschrift? Dieser Pedant glaubte, er könne mich einschüchtern mit seinen Schlüsseln, mit denen er mir vor der Nase herumfuchtelte. Ich habe ihn höflich in seine Schranken verwiesen!«

Der kleine Dingsda zitterte, wenn er an die Kühnheit von Monsieur Eys-

sette dachte; dann aber vergaß er rasch die Schlüssel von Monsieur Viot.
»Und meine Mutter?« fragte er und breitete seine Arme aus, als wäre seine Mutter da und er könnte sie liebkosen.
»Wenn du dich aufdeckst, erfährst du gar nichts von mir«, antwortete Monsieur Eyssette in ärgerlichem Ton. »Komm! Deck dich zu ... Deiner Mutter geht es gut, sie ist bei Onkel Baptist.«
»Und Jacques?«
»Jacques? Er ist ein Esel! ... Wenn ich sage, ein Esel, so ist das nur so eine Redensart, weißt du ... im Gegenteil, Jacques ist ein sehr gutes Kind ... Deck dich doch nicht immer auf, zum Teufel nochmal! ... Seine Stellung ist recht ordentlich. Er weint zwar immer noch, aber sonst ist er sehr zufrieden. Sein Direktor hat ihn zu seinem Sekretär gemacht. Er braucht nur noch nach Diktat zu schreiben — eine sehr angenehme Stellung.«
»Er wird also sein ganzes Leben dazu verdammt sein, nach Diktat zu schreiben, der arme Jacques! ...«
Noch im Sprechen fängt der kleine Dingsda herzlich an zu lachen, und Monsieur Eyssette lacht, weil er Daniel lachen sieht, und schimpft ihn dabei aus wegen der dummen Decke, die dauernd verrutscht.
Ach! Glückliches Krankenzimmer! Was für köstliche Stunden hat der kleine Dingsda doch zwischen den blauen Vorhängen seines Betts verbracht! Monsieur Eyssette verläßt ihn nicht; er bleibt den ganzen Tag bei ihm, sitzt neben dem Kopfende des Betts, und der kleine Dingsda möchte, daß Monsieur Eyssette nie mehr fortgeht ... Doch das ist leider unmöglich. Die Weinbaugesellschaft braucht ihren Vertreter. Er muß die Geschäftsreise durch die Cevennen fortsetzen.
Nach der Abreise seines Vaters bleibt Daniel allein in dem stillen Krankenzimmer. Er verbringt seine Tage mit Lesen, in einem großen Rollstuhl dicht am Fenster. Morgens und abends bringt ihm die gelbe Madame Cassagne das Essen. Der kleine Dingsda trinkt die Tasse Fleischbrühe, knabbert den Hühnerflügel ab und sagt: »Danke, Madame!« — mehr nicht. Diese Frau hat Fieber und ist ihm unangenehm; er schaut sie nicht einmal an.
Als er eines Morgens ganz trocken wie gewöhnlich ›Danke, Madame‹ gesagt hat, ohne von seinem Buch aufzuschauen, ist er sehr erstaunt, eine ganz sanfte Stimme fragen zu hören: »Wie geht es Ihnen heute, Monsieur Daniel?«
Der kleine Dingsda hebt den Kopf, und nun ratet, wen er sieht. Die schwarzen Augen, die schwarzen Augen höchst persönlich, unbeweglich und lächelnd, dicht vor ihm! ...

Die schwarzen Augen erzählen ihrem Freund, daß die gelbe Frau krank ist und daß man ihnen aufgetragen hat, ihn zu versorgen. Während sie sich wieder senken, fügen sie noch hinzu, daß sie große Freude empfinden, Monsieur Daniel wiederhergestellt zu sehen; dann ziehen sie sich mit einer tiefen Verbeugung zurück und sagen noch, daß sie am Abend wiederkommen werden. Am Abend sind die schwarzen Augen wirklich wiedergekommen, und am nächsten Morgen ebenfalls und am nächsten Abend auch noch. Der kleine Dingsda ist entzückt. Er preist seine Krankheit, die Krankheit der gelben Frau, alle Krankheiten der Welt; wäre niemand krank gewesen, er hätte nie ein Zwiegespräch mit den schwarzen Augen gehabt.

Ach! Glückliches Krankenzimmer! Was für köstliche Stunden hat der kleine Dingsda als Genesender in seinem Sessel dicht am Fenster verbracht! ... Am Morgen haben die schwarzen Augen unter ihren langen Wimpern viele Goldplättchen, die in der Sonne aufleuchten; am Abend strahlen sie sanft und verbreiten im Dunkel rundum Sternenlicht ... Der kleine Dingsda träumt von den schwarzen Augen, jede Nacht, er schläft schon nicht mehr. Von Morgengrauen an ist er wieder wach, um sich auf ihren Empfang vorzubereiten: er hat ihnen so viel anzuvertrauen! Und wenn die schwarzen Augen dann kommen, sagt er ihnen gar nichts.

Die schwarzen Augen scheinen sich sehr über dieses Schweigen zu wundern. Sie gehen im Krankenzimmer hin und her und finden tausend Vorwände, um bei dem Patienten zu bleiben, in der Hoffnung, er könne sich entschließen zu sprechen; doch dieser verdammte kleine Dingsda entschließt sich nicht.

Manchmal nimmt er jedoch seinen ganzen Mut zusammen und beginnt tapfer so: »Mademoiselle! ...«

Sogleich fangen die schwarzen Augen an zu leuchten und schauen ihn lächelnd an. Aber wenn er sie so lächeln sieht, verliert der Unglückliche den Kopf und fügt mit zitternder Stimme hinzu: »Ich danke Ihnen für alles, was Sie für mich tun.« Oder aber: »Heute morgen ist die Fleischbrühe ausgezeichnet.«

Dann ziehen die schwarzen Augen ein reizendes Mäulchen, was heißen soll: ›Wie! Ist das alles?‹ und gehen seufzend hinaus.

Wenn sie weg sind, packt den kleinen Dingsda Verzweiflung: ›Oh, gleich morgen, bestimmt gleich morgen spreche ich zu ihnen.‹

Und am anderen Tag fängt alles wieder von vorn an.

Schließlich ist der kleine Dingsda des Kampfes müde, und da er sehr wohl fühlt, daß er nie den Mut haben wird, den schwarzen Augen zu sagen, was er denkt, beschließt er, ihnen zu schreiben ... Eines Abends bittet er um Tinte und Papier für einen wichtigen Brief, ja sehr wichtig! Die schwarzen Augen haben bestimmt erraten, um was für einen Brief es sich handelt; sie sind so schlau, die schwarzen Augen! ... Schnell, schnell holen sie Tinte und Papier, legen alles vor den Patienten und gehen lachend wieder hinaus.

Der kleine Dingsda fängt an zu schreiben; er schreibt die ganze Nacht; und als der Morgen kommt, stellt er fest, daß dieser endlose Brief nur drei Worte enthält, ihr versteht mich doch; aber diese drei Worte sind die beredsamsten auf der Welt, und er rechnet damit, daß sie eine sehr große Wirkung haben werden.

Und nun Achtung! Die schwarzen Augen werden gleich kommen ... Der

kleine Dingsda ist sehr aufgeregt; er hat seinen Brief schon bereitgelegt und sich geschworen, ihn zu übergeben, sobald sie ins Zimmer treten. Das wird so vor sich gehen: Die schwarzen Augen kommen herein, sie stellen die Suppe und das Hühnchen auf den Tisch. ›Guten Tag, Monsieur Daniel! . . .‹ Dann wird er ganz schnell und sehr mutig sagen: ›Ihr allerliebsten schwarzen Augen, hier ist ein Brief für euch.‹

Doch still! . . . Ein Schritt, so leicht wie ein Vogel, im Flur . . . Die schwarzen Augen kommen . . . Der kleine Dingsda hält den Brief in der Hand. Sein Herz schlägt; er wird sterben . . .

Die Tür geht auf . . . Wie entsetzlich! . . .

An der Stelle der schwarzen Augen erscheint die alte Fee, die furchtbare alte Brillenfee.

Der kleine Dingsda wagt nicht, sie um eine Erklärung zu bitten; er ist ganz bestürzt. Warum sind sie nicht wiedergekommen? Voller Ungeduld erwartet er den Abend . . . Doch ach! Auch am Abend kommen die schwarzen Augen nicht, weder am anderen Tag noch an den folgenden Tagen, überhaupt nie mehr.

Man hat die schwarzen Augen weggejagt, sie zu den Findelkindern zurückgeschickt, wo sie vier Jahre eingesperrt bleiben, bis sie mündig sind . . . Die schwarzen Augen haben Zucker gestohlen! . . .

Lebt wohl ihr schönen Tage im Krankenzimmer! Die schwarzen Augen sind fortgegangen und zu allem Unglück kommen auch schon die Schüler wieder . . . Wie! Die Schule fängt wieder an! Ach, wie kurz waren diese Ferien!

Zum erstenmal seit sechs Wochen geht der kleine Dingsda in den Hof hinunter, blaß, mager, noch mehr kleiner Dingsda als vorher. Das ganze Gymnasium wacht wieder auf. Es wird von oben bis unten gewaschen und gescheuert. Die Flure triefen vor Wasser. Grimmig wie eh und jeh toben und wüten die Schlüssel von Monsieur Viot. Dieser schreckliche Monsieur Viot, er hat die Ferien ausgenutzt, um seine Dienstvorschrift um einige Artikel zu verlängern und seinen Bund um ein paar Schlüssel zu vermehren. Der kleine Dingsda braucht sich nur anständig zu verhalten!

Jeden Tag kommen Schüler . . . Klick! Klack! Vor dem Tor kann man wieder die Wagen und Kutschen von der Preisverteilung sehen. Einige ehemalige Schüler fehlen beim Appell, doch neue nehmen ihren Platz ein. Die drei Abteilungen werden gebildet. Wie im letzten Jahr übernimmt der kleine Dingsda auch in diesem Jahr die Mittelstufe. Der arme Aufpasser zittert schon jetzt. Doch wer weiß? Vielleicht sind die Kinder dieses Jahr nicht so bösartig?

Am Morgen des Schulbeginns Musik in der Kapelle. Man feiert die Messe des Heiligen Geistes! ... *Veni, creator Spiritus!* ... Da ist der Herr Direktor in seinem schönen schwarzen Gehrock mit der kleinen Silberpalme im Knopfloch. Hinter ihm steht der Generalstab der Lehrer im Festornat: die Naturwissenschaften im orangefarbenen Hermelin, die Humaniora im weißen Hermelin. Der Lehrer der Sekunda, ein Geck, trägt dazu blaßfarbene Handschuhe und ein unvorschriftsmäßiges Barett. Monsieur Viot schaut mißvergnügt drein. *Veni, creator Spiritus!* ... Der kleine Dingsda steht hinten in der Kirche mitten unter den Schülern und schaut verlangend auf die großartigen Festornate und die silbernen Palmen ... Wann wird auch er Lehrer sein? ... Wann wird er das neue Heim schaffen können? Ach! wieviel Zeit und wieviel Mühe noch bis dahin! *Veni, creator Spiritus!* ... Dem kleinen Dingsda ist schwer ums Herz; beim Orgelspiel möchte er am liebsten weinen ... Plötzlich entdeckt er dort im Chor ein schönes, von Narben entstelltes Gesicht, das ihm zulächelt. Dieses Lächeln tut dem kleinen Dingsda wohl, und nun er Abbé Germane wiedergesehen hat, ist er voller Mut und fühlt sich wie neugeboren. *Veni, creator Spiritus!* ...

Zwei Tage nach der Messe des Heiligen Geistes wieder eine Festlichkeit: der Namenstag des Direktors! An jenem Tag — und zwar seit undenklichen Zeiten — feiert das ganze Gymnasium das Fest des Heiligen Theophil im Grünen mit großem Aufwand von kaltem Fleisch und Wein. Wie gewöhnlich tut der Herr Direktor auch diesmal alles, um diesem kleinen Familienfest den nötigen Glanz zu verleihen, der die großzügigen Triebe seines Herzens zufriedenstellt, ohne jedoch den Interessen des Gymnasiums zu schaden. Schon bei Tagesanbruch klettern wir alle — Schüler und Aufseher — in große, mit städtischen Fahnen geschmückte Wagen, und auf geht's im Galopp, und in zwei riesigen Proviantwagen folgen die Körbe mit dem Wein und die Körbe mit den Fressereien ... An der Spitze auf dem ersten Wagen die hohen Tiere und die Musik. Befehl an die Klapphörner, sehr laut zu spielen. Die Peitschen knallen, die Glocken bimmeln, die Stöße von Tellern klappern gegen Weißblechnäpfe ... Ganz Sarlande eilt mit Schlafmützen an die Fenster, um den Festzug des Direktors vorbeifahren zu sehen.

Das Fest soll auf der Prairie stattfinden. Wir sind kaum angekommen, da werden schon die Tischtücher im Gras ausgebreitet, und die Kinder bersten vor Lachen, als sie ihre Lehrer auf der Wiese sitzen sehen wie Schüler. Die aufgeschnittene Pastete wird herumgereicht. Die Korken knallen. Die Augen leuchten. Man redet viel und munter. Mitten in dieser allgemeinen Aufgeräumtheit scheint nur der kleine Dingsda in Gedanken versunken zu sein. Plötzlich errötet er ... Der Herr Direktor hat sich erhoben und hält ein Papier in der Hand: »Meine Herren, in diesem Augenblick erhalte ich ein paar Verszeilen, die ein anonymer Dichter an mich richtet. Es scheint, daß unser altvertrauter Pindar, Monsieur Viot, dieses Jahr einen Nacheiferer hat. Obwohl diese Verse etwas zu schmeichelhaft für mich sind, bitte ich um die Erlaubnis, sie Ihnen vorzulesen.«

»Ja, ja, lesen Sie! lesen Sie! ...«

Und mit der schönen Stimme der Preisverteilung beginnt der Direktor vorzulesen ...

Es ist ein recht geschicktes Kompliment, voller liebenswürdiger Reime, an die Adresse des Direktors und aller dieser Herren. Für jeden eine Blume. Auch die Fee mit der Brille ist nicht vergessen worden. Der Dichter nennt sie ›den Engel des Refektoriums‹, was ganz charmant ist.

Langes Klatschen. Einige Stimmen fragen nach dem Verfasser. Der kleine Dingsda steht auf, rot wie ein Granatapfelkern, und verbeugt sich bescheiden. Allgemeiner Beifall. Der kleine Dingsda wird der Held des Festes. Der Direktor will ihn umarmen. Alte angesehene Lehrer drücken ihm mit Kennermiene die Hand. Der Lehrer der Sekunda bittet ihn um seine Verse für die Zeitung. Der kleine Dingsda ist sehr froh; doch dieser ganze Weihrauch steigt ihm mitsamt dem Wein zu Kopf. Eins allerdings ernüchtert ihn ein wenig; er meint, er habe Abbé Germane ›dieser Dummkopf!‹ murmeln und die Schlüssel seines Rivalen wütend rasseln hören.

Nachdem sich die erste Begeisterung gelegt hat, klatscht der Direktor in die Hände und bittet um Ruhe.

»Nun ist die Reihe an Monsieur Viot. Nach der leichten die ernste Muse.«

Monsieur Viot zieht würdevoll ein vielversprechendes gebundenes Heft aus seiner Tasche und beginnt, mit einem Seitenblick auf den kleinen Dingsda, daraus vorzulesen.

Das Werk von Monsieur Viot ist ein Schäfergedicht, und zwar ganz in der Weise Virgils, ein Gedicht zu Ehren der Vorschrift. Der Schüler Menalch und der Schüler Dorilas wechseln sich mit ihren Antworten in den Strophen ab. Der Schüler Menalch kommt von einem Gymnasium, wo die Vorschrift hoch in Ehren steht; der Schüler Dorilas von einer Schule, von der die Vor-

schrift verbannt ist ... Menalch besingt die hehren Freuden einer strengen Disziplin, Dorilas die unfruchtbaren Wonnen einer eitlen Freiheit.
Zum Schluß gibt sich Dorilas geschlagen. Er legt den Preis des Wettkampfes in die Hände seines siegreichen Gegners, und beide vereinen ihre Stimmen in einem Freudengesang zum Ruhme der Vorschrift.
Das Gedicht ist beendet ... Grabesstille ... Während der Lesung haben die Kinder ihre Teller an das andere Ende der Wiese getragen und essen dort in aller Ruhe ihre Pasteten, weit, sehr weit weg von dem Schüler Menalch und von Dorilas. Monsieur Viot schaut mit einem bitteren Lächeln von seinem Platz aus zu ihnen hinüber. Die Lehrer haben ausgeharrt, doch keiner hat den Mut zu klatschen. Der unglückliche Monsieur Viot! Eine echte Niederlage ... Der Direktor versucht, ihn zu trösten: »Das Thema ist trocken, meine Herren, doch der Verfasser hat seine Aufgabe gut gelöst.«
»Ich finde das sehr schön«, sagt unverfroren der kleine Dingsda, dem sein Erfolg allmählich Angst macht.
Vergebliche Schmeichelei! Monsieur Viot will nicht getröstet werden. Er verbeugt sich wortlos und behält sein bitteres Lächeln ... Er behält es den ganzen Tag und auch am Abend auf dem Heimweg, beim Gesang der Schüler, bei den Mißtönen der Kapelle und dem Poltern der Wagen, die über das Pflaster der schlafenden Stadt rumpeln. Der kleine Dingsda hört neben sich im Dunkeln die Schlüssel seines Rivalen bösartig schimpfen: ›Krrr! krrr! krrr! Das werden sie mir büßen, Herr Poet!‹

IX *Die Geschichte mit Boucoyran*

Mit dem Fest des Heiligen Theophil waren die Ferien endgültig begraben. Die Tage, die folgten, waren traurig: Aschermittwochstimmung. Keiner hatte so richtig Lust, weder die Aufseher noch die Schüler. Man richtet sich ein ... Nach zwei langen Monaten der Ruhe fiel es dem Gymnasium schwer, den gewohnten Trott wieder aufzunehmen. Das Räderwerk funktionierte schlecht wie das einer alten Uhr, die man lange Zeit nicht aufgezogen hat Nach und nach regelte sich alles wieder dank der Bemühungen von Monsieur Viot. Jeden Tag zu den gleichen Stunden und beim Klang der gleichen Glocke öffneten sich kleine Türen zu den Höfen und in langen Zweierreihen spazierten Kinder, steif wie Holzsoldaten, unter den Bäumen umher; dann schlug die Glocke wieder, bim! bam! — und die gleichen Kinder kehrten durch die gleichen kleinen Türen zurück. Bim! bam! Aufstehen! Bim! bam! Schlafen gehen! Bim! bam! Studieren! Bim! bam! Spielen! Und so das ganze Jahr.

O Triumph der Vorschrift! Wie glücklich wäre der Schüler Menalch gewesen, unter der Fuchtel von Monsieur Viot im Gymnasium von Sarlande zu leben ...

Nur ich störte dieses herrliche Bild. In meinem Arbeitssaal klappte es nicht. Die schrecklichen Schüler der Mittelstufe waren aus ihren Bergen zurückgekehrt, noch häßlicher, noch rauher, noch wilder und grausamer als vorher. Ich meinerseits war gereizt; die Krankheit hatte mich nervös und erregbar gemacht, ich konnte nichts mehr ertragen. War ich im Jahr zuvor zu sanftmütig gewesen, so war ich in diesem Jahr zu streng. Ich hoffte, auf diese Weise die bösartigen Spitzbuben zu bändigen, und für das kleinste Vergehen verdonnerte ich den ganzen Studiensaal zu Strafarbeiten und Nachsitzen ...

Dieses System hatte keinen Erfolg. Meine Strafen entwerteten sich, weil sie zu reichlich verhängt wurden, und standen im Kurs bald so niedrig wie die Assignaten des Jahres 1792 ... Eines Tages fühlte ich, daß ich geschlagen war. Mein Arbeitssaal tobte in hellem Aufruhr, und ich hatte keine Munition mehr, um diesem Tumult zu begegnen. Ich sehe mich noch auf meinem Katheder, ich wehrte mich verzweifelt wie ein Teufel unter Schreien, Heulen, Murren, Pfeifen: »Vor die Türe! ... Kikeriki! ... kss! ... kss! ... Keine Unterdrücker mehr! ... Das ist ungerecht!« Und es regnete Tin-

tenfässer, Papiermachékügelchen knallten auf mein Pult, und — unter dem Vorwand sich beschweren zu wollen — hängten sich diese Ungeheuer mit dem Gebrüll von Meerkatzen in Trauben an mein Katheder.

In meiner Verzweiflung rief ich einige Male Monsieur Viot zu Hilfe. Stellt euch diese Demütigung vor! Seit dem Fest des Heiligen Theophil grollte mir der Mann mit den Schlüsseln, und ich fühlte, daß er sich über meine Not freute. Wenn er unvermittelt in den Arbeitssaal platzte, seine Schlüssel in der Hand, so war das, wie wenn ein Stein in einen Teich mit Fröschen fällt: Im Nu war jeder wieder an seinem Platz, die Nase in den Büchern. Man hätte eine Fliege husten hören. Monsieur Viot ging einen Augenblick in der Klasse auf und ab und schüttelte sein Bündel Alteisen mitten in die tiefe Stille hinein; dann sah er mich ironisch an und ging wortlos wieder hinaus.

Ich war sehr unglücklich. Die Aufseher, meine Kollegen, machten sich über mich lustig. Als ich den Direktor traf, begegnete er mir höchst ungnädig; da steckte bestimmt Monsieur Viot dahinter. Den Rest gab mir dann Boucoyran.

Ach! Diese Affäre mit Boucoyran! Ich bin sicher, sie steht in den Annalen des Gymnasiums, und die Bürger von Sarlande sprechen noch heute davon

... Doch ich will jetzt auch von dieser entsetzlichen Affäre sprechen. Es wird Zeit, daß die Öffentlichkeit die Wahrheit erfährt.

Fünfzehn Jahre alt, große Füße, große Augen, große Hände, keine Stirn, ein Gang wie ein Bauernknecht: das war der Marquis de Boucoyran, der Schrecken auf dem Hof der Mittelstufe und das einzige Exemplar der Cevenner Aristokratie am Gymnasium von Sarlande. Dem Direktor lag sehr viel an diesem Schüler im Hinblick auf den aristokratischen Glanz, den seine Anwesenheit der Anstalt verlieh. Im Gymnasium hieß er nur der ›Marquis‹. Alle fürchteten ihn; auch ich erlag dem allgemeinen Einfluß und sprach nur sehr zurückhaltend mit ihm.

Eine Zeitlang kamen wir einigermaßen miteinander aus.

Doch der Herr Marquis hatte wohl hie und da eine gewisse unverschämte Art, mich anzuschauen oder mir zu antworten, die allzu sehr an das Ancien Régime erinnerte; ich aber tat so, als beachtete ich es nicht, da ich fühlte, daß ich es mit einem starken Gegner zu tun hatte.

Eines Tages jedoch erlaubte sich dieser Schuft von Marquis, mir mitten in der Arbeitsstunde mit einer solchen Unverschämtheit zu antworten, daß ich die Geduld völlig verlor.

»Monsieur de Boucoyran«, sagte ich zu ihm und versuchte, gelassen zu bleiben, »nehmen Sie Ihre Bücher und gehen Sie auf der Stelle hinaus!«

In den Augen dieses Halunken war das unerhörte Willkür. Er blieb, wie vor den Kopf geschlagen, stehen und schaute mich mit großen Augen an, ohne sich von seinem Platz zu rühren.

Ich begriff, daß ich mich in eine böse Sache einließ, doch ich war schon zu weit gegangen, um noch den Rückzug antreten zu können.

»Gehen Sie, Monsieur de Boucoyran! ...« befahl ich aufs neue.

Die Schüler warteten, ängstlich ... Zum erstenmal herrschte Ruhe.

Auf mein zweites Gebot antwortete mir der Marquis, der sich von seiner Überraschung erholt hatte, mit einer Miene, die man einfach gesehen haben muß: »Ich gehe nicht!«

Ein Murmeln der Bewunderung lief durch den ganzen Arbeitssaal. Entrüstet stand ich von meinem Katheder auf.

»Sie wollen nicht hinausgehen, Monsieur? ... Das werden wir sehen.«

Und ich stieg hinunter.

Gott ist mein Zeuge, daß mir in diesem Augenblick jeder Gedanke an Gewalt fernlag; ich wollte den Marquis durch meine entschlossene Haltung nur einschüchtern; doch als er mich vom Katheder herunterkommen sah, fing er auf so verächtliche Weise an zu feixen, daß ich ihn am Kragen packte, um ihn aus seiner Bank herauszuholen.

Der Schuft hielt unter seinem Rock ein großes eisernes Lineal versteckt. Kaum hatte ich meine Hand erhoben, versetzte er mir einen heftigen Schlag auf den Arm. Ich schrie auf vor Schmerz.

Der ganze Arbeitssaal klatschte in die Hände.

»Bravo, Marquis!«

Diesmal verlor ich den Kopf. Mit einem Satz war ich auf dem Tisch, mit einem zweiten auf dem Marquis! Dann packte ich ihn beim Hals und bearbeitete ihn so gründlich mit Füßen, Fäusten, Zähnen, daß ich ihn von seinem Platz jagte und er aus dem Arbeitssaal bis in die Mitte des Hofes rollte ... Das war die Sache von einer Sekunde; ich hätte mir nie so viel Kraft zugetraut.

Die Schüler waren bestürzt.

Sie riefen nicht mehr ›Bravo, Marquis!‹ Sie hatten Angst. Dieser Knirps von einem Aufpasser hatte es Boucoyran, dem Stärksten der Starken, gegeben! Was für ein Abenteuer! ... Ich hatte an Autorität gewonnen, was der Marquis an Ansehen verloren hatte.

Als ich wieder auf mein Katheder stieg, noch bleich und zitternd vor Erregung, beugten sich alle Gesichter rasch über die Pulte. Der Arbeitssaal war gezähmt. Doch was würden der Direktor und Monsieur Viot von der Sache halten? Wie! Ich hatte es gewagt, Hand an einen Schüler zu legen! An den Marquis von Boucoyran, den Adligen der Anstalt! Ich wollte wohl rausgeschmissen werden!

Diese Überlegungen, die ich ein bißchen zu spät anstellte, trübten meinen Triumph. Nun hatte ich meinerseits Angst. Ich sagte mir: Ganz bestimmt hat sich der Marquis beschwert. Und jede Minute war ich darauf gefaßt, den Direktor hereinkommen zu sehen. Ich zitterte bis zum Ende der Arbeitsstunde; doch niemand kam.

In der Pause war ich sehr erstaunt, Boucoyran mit den anderen lachen und spielen zu sehen. Das beruhigte mich ein wenig; und da der ganze Tag ohne Zwischenfall vorüberging, bildete ich mir ein, mein Halunke werde sich still verhalten und ich käme mit der Angst davon.

Unglücklicherweise hatten die Schüler am darauffolgenden Donnerstag Ausgang, doch der Marquis kehrte nicht in den Schlafsaal zurück. Ich hatte eine böse Ahnung und schlief die ganze Nacht nicht.

Am andern Tag in der ersten Arbeitsstunde flüsterten die Schüler unterein-

ander und zeigten auf den Platz von Boucoyran, der leer blieb. Ohne daß man mir es ansah, verging ich vor Unruhe.
Gegen sieben Uhr wurde die Tür aufgerissen. Alle Kinder standen auf.
Ich war verloren ...
Der Direktor kam als erster herein, hinter ihm Monsieur Viot und zuletzt ein großer Alter, bis zum Kinn in einen langen Gehrock eingeknöpft mit einem vier Finger hohen Roßhaarkragen. Den kannte ich nicht, doch ich begriff sofort, daß es Monsieur de Boucoyran senior war. Er drehte seinen langen Schnurrbart und murmelte zwischen den Zähnen.
Ich hatte nicht einmal den Mut, von meinem Katheder herunterzusteigen, um diese Herren zu begrüßen; beim Eintreten grüßten sie mich auch nicht. Sie stellten sich alle drei in der Mitte des Arbeitssaales auf und schauten bis zu ihrem Weggehen nicht ein einziges Mal zu mir hinüber.

Dann eröffnete der Direktor das Feuer.
»Meine Herren«, sagte er und wandte sich an die Schüler, »wir sind gekommen, uns einer peinlichen, sehr peinlichen Pflicht zu entledigen. Einer euerer Aufseher hat sich eines so schweren Fehlers schuldig gemacht, daß wir gezwungen sind, ihn öffentlich zu tadeln.«
Und damit erteilte er mir wenigstens eine Viertelstunde lang einen Verweis. Alle Tatbestände waren entstellt: Der Marquis war der beste Schüler des Gymnasiums; ich hatte ihn grundlos und verantwortungslos mißhandelt. Kurzum, ich hatte pflichtvergessen gehandelt.
Was sollte ich auf diese Anschuldigungen antworten?
Ab und zu versuchte ich, mich zu verteidigen: »Verzeihung, Herr Direktor!« Doch der Direktor hörte nicht auf mich und erteilte mir seinen Verweis bis zum Ende.
Nach ihm ergriff Monsieur de Boucoyran das Wort und wie! ... Eine regelrechte Anklagerede. Unglücklicher Vater! Man hatte ihm sein Kind beinahe erschlagen. Man war über dieses arme kleine Wesen, das sich nicht verteidigen konnte, brutal hergefallen ... wie ... wie ... wie soll ich sagen ... wie ein Büffel, wie ein wilder Büffel. Das Kind lag seit zwei Tagen im Bett. Seit zwei Tagen hielt seine in Tränen aufgelöste Mutter Wache bei ihm ... Oh, wenn er es mit einem Mann zu tun gehabt hätte, dann wäre er, Monsieur de Boucoyran senior, ausgezogen, sein Kind zu rächen! Doch das war ja nur ein Knirps, mit dem er Mitleid hatte. Doch ›Man‹ solle es sich gesagt sein lassen: Wenn ›Man‹ noch einmal seinem Sohn auch nur ein Haar krümmen sollte, dann würden einem ganz schlicht beide Ohren abgeschnitten ...
Während dieser schönen Rede lachten sich die Schüler ins Fäustchen, und die Schlüssel von Monsieur Viot hüpften vor Vergnügen. Bleich vor Wut stand der arme ›Man‹ auf seinem Katheder und hörte sich diese Beleidigungen an, doch er hütete sich wohl, darauf zu antworten. Wenn ›Man‹ geantwortet hätte, wäre ›Man‹ vom Gymnasium gejagt worden — und wohin dann?
Als die drei Herren nach einer Stunde am Ende ihres Redeschwalls waren, zogen sie sich zurück. Als sie draußen waren, erhob sich im Arbeitssaal ein großer Tumult. Ich versuchte vergeblich, ein wenig Ruhe herzustellen; die Kinder lachten mir ins Gesicht. Der Fall Boucoyran hatte meine Autorität endgültig untergraben.
Ach! Es war eine furchtbare Affäre!

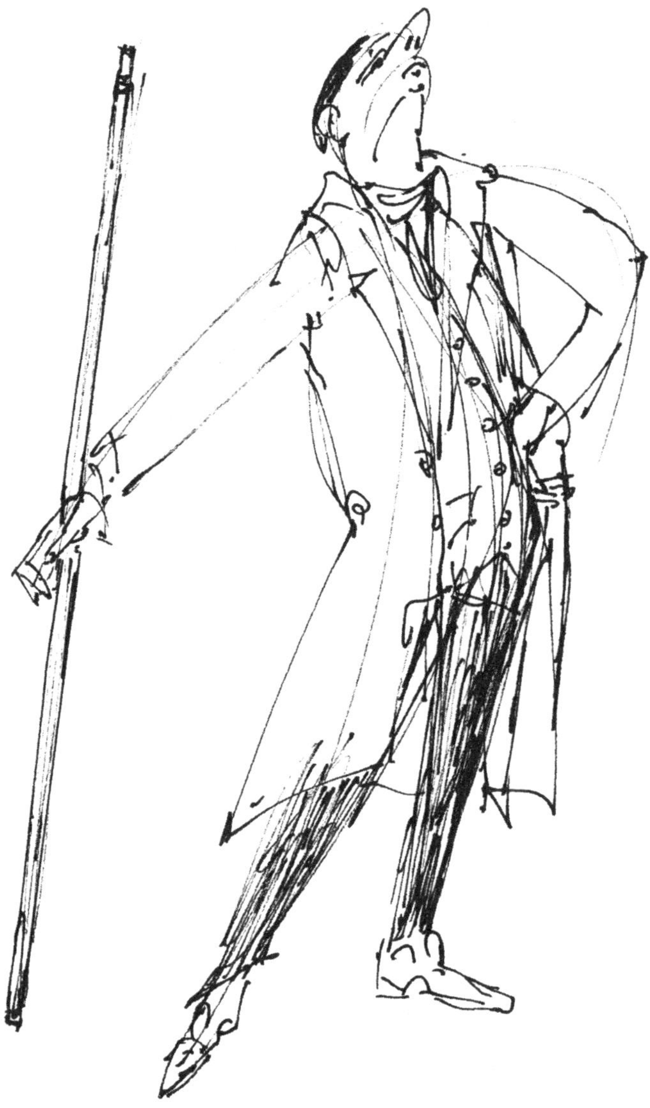

Die ganze Stadt regte sich darüber auf ... Am kleinen Stammtisch, am großen Stammtisch, in den Cafés, im Musikverein sprach man nur davon. Die gut unterrichteten Leute erzählten haarsträubende Einzelheiten. Dieser Studienaufseher mußte ein Ungeheuer sein, ein Menschenfresser. Er hatte das Kind auf unglaublich raffinierte Weise grausam gefoltert. Von ihm wurde nur noch als von dem ›Schinder‹ gesprochen.

Als der junge Boucoyran sich im Bett langweilte, legten ihn seine Eltern auf eine Chaiselongue an der schönsten Stelle ihres Salons, und acht Tage lang zog eine endlose Prozession durch diesen Salon. Alle diese Aufmerksamkeiten galten dem interessanten Opfer.

Zwanzigmal hintereinander ließ man ihn seine Geschichte erzählen, und jedesmal erfand der Schuft irgend ein neues Detail. Die Mütter erschauerten; die alten Fräuleins nannten ihn ›armer Engel!‹ und schenkten ihm Bonbons. Die Zeitung der Opposition nutzte diesen Vorfall aus und richtete einen verheerenden Artikel gegen das Gymnasium zugunsten einer kirchlichen Anstalt in der Umgebung ...

Der Direktor war wütend; und daß er mich nicht wegschickte, verdanke ich nur der Protektion des Rektors ... Doch ach, für mich wäre es besser gewesen, man hätte mich gleich entlassen. Mein Leben im Gymnasium war unmöglich geworden. Die Kinder hörten nicht mehr auf mich; beim kleinsten Wort drohten sie mir, sie würden es wie Boucoyran machen und sich bei ihrem Vater beschweren. Zuletzt kümmerte ich mich nicht mehr um sie.

Und bei all dem hatte ich eine fixe Idee: mich an den Boucoyrans zu rächen. Ich sah immer wieder das unverschämte Gesicht des alten Marquis vor mir, und meine Ohren blieben rot in Anbetracht dessen, was man ihnen angedroht hatte. Doch selbst wenn ich die Beleidigungen hätte vergessen wollen, so wäre mir das nicht gelungen; zweimal in der Woche auf den Spaziergängen, wenn die Abteilungen am Café zum Bischofspalast vorüberkamen, war ich sicher, daß sich Monsieur de Boucoyran, der Vater, mit einer Gruppe von Offizieren der Garnison vor der Türe aufgepflanzt hatte, alle barhäuptig, Billardstöcke in der Hand. Sie sahen uns von weitem kommen und lachten spöttisch; und wenn die Abteilung dann in Hörweite war, schrie der Marquis sehr laut mit einem geringschätzigen Blick auf mich: »Guten Tag, Boucoyran!«

»Guten Tag, Vater!« kreischte der abscheuliche Sohn aus der Masse der Schüler. Und die Offiziere, die Schüler, die Kellner im Café, alles lachte.

Dieses ›Guten Tag, Boucoyran!‹ war für mich eine Folter geworden, und

ich hatte keine Möglichkeit, mich dem zu entziehen. Um zur Prairie zu gelangen, mußten wir unbedingt am Café zum Bischofspalast vorbei, und mein Verfolger versäumte nicht ein einziges Rendezvous.
Manchmal wäre ich am liebsten zu ihm hingegangen und hätte ihn herausgefordert; doch zwei Gründe hielten mich zurück: zunächst immer wieder die Angst rauszufliegen, und dann das Rapier des Marquis, ein Teufel von einem Degen, der schon so manchen erledigt hatte, als er noch bei der Leibgarde war.
Eines Tages jedoch konnte ich nicht mehr anders und suchte Roger auf, den Fechtmeister; ich erklärte ihm ohne Umschweife, ich sei entschlossen, mich mit dem Marquis zu schlagen. Roger, mit dem ich schon lange nicht mehr gesprochen hatte, hörte mich erst mit einer gewissen Zurückhaltung an; doch als ich geendet hatte, drückte er mir mit überströmender Herzlichkeit beide Hände.
»Bravo! Monsieur Daniel! Ich habe es ja gewußt, daß Sie mit einem solchen Gesicht kein Spitzel sein konnten. Warum zum Teufel haben Sie nur immer mit Ihrem Monsieur Viot zusammengesteckt? Nun sind Sie wieder der Alte, und alles ist vergessen. Ihre Hand! Sie haben eine große Seele! Nun zu Ihrer Geschichte! Sie sind beleidigt worden? Gut! Sie wollen Genugtuung verlangen? Sehr gut! Sie haben keinen blassen Schimmer vom Fechten? Gut! gut! Sehr gut! Ich soll verhüten, daß Sie von diesem alten Gimpel durchbohrt werden? Ausgezeichnet! Kommen Sie in den Fechtsaal, und in sechs Monaten sind Sie es, der ihn durchbohrt.«
Als ich diesen vortrefflichen Roger mit so viel Eifer für mich Partei ergreifen hörte, wurde ich rot vor Freude. Wir verabredeten Unterrichtsstunden: dreimal in der Woche; wir vereinbarten auch den Preis, der ein Sonderpreis sein sollte. In der Tat ein Sonderpreis, denn später erfuhr ich, daß ich zweimal so viel bezahlen mußte wie andere. Als alle diese Abkommen getroffen waren, schob Roger sehr vertraut seinen Arm unter den meinen.
»Monsieur Daniel«, sagte er zu mir, »heute ist es zu spät für unsere erste Stunde; doch wir können unseren Vertrag gleichwohl im Café Barbette besiegeln. Kommen Sie, keine Kindereien! Haben Sie etwa Angst vor dem Café Barbette? Nun kommen Sie schon, verflixt nochmal! Vergessen Sie doch mal diesen ganzen Schulsalat. Dort finden Sie Freunde, gute Kerle, zum Kuckuck nochmal! Edelgesinnte Menschen, und Sie werden rasch diese weichliche Art ablegen, die Ihnen nur schadet.«
Und ich ließ mich verführen. Wir gingen ins Café Barbette. Es war noch

genauso wie früher, Geschrei, Rauch, knallrote Hosen; die gleichen Tschakos, die gleichen Koppel hingen an den gleichen Haken.

Die Freunde von Roger empfingen mich mit offenen Armen. Er hatte wirklich recht, das waren alles feine Kerle! Als sie von meinem Streit mit dem Marquis hörten und von dem Entschluß, den ich gefaßt hatte, kam einer nach dem andern zu mir und drückte mir die Hand. »Bravo, junger Mann, sehr gut!«

Auch ich war großzügig. Ich ließ Punsch kommen, und wir tranken auf meinen Erfolg, und unter diesen feinen Kerlen wurde beschlossen, ich sollte den Marquis von Boucoyran am Ende des Schuljahrs töten.

X *Die schlechten Tage*

Der Winter war gekommen, ein trockener, furchtbarer und dunkler Winter, wie er hier in den Bergen oft ist. Mit den großen kahlen Bäumen und dem gefrorenen Boden, der härter war als Stein, boten die Schulhöfe einen traurigen Anblick. Wir standen bei Licht auf, ehe es hell wurde; es war kalt; Eis in den Waschbecken ... Die Schüler wurden und wurden nicht fertig; die Schulglocke mußte sie mehrmals rufen. »Schneller, meine Herren!« schrien die Aufseher und liefen auf und ab, um warm zu werden. Recht und schlecht stellte man sich schweigend in Reih und Glied auf und ging dann die große kaum beleuchtete Treppe hinunter und über die langen Flure, durch die der eisige Winternordwind wehte.

Ein schlechter Winter für den kleinen Dingsda.

Ich arbeitete nicht mehr. Wenn ich im Arbeitssaal Aufsicht führte, schlief ich in der ungesunden Hitze des Ofens ein. Da es mir in meiner Mansarde zu kalt war, zog ich mich während der Unterrichtszeit ins Café Barbette zurück und blieb dort bis zum letzten Augenblick. Hier gab mir Roger jetzt auch seine Stunden; die rauhe Witterung hatte uns aus dem Fechtsaal vertrieben; wir fochten mitten im Café mit Billardstöcken und tranken Punsch dazu. Die Unteroffiziere begutachteten die Schläge; alle diese feinen Kerle hatten mich sicher in ihren Kreis aufgenommen und brachten mir jeden Tag einen neuen unfehlbaren Hieb bei, um diesen armen Marquis de Boucoyran zu töten. Sie lehrten mich auch, wie man einen Absinth süßt, und wenn diese Herren Billard spielten, schrieb ich die Punkte an ...

Ein schlechter Winter für den kleinen Dingsda!

Als ich eines Morgens in diesem traurigen Winter ins Café Barbette kam — ich höre heute noch das Klicken des Billardspiels und das Bullern des großen Kachelofens — kam Roger auf mich zugestürzt: »Zwei Worte, Monsieur Daniel« — und führte mich mit höchst geheimnisvoller Miene in den hinteren Saal.

Es ging um ein Liebesgeständnis ... Ihr könnt euch denken, daß ich stolz war, von einem so großen Mann ins Vertrauen gezogen zu werden. Ich wuchs auch gleich ein bißchen.

Es handelte sich um folgendes: Dieser Nichtsnutz von einem Fechtmeister hatte in der Stadt, an einem Ort, den er nicht nennen konnte, eine gewisse Person getroffen, in die er sich heftig verliebt hatte. Diese Person nahm in

Sarlande eine so hohe Stellung ein — hm! hm! Sie verstehen schon — eine so außergewöhnliche, daß der Fechtmeister sich immer noch fragte, wie er es hatte wagen können, so hoch hinaufzuschauen. Und dennoch, trotz der Stellung dieser Person — so hochstehend, so ... usw. — gab er die Hoffnung nicht auf, von ihr geliebt zu werden, ja er hielt den Augenblick für gekommen, einige briefliche Erklärungen loszulassen. Leider sind Fechtmeister nicht sehr geschickt im Umgang mit der Feder. Das ginge noch an, wenn es sich um eine Grisette handelte, doch bei einer so hochgestellten Person war der Kantinenstil nicht möglich, ja, ein guter Dichter wäre gerade das richtige.

»Ich weiß, wie das ist«, sagte der kleine Dingsda mit Kennermiene, »Sie brauchen jemanden, der Ihnen ein paar Liebesbriefe verzapft, die Sie an die betreffende Person schicken können, und da haben Sie an mich gedacht.«

»Genau«, antwortete der Fechtmeister.

»Schön, ich bin Ihr Mann, und wir können anfangen, wann Sie wollen; doch damit unsere Briefe nicht so aussehen, als hätten wir sie irgendwo abgeschrieben, müssen Sie mir ein paar Angaben über diese Person machen ...«

Der Fechtmeister schaute sich mißtrauisch um, stopfte mir seinen Schnurrbart ins Ohr und flüsterte: »Es ist eine Blonde aus Paris. Sie duftet wie eine Blume und heißt Cécilia.«

Mehr konnte er mir nicht anvertrauen wegen der Stellung der Betreffenden, einer so angesehenen — doch diese Auskünfte genügten mir, und noch am selben Abend, während ich Aufsicht führte, schrieb ich meinen ersten Brief an die blonde Cécilia.

Dieser eigenartige Briefwechsel zwischen dem kleinen Dingsda und dieser geheimnisvollen Person dauerte ungefähr einen Monat. Einen Monat lang schrieb ich im Durchschnitt zwei leidenschaftliche Briefe am Tag. Von diesen Briefen waren einige zärtlich und duftig wie die von Lamartine an Elvira, andere glühend und feurig wie die von Mirabeau an Sophie. Manche fingen mit den Worten an: ›O Cécilia, einstmals auf einem wilden Felsen . . .‹ und sie endeten mit: ›Es heißt, man sterbe dran . . . so wagen wir's!‹ Dann mischte sich von Zeit zu Zeit die Muse ein:

›Oh! dein Mund, dein brennender Mund!
Reiche ihn mir! Reiche ihn mir!‹

Heute lache ich, wenn ich davon spreche; doch damals lachte der kleine Dingsda nicht, ich schwöre es euch, und er nahm das alles sehr ernst. Wenn ich einen Brief fertig hatte, gab ich ihn Roger, damit er ihn in seiner schönen Unteroffiziershandschrift abschreiben konnte; er aber, wenn er Antworten erhielt — denn die Unglückliche antwortete! — brachte er sie mir rasch, und ich stützte meine weiteren Maßnahmen auf diese Briefe.
Kurz, das Spiel gefiel mir; vielleicht gefiel es mir ein bißchen zu gut. Die unsichtbare Blonde, die wie weißer Flieder duftete, ging mir nicht mehr aus dem Sinn. Zuweilen stellte ich mir vor, ich schriebe für mich selbst; ich füllte meine Briefe mit ganz persönlichen und vertraulichen Mitteilungen und verwünschte das Schicksal, alle diese niedrigen und bösartigen Geschöpfe, unter denen ich leben mußte: ›O Cécilia, wenn Du wüßtest, wie sehr ich Deine Liebe brauche!‹
Wenn der große Roger, seinen Schnurrbart zwirbelnd, zu mir kam und sagte: »Das klappt! Das klappt! ... weiter so!« — dann empfand ich zuweilen heimlich so etwas wie Verdruß, und ich dachte bei mir: Wie kann sie nur glauben, dieser dicke lustige Bruder, dieser Fanfan la Tulipe, schreibe ihr solche Meisterwerke voller Leidenschaft und Melancholie?
Und doch glaubte sie es; sie glaubte es so fest, daß der Fechtmeister mir eines Tages triumphierend folgende Antwort zeigte, die er gerade erhalten hatte: »Heute abend um neun Uhr hinter der Unterpräfektur!«
Verdankte Roger seinen Erfolg der Beredsamkeit meiner Briefe oder der Länge seines Schnurrbarts? Das mögt ihr, meine Damen, selbst entscheiden. Sicher ist, daß der kleine Dingsda in seinem trostlosen Schlafsaal in jener Nacht sehr unruhig schlief. Er träumte, er sei groß, er habe einen Schnurrbart, und Damen aus Paris — die ganz außergewöhnlich hohe Stellungen bekleiden — gäben ihm Rendezvous hinter den Unterpräfekturen ...
Das Lustige aber ist, daß ich Cécilia am nächsten Tag in einem Brief mit heißen Worten für das große Glück danken mußte, das sie mir geschenkt hatte: ›Engel, der Du geruhtest, eine Nacht auf der Erde zu weilen ...‹
Ich gestehe, diesen Brief schrieb der kleine Dingsda voller Wut im Herzen. Zum Glück hatte der Briefwechsel damit ein Ende, und einige Zeit war weder von Cécilia noch von ihrer angesehenen Stellung die Rede.

XI *Mein guter Freund, der Fechtmeister*

An jenem Tag, dem 18. Februar, konnten die Kinder, da es während der Nacht heftig geschneit hatte, nicht im Hof spielen. Gleich nach der Arbeitsstunde am Morgen hatte man sie alle zusammen in den Saal gepfercht; dort sollten sie die Pause bis zu den Unterrichtsstunden im Trocknen verbringen. Und ich mußte sie beaufsichtigen.

Dieser sogenannte Saal war die ehemalige Turnhalle der Marineschule. Stellt euch vier lange nackte Wände mit kleinen vergitterten Fenstern vor, hier und da halb abgerissene Haken, die noch sichtbaren Spuren der Sprossenleitern und am Hauptbalken an der Decke ein riesiger Eisenring, an einem Strick befestigt.

Den Kindern schien es viel Spaß zu machen, den Schnee zu beobachten, der die Straßen zudeckte, und die Menschen, mit Schaufeln bewaffnet, die ihn in Schippkarren wegschafften.

Doch ich hörte diesen ganzen Lärm nicht.

Ich stand allein in einer Ecke mit Tränen in den Augen und las einen Brief; in diesem Augenblick hätten die Kinder die Turnhalle ganz und gar zertrümmern können, ich hätte es gar nicht bemerkt. Es war ein Brief von Jacques, den ich gerade erhalten hatte; er war in Paris abgestempelt, — mein Gott, ja, in Paris — und Jacques schrieb mir folgendes:

›Lieber Daniel,

Mein Brief wird Dich sehr überraschen. Das hast Du wohl nicht geahnt, daß ich seit vierzehn Tagen in Paris bin. Ich habe Lyon verlassen, ohne jemandem etwas zu sagen, ein toller Streich! ... Doch was willst Du? Ich langweilte mich zu sehr in dieser entsetzlichen Stadt, vor allem seit Deiner Abreise.

Ich bin hier angekommen mit dreißig Francs und fünf oder sechs Briefen des Pfarrers von Saint-Nizier. Zum Glück ist mir Gott beigestanden, und ich habe gleich einen alten Marquis kennengelernt, in dessen Dienste ich als Sekretär getreten bin. Wir ordnen seine Memoiren, ich brauche nur nach seinem Diktat zu schreiben, und ich verdiene damit hundert Francs im Monat. Das ist nicht eben glänzend, wie Du siehst; doch alles in allem hoffe ich, von Zeit zu Zeit ein paar Ersparnisse nach Hause schicken zu können.

Ach, mein lieber Daniel, was für eine schöne Stadt ist doch Paris! Hier ist es wenigstens nicht immer neblig; wohl regnet es manchmal, doch es ist ein leichter, heiterer Regen, mit Sonne vermischt, wie ich ihn andernorts nie gesehen habe. Überhaupt bin ich ganz verändert, weißt Du! Ich weine gar nicht mehr, das ist doch nicht zu fassen!‹

So weit war ich mit meinem Brief gekommen, als man plötzlich unter den Fenstern das dumpfe Geräusch eines Wagens hörte, der durch den Schnee fuhr.

Der Wagen hielt vor dem Tor des Gymnasiums, und ich hörte die Kinder grölen: »Der Unterpräfekt! Der Unterpräfekt!«

Ein Besuch des Unterpräfekten deutete offensichtlich auf irgend etwas Außergewöhnliches hin. Er kam höchstens ein- oder zweimal im Jahr ins Gymnasium von Sarlande, und das war jedesmal ein Ereignis. Doch was mich im Augenblick interessierte und mir viel mehr am Herzen lag als der Unterpräfekt von Sarlande, ja, als ganz Sarlande, das war der Brief meines Bruders Jacques. Und während sich die Schüler vor den Fenstern drängten und schubsten, um den Herrn Unterpräfekten aus dem Wagen steigen zu sehen, kehrte ich in meine Ecke zurück und widmete mich wieder meinem Brief.

›Du wirst wissen, mein lieber Daniel, daß unser Vater in der Bretagne ist, wo er einen Ziderhandel betreibt. Als er hörte, daß ich der Sekretär des Marquis geworden bin, verlangte er gleich, ich sollte einige Fässer Zider bei ihm absetzen. Leider trinkt der Marquis nur Wein, und dazu noch spanischen Wein! Das habe ich Vater geschrieben; weißt Du, was er mir geantwortet hat? — ‚Jacques, Du bist ein Esel!' — wie immer. Doch das macht nichts, mein lieber Daniel, ich glaube, im Grunde genommen hat er mich sehr gern.

Was Mama anlangt, so weißt Du sicher, daß sie jetzt allein ist. Du solltest ihr mal schreiben, sie beklagt sich über Dein Schweigen.

Eins habe ich noch vergessen, was Dir bestimmt Freude macht: ich habe ein Zimmer im Quartier Latin ... stell Dir vor, im Quartier Latin! Ein richtiges Poetenzimmer wie in den Romanen, mit einem kleinen Fenster und Dächern, so weit das Auge reicht. Das Bett ist nicht breit, doch zur Not reicht es auch für uns beide; und dann steht in einer Ecke noch ein Schreibtisch, an dem man sehr gut Verse schreiben könnte.

Ich bin sicher, könntest Du das sehen, Du würdest so schnell wie möglich

zu mir kommen wollen; auch ich hätte Dich gern in meiner Nähe, und ich glaube fast, eines Tages werde ich Dich bitten zu kommen.
Bis dahin behalte mich immer lieb und arbeite nicht zu viel in Deinem Gymnasium, damit Du nicht wieder krank wirst.
Ich umarme Dich. Dein Bruder Jacques.‹

Der gute Jacques! Sein Brief hatte mir so köstlich weh getan! Ich lachte und weinte zur gleichen Zeit. Das ganze Leben, das ich in den letzten Monaten geführt hatte, der Punsch, das Billard, das Café Barbette kamen mir vor wie ein böser Traum, und ich dachte: ›Sei's drum! Schluß damit! Jetzt will ich arbeiten, ich will tapfer sein wie Jacques.‹

In diesem Augenblick ertönte die Schulglocke. Meine Schüler stellten sich auf, sie sprachen viel vom Unterpräfekten und zeigten sich im Vorübergehen seinen Wagen, der vor der Türe stand. Ich übergab sie ihren Lehrern, und als ich sie los war, wollte ich die Treppe hinaufstürmen. Es drängte mich, allein in meinem Zimmer zu sein mit dem Brief meines Bruders Jacques.
»Monsieur Daniel, Herr Direktor erwartet Sie!«
Der Direktor? ... Was konnte mir der Direktor zu sagen haben? Der Hausmeister schaute mich so eigenartig an. Plötzlich fiel mir der Unterpräfekt wieder ein.
»Ist der Herr Unterpräfekt oben?« fragte ich.
Und mit klopfendem Herzen stieg ich die Treppe hinauf, immer vier Stufen auf einmal nehmend.
Es gibt Tage, da ist man wie närrisch. Als ich erfuhr, der Unterpräfekt erwarte mich, wißt ihr, was ich mir da einbildete? Ich bildete mir ein, er habe mein gutes Aussehen auf der Preisverteilung bemerkt und sei ins Gymnasium gekommen, um mir die Stelle seines Sekretärs anzubieten. Das schien mir das Natürlichste von der Welt zu sein. Der Brief von Jacques mit seiner Geschichte von dem alten Marquis hatte mir ganz bestimmt den Kopf verdreht.
Wie dem auch sei, je weiter ich die Treppe hinaufstieg, um so größer wurde meine Gewißheit: Sekretär des Unterpräfekten; ich geriet ganz außer mich vor Freude ... Als ich im Flur um die Ecke bog, traf ich Roger. Er war sehr blaß; er schaute mich an, als wolle er mir etwas sagen; doch ich blieb nicht stehen: der Unterpräfekt hatte keine Zeit zu warten.

Als ich vor dem Zimmer des Direktors stand, klopfte mein Herz sehr laut, das schwöre ich euch. Sekretär des Herrn Unterpräfekten! Ich mußte einen Augenblick warten, um Luft zu schöpfen; ich zog meine Krawatte zurecht, ich fuhr mir mit den Fingern rasch durch die Haare und drehte leise den Türknopf.

Wenn ich gewußt hätte, was mich erwartete!

Der Herr Unterpräfekt lehnte lässig am Marmor des Kamins und lächelte in seinen blonden Backenbart. Neben ihm stand ehrerbietig im Morgenrock der Herr Direktor, die Samtmütze in der Hand, und Monsieur Viot verbarg sich in einer Ecke.

Sobald ich hereinkam, ergriff der Unterpräfekt das Wort.

»Das also ist der Herr«, sagte er und zeigte dabei auf mich, »der sich damit vergnügt, unsere Kammerzofen zu verführen?«

Er hatte diesen Satz mit heller, ironischer Stimme gesprochen und lächelte immer noch. Zunächst glaubte ich, er wolle scherzen und antwortete nicht, doch der Unterpräfekt scherzte nicht; nach einem kurzen Schweigen fuhr er, noch immer lächelnd, fort: »Ich habe doch wohl die Ehre, mit Monsieur Daniel Eyssette zu sprechen, mit jenem Daniel Eyssette, der die Kammerzofe meiner Frau verführt hat.«

Ich wußte nicht, worum es sich handelte; doch als ich das Wort Kammerzofe hörte, das man mir schon zum zweiten Mal unter die Nase rieb, wurde ich rot vor Scham und rief mit ehrlicher Entrüstung: »Ich! Eine Kammerzofe! ... Ich habe niemals eine Kammerzofe verführt.«

Bei dieser Antwort sah ich Verachtung hinter der Brille des Direktors aufblitzen, und ich hörte die Schlüssel in der Ecke murmeln: »So eine Unverschämtheit.«

Doch der Unterpräfekt hörte nicht auf zu lächeln; er nahm vom Kaminsims einen Packen Briefe, den ich vorher nicht bemerkt hatte, drehte sich zu mir um und wedelte nachlässig damit: »Monsieur«, sagte er, »das sind sehr schwerwiegende Beweisstücke, die Sie beschuldigen. Das sind Briefe, die bei der betreffenden jungen Dame gefunden wurden. Sie sind nicht unterschrieben, das stimmt, und auf der anderen Seite hat die Kammerzofe keinen Namen nennen wollen. Doch in diesen Briefen ist häufig vom Gymnasium die Rede, und zu Ihrem Unglück hat Monsieur Viot Ihre Schrift und Ihren Stil erkannt ...«

An dieser Stelle rasselten die Schlüssel wie wild, und der Unterpräfekt fügte, immer noch lächelnd, hinzu: »Am Gymnasium von Sarlande ist nicht jeder ein Dichter.« Bei diesen Worten durchfuhr mich ein flüchtiger Gedanke: Ich wollte diese Briefe aus der Nähe sehen. Ich stürzte vor; der Direktor fürchtete einen Skandal und machte mir ein Zeichen, um mich zurückzuhalten. Doch der Unterpräfekt reichte mir in aller Ruhe das Briefbündel. »Sehen Sie es sich an!« sagte er zu mir.

Barmherziger Gott! Mein Briefwechsel mit Cécilia.

Sie waren alle da, alle! Von demjenigen, der anfing: ›O Cécilia, einstmals auf einem wilden Felsen ...‹ bis zu der Dankeshymne: ›Engel, der Du geruhtest, eine Nacht auf der Erde zu weilen ...‹ Und alle diese schönen rhetorischen Blumen der Liebe hatte ich vor die Füße einer Kammerzofe gestreut! ... Und diese Person in einer sehr hohen Stellung usw... reinigte jeden Morgen die Pantinen der Frau Unterpräfektin! Ihr könnt euch meine Wut, meine Verwirrung vorstellen.

»Nun, was sagen Sie dazu, mein Herr Don Juan?« grinste der Unterpräfekt nach kurzem Schweigen. »Sind diese Briefe nun von Ihnen oder nicht?« Statt zu antworten, senkte ich den Kopf. Ein Wort hätte mich entlasten können; doch dieses Wort sprach ich nicht aus. Lieber wollte ich alles über mich ergehen lassen als Roger zu verraten ... Ihr müßt bedenken, daß der kleine Dingsda mitten in dieser Katastrophe nicht einen Augenblick an der Redlichkeit seines Freundes zweifelte. Als er die Briefe erkannte, hatte er sich sofort gesagt: ›Roger wird zu faul gewesen sein, sie abzuschreiben; er hat es vorgezogen, eine Partie Billard mehr zu spielen, und einfach meine Briefe abgeschickt.‹ Du unschuldiger kleiner Dingsda!

Als der Unterpräfekt merkte, daß ich nicht antworten wollte, steckte er die Briefe wieder in seine Tasche und wandte sich an den Direktor und seinen Gehilfen: »Nun wissen Sie, meine Herren, was Ihnen zu tun übrig bleibt.«

Daraufhin hüpften die Schlüssel von Monsieur Viot ganz unheilvoll, und der Direktor antwortete mit einer Verbeugung bis zum Boden: »Monsieur Eyssette hat verdient, von der Schule gejagt zu werden, doch um jeden Skandal zu vermeiden, wird man ihn noch acht Tage am Gymnasium behalten. Zeit genug, einen neuen Aufseher kommen zu lassen.«

Bei diesem entsetzlichen Wort ›gejagt‹ verließ mich mein ganzer Mut. Ich grüßte wortlos und stürzte hinaus. Kaum war ich draußen, brach ich in Tränen aus. Ich lief schnurstracks auf mein Zimmer und erstickte mein Schluchzen in meinem Taschentuch.

Roger wartete auf mich; er sah sehr beunruhigt aus und ging mit großen Schritten auf und ab.

Als er mich hereinkommen sah, trat er auf mich zu: »Monsieur Daniel! ...« sagte er zu mir und sah mich fragend an. Ich ließ mich wortlos auf einen Stuhl fallen.

»Tränen, Kindereien!« fuhr mich der Fechtmeister in grobem Ton an. »Das alles beweist gar nichts. Schnell doch! Was ist geschehen?«

Da schilderte ich ihm in allen Einzelheiten die entsetzliche Szene im Direktorzimmer.

Je länger ich sprach, um so mehr hellte sich Rogers Miene auf; er schaute mich nicht mehr so unwirsch an, und als er am Schluß erfuhr, daß ich mich hatte von der Schule jagen lassen, um ihn nicht zu verraten, reichte er mir beide Hände und sagte schlicht: »Daniel, Sie sind ein feiner Kerl!«

In diesem Augenblick hörten wir auf der Straße das Rollen eines Wagens; es war der Unterpräfekt, der wieder abfuhr.

»Sie sind ein feiner Kerl«, wiederholte mein guter Freund, der Fechtmeister, und drückte mir die Hände, als wolle er sie zerquetschen. »Sie sind ein feiner Kerl, mehr kann ich Ihnen nicht sagen ... Doch Sie müssen verstehen, daß ich keinem erlaube, sich für mich zu opfern.«
Noch während er sprach, war er zur Türe gegangen: »Weinen Sie nicht, Monsieur Daniel, ich werde den Direktor aufsuchen, und ich schwöre Ihnen, daß nicht Sie fortgejagt werden.«
Er machte noch einen Schritt, als wolle er hinausgehen; dann kam er wieder zu mir zurück, als habe er etwas vergessen: »Noch eins«, sagte er mit leiser Stimme, »hören Sie mich an, ehe ich gehe ... Der große Roger ist nicht allein auf der Welt; irgendwo in einem Winkel hat er eine kranke Mutter ... Eine Mutter! ... Die gute fromme Frau! Versprechen Sie mir, ihr zu schreiben, wenn alles vorbei ist.«
Das sagte er sehr ernst und ruhig mit einem Ton, der mich erschreckte.
»Was haben Sie vor?« rief ich aus.
Roger antwortete nicht; er öffnete nur seinen Rock und ließ mich in seiner Tasche den glänzenden Griff einer Pistole sehen.
Ich stürzte zu ihm, sehr bewegt: »Sie wollen sich töten, Unglücklicher? Sie wollen sich töten?«
Und er sehr kalt: »Mein Lieber, als ich noch im Dienst war, habe ich mir geschworen: Sollte ich jemals durch einen bösen unüberlegten Streich degradiert werden, so will ich meine Schande nicht überleben. Der Augenblick ist gekommen, daß ich mein mir gegebenes Wort halte ... In fünf Minuten bin ich vom Gymnasium gejagt, und das heißt, degradiert; eine Stunde später: Gute Nacht! Die letzte Kugel für mich!«
Als ich das hörte, pflanzte ich mich vor der Tür auf.
»Nein, Roger! Sie werden nicht hinausgehen ... Lieber will ich meine Stellung verlieren als an Ihrem Tod schuld sein.«
»Lassen Sie mich meine Pflicht tun«, sagte er mit wilder Miene zu mir, und trotz meiner Anstrengungen gelang es ihm, die Tür ein Stück zu öffnen.
Da kam ich auf die Idee, von seiner Mutter zu sprechen, von dieser armen Mutter, die er irgendwo in einem Winkel dieser Erde hatte. Ich bewies ihm, daß er für sie leben müsse, daß ich in der Lage wäre, mir eine andere Stelle zu suchen, daß wir außerdem noch acht Tage Zeit hätten. Es wäre wohl das mindeste, bis zum letzten Augenblick zu warten, ehe man eine so schreckliche Entscheidung trifft ...
Diese letzte Überlegung schien ihn zu rühren. Er willigte ein, seinen Besuch

beim Direktor und das, was sich daraus ergeben würde, um einige Stunden zu verschieben.
Inzwischen läutete die Glocke; wir umarmten uns, und ich ging in die Schule hinunter.
So sind wir Menschen! Verzweifelt war ich in mein Zimmer gegangen; fast fröhlich verließ ich es wieder ... Der kleine Dingsda war so stolz, seinem guten Freund, dem Fechtmeister, das Leben gerettet zu haben.
Und doch muß ich zugeben, ich begann bestimmte Überlegungen anzustellen, als ich endlich auf meinem Katheder saß und die erste Begeisterung vorüber war. Roger war willens, weiter zu leben, so weit, so gut; doch was sollte aus mir werden, nachdem ich mich durch meine schöne Selbstlosigkeit vor die Tür des Gymnasiums gesetzt hatte?
Die Lage war nicht heiter, ich sah unser Heim sehr gefährdet, meine Mutter in Tränen aufgelöst und Monsieur Eyssette höchst erzürnt. Zum Glück fiel mir Jacques ein; ein guter Gedanke seines Briefes, gerade heute morgen anzukommen! Schließlich war alles ganz einfach, schrieb er mir doch, in seinem Bett sei Platz für zwei. Und in Paris findet man immer etwas, wovon man leben kann ...
Hier durchfuhr mich ein schrecklicher Gedanke: um abzureisen, brauchte ich Geld; zunächst einmal Geld für die Eisenbahn, dann achtundfünfzig Francs, die ich dem Hausmeister schuldete, dann zehn Francs, die mir einer der Großen geliehen hatte, dann riesige Summen, die auf meinen Namen im Café Barbette angeschrieben standen. Wie mir dieses Geld verschaffen?
»Ach was!« sagte ich mir, als ich darüber nachdachte, »wie kann ich mir wegen einer solchen Kleinigkeit Sorgen machen; ist denn Roger nicht da? Roger ist reich, er gibt Stunden in der Stadt, und er wird sehr glücklich sein, mir einige hundert Francs zu verschaffen, mir, der ich ihm gerade das Leben gerettet habe.«
Nachdem ich so meine Angelegenheiten geregelt hatte, vergaß ich sämtliche Katastrophen des Tages und dachte nur noch an meine große Reise nach Paris. Ich war sehr froh, ich konnte kaum auf meinem Platz sitzen bleiben, und Monsieur Viot, der in den Studiensaal herunterkam, um meine Verzweiflung auszukosten, schien recht enttäuscht, als er meine vergnügte Miene sah. Bei Tisch aß ich schnell und gut; im Hof verzieh ich, wenn die Schüler stehenblieben. Endlich läutete es zum Unterrichtsbeginn.
Das Wichtigste war, Roger aufzusuchen; mit einem Satz war ich in seinem Zimmer; niemand da. ›Gut‹, sagte ich mir, ›er wird ins Café Barbette ge-

gangen sein‹, — und das erstaunte mich nicht angesichts so tragischer Umstände.

Im Café Barbette auch niemand. ›Roger‹, so hieß es, ›ist mit den Unteroffizieren zur Prairie gegangen.‹ Was zum Teufel konnte er bei solchem Wetter dort treiben? Ich fing an, recht beunruhigt zu sein; ohne eine Partie Billard zu spielen, die mir angeboten wurde, krempelte ich meine Hose hoch und stürzte in den Schnee hinaus, Richtung Prairie, auf der Suche nach meinem guten Freund, dem Fechtmeister.

XII *Der Eisenring*

Von den Toren von Sarlande bis zur Prairie ist es eine gute halbe Meile; doch in dem Tempo, das ich an jenem Tage vorlegte, mußte ich die Strecke in einer knappen Viertelstunde schaffen. Ich zitterte für Roger. Ich hatte Angst, er könne trotz seines Versprechens während meiner Aufsicht dem Direktor alles erzählt haben; ich meinte noch den Griff seiner Pistole glänzen zu sehen. Dieser düstere Gedanke beflügelte meine Schritte.
Doch in gewissen Abständen bemerkte ich im Schnee die Spuren von zahlreichen Schritten Richtung Prairie, und der Gedanke, daß der Fechtmeister nicht allein war, beruhigte mich ein wenig.
Nun ging ich langsamer, dachte an Paris, an Jacques, an meine Abreise ... Doch nach einer Weile fingen meine Ängste wieder an.
Roger wird sich bestimmt töten. Was sollte er sonst hier an diesem verlassenen Ort fern der Stadt suchen? Wenn er seine Freunde aus dem Café Barbette mitnimmt, so nur, um sich von ihnen zu verabschieden, um den Satteltrunk zu nehmen, wie sie sagen. O diese Militärs! ... Und schon rannte ich wieder, bis ich außer Atem war.
Glücklicherweise näherte ich mich der Prairie und konnte schon die großen schneebeladenen Bäume sehen. ›Armer Freund‹, sagte ich bei mir, ›hoffentlich komme ich noch früh genug.‹
Die Spur der Schritte führte mich bis zur Kneipe von Espéron.
Diese Kneipe war ein verrufenes Lokal, wo die Wüstlinge von Sarlande ihre Lustpartien feierten.
Als ich näherkam, hörte ich fröhliche Stimmen, Lachen und Gläserklirren. ›Großer Gott!‹ sagte ich mir zitternd, ›das ist der Abschiedstrunk.‹ Und ich blieb stehen, um Atem zu schöpfen.
Ich befand mich hinter der Kneipe; ich stieß ein Gatter auf und ging in den Garten. Wie der Garten aussah! Eine große entlaubte Hecke, Fliederbüsche ohne Blätter, Haufen von Kehricht im Schnee und Gartenlauben, die ganz weiß waren und an Eskimohütten erinnerten. Es war zum Heulen traurig.
Der Lärm kam aus dem Raum im Erdgeschoß, und das Gelage mußte ihnen ordentlich einheizen in diesem Augenblick, denn trotz der Kälte hatten sie beide Fenster weit aufgemacht.
Ich hatte schon den Fuß auf die erste Stufe der Vortreppe gesetzt, da blieb ich wie versteinert plötzlich stehen; ich hatte mitten in lautem Gelächter

meinen Namen gehört. Roger sprach über mich, und — eigenartig — jedesmal wenn der Name Daniel Eyssette fiel, bogen sich die anderen vor Lachen.

Eine schmerzliche Neugier trieb mich, und ich fühlte wohl, daß ich etwas sehr Sonderbares erfahren würde; ich ging zurück, und ohne von irgend jemandem gehört zu werden, weil der Schnee wie ein Teppich meine Schritte dämpfte, schlich ich mich in eine der Lauben, die sich, was mir sehr gelegen kam, direkt unter den Fenstern befanden.

Die Laube werde ich mein ganzes Leben vor mir sehen; mein Leben lang werde ich das tote Laub an den Wänden vor Augen haben, den schmutzigen und schmierigen Boden, den kleinen grün gestrichenen Tisch und die von Wasser triefenden Holzbänke. Durch den Schnee, der auf der Laube lag, drang kaum noch Tageslicht herein; der Schnee schmolz langsam und fiel mir Tropfen für Tropfen auf den Kopf.

Dort in dieser Laube, dunkel und kalt wie ein Grab, habe ich erfahren, wie böse und feige die Menschen sein können; dort habe ich zweifeln, verachten, hassen gelernt ... Euch, die ihr meine Zeilen lest, möge Gott davor bewahren, daß ihr jemals in diese Laube treten müßt. Stehend, mit angehaltenem Atem, rot vor Zorn und Scham, hörte ich mir an, was man sich bei Espéron erzählte.

Mein guter Freund, der Fechtmeister, sprach immerzu ... Er erzählte die Geschichte von Cécilia und den Liebesbriefen, dem Besuch des Unterpräfekten im Gymnasium, und alles das mit Ausschmückungen und Gesten, die sehr komisch sein mußten, nach der Begeisterung der Zuhörer zu urteilen.

»Ihr versteht, meine Lieben«, sagte er mit seiner spöttischen Stimme, »schließlich haben wir ja nicht umsonst drei Jahre lang auf dem Theater der Zuaven Komödie gespielt. So wahr ich zu euch spreche! Einen Augenblick glaubte ich, alles sei verloren, und ich dachte, ich würde nie mehr mit euch den guten Wein von Vater Espéron trinken. Der kleine Eyssette hatte nichts gesagt, das stimmt; aber es war gleichwohl Zeit zu sprechen; und unter uns gesagt, ich glaube, er wollte mir nur die Ehre lassen, mich selbst anzuzeigen. Da habe ich mir gesagt: ›Aufgepaßt, Roger, vorwärts, großer Auftritt!‹«

Daraufhin fing mein guter Freund, der Fechtmeister, an, das zu spielen, was er den großen Auftritt nannte, das heißt das, was sich am Morgen in meinem Zimmer zwischen ihm und mir abgespielt hatte. Oh! dieser elende

Schuft! Er ließ nichts aus, nichts. Er schrie: »Meine Mutter! Meine arme Mutter!« im Tonfall der Bühne. Dann ahmte er meine Stimme nach: »Nein, Roger! Nein! Sie gehen nicht weg! ...« Der große Auftritt war wirklich von höchster Komik, und die Zuschauer bogen sich vor Lachen. Ich aber fühlte dicke heiße Tränen meine Backen hinunterrollen, mich fröstelte, meine Ohren dröhnten, ich ahnte, was hinter der ganzen widerlichen Komödie vom Morgen steckte; ich begann zu begreifen, daß Roger mit Absicht meine Briefe abgeschickt hatte, um vor jedem Mißgeschick sicher zu sein, daß seine Mutter, seine arme Mutter, schon seit zwanzig Jahren tot war und daß ich sein Pfeifenetui für den Griff einer Pistole gehalten hatte.

»Und die schöne Cécilia?« fragte einer der feinen Kerle.

»Cécilia hat nichts gesagt, sie hat ihre Koffer gepackt; sie ist ein feines Mädchen.«

»Und was wird aus dem kleinen Daniel?«

»Ach was!« antwortete Roger.

An dieser Stelle brachte er alle mit einer Geste zum Lachen.

Dieses schallende Gelächter machte mich wahnsinnig. Ich hatte nicht übel Lust, aus meiner Laube herauszukommen und unvermittelt wie ein Geist unter ihnen zu erscheinen. Doch ich nahm mich zusammen; ich hatte mich schon lächerlich genug gemacht.

Der Braten kam, die Gläser klirrten: »Auf Roger! Auf Roger!« schrie man. Ich konnte es nicht mehr ertragen, ich litt zu sehr. Ohne mich darum zu kümmern, ob mich jemand sehen konnte, stürzte ich quer durch den Garten. Mit einem Satz sprang ich über das Gatter und rannte wie ein Verrückter vor mich hin.

Die Nacht senkte sich leise herab. Und im Halbdunkel der Abenddämmerung hatte der Anblick dieses Schneefelds etwas von einer tiefen Melancholie. Ich lief eine geraume Zeit so weiter wie ein verwundetes Zicklein; und wenn die Herzen, die brechen und die bluten, nicht nur eine Redensart wären, die den Dichtern zukommt, dann hätte man hinter mir, ich schwöre es euch, eine lange rote Spur in der weißen Ebene finden müssen.

Ich fühlte mich wie verloren. Wo Geld finden? Wie von hier wegkommen? Wie zu meinem Bruder Jacques gelangen? Roger anzuzeigen, hätte mir auch nichts genützt. Er konnte alles leugnen, nun Cécilia abgereist war.

Niedergeschlagen, vor Müdigkeit und Schmerz erschöpft, ließ ich mich schließlich am Fuß einer Kastanie in den Schnee fallen. Dort wäre ich womöglich bis zum anderen Tag liegengeblieben, weinend und unfähig zu denken; da hörte ich plötzlich in der Ferne aus Richtung Sarlande eine Glocke läuten. Das war die Glocke des Gymnasiums. Ich hatte alles vergessen; diese Glocke rief mich ins Leben zurück; ich mußte nach Hause gehen und die Schüler während der Pause im Saal beaufsichtigen ... Als ich an den Saal dachte, durchfuhr mich jäh ein Gedanke. Auf der Stelle versiegten meine Tränen; ich fühlte mich stärker, ruhiger. Ich stand auf und trat meinen Weg nach Sarlande an mit dem bestimmten Schritt eines Mannes, der einen unwiderruflichen Entschluß gefaßt hat.

Wenn ihr wissen wollt, welchen Entschluß der kleine Dingsda gerade gefaßt hatte, so folgt ihm nach Sarlande, quer über diese große weiße Ebene; folgt ihm in die Eingangshalle des Gymnasiums; folgt ihm in den Saal während der Pause und beachtet, wie beharrlich er den dicken Eisenring anschaut, der in der Mitte von der Decke herunterhängt; nach beendeter Pause folgt ihm noch in den Arbeitssaal, steigt mit ihm aufs Katheder und lest über seine Schulter hinweg den schmerzerfüllten Brief, den er mitten im Lärmen der tobenden Kinder schreibt:

Monsieur Jacques Eyssette
Rue Bonaparte, Paris.

›Vergib mir, mein vielgeliebter Jacques, den Schmerz, den ich Dir zufügen werde. Du, der Du nicht mehr weintest, wirst noch einmal weinen; es wird das letztemal sein . . . Wenn Du diesen Brief erhältst, ist Dein armer Daniel tot . . .‹

Der Lärm im Arbeitssaal schwillt an; der kleine Dingsda hört auf zu schreiben und teilt einige Strafen nach rechts und links aus, sehr ernst, doch ohne Zorn.

Dann fährt er fort: ›Siehst Du, Jacques, ich war zu unglücklich. Ich konnte mich nur noch töten. Meine Zukunft ist verloren: Ich bin vom Gymnasium gejagt worden — wegen einer Weibergeschichte; doch es würde zu weit führen, Dir das zu erzählen; dann habe ich Schulden gemacht, ich kann nicht mehr arbeiten, ich schäme mich, ich bin müde, das Leben ekelt mich an, flößt mir Angst ein. Ich möchte lieber sterben . . .‹

Der kleine Dingsda muß sein Schreiben wieder unterbrechen: »Fünfhundert Verse für den Schüler Soubeyrol! Fouque und Loupi Sonntag nachsitzen!«

Als das erledigt ist, beendet er seinen Brief: ›Leb wohl, Jacques! Ich hätte Dir noch viel zu sagen, doch ich fühle, ich muß weinen, und die Schüler schauen mich an. Sag Mama, ich sei auf einem Spaziergang von einem hohen Felsen abgerutscht oder ich sei beim Schlittschuhlaufen ertrunken. Erfinde einfach irgendeine Geschichte, denn die gute Frau darf nicht die Wahrheit wissen! . . . Umarme sie fest für mich, diese liebe Mutter; umarme auch unseren Vater und versuche, ihnen schnell wieder ein schönes Heim zu bauen . . . Leb wohl! Ich liebe Dich. Vergiß nicht Deinen Daniel.‹

Als dieser Brief geschrieben ist, fängt der kleine Dingsda sofort einen zweiten an, der folgenden Wortlaut hat:

›Monsieur l'Abbé, ich bitte Sie, meinem Bruder Jacques den Brief zuzuschicken, den ich für ihn hinterlasse. Schneiden Sie bitte auch eine Strähne meines Haares ab und schicken Sie sie in einem kleinen Paket an meine Mutter.

Ich bitte Sie um Vergebung für die Mühe, die ich Ihnen mache. Ich habe mich getötet, weil ich hier zu unglücklich war. Nur Sie, Monsieur l'Abbé, waren immer sehr gut zu mir. Ich danke Ihnen dafür.

Daniel Eyssette.‹

Daraufhin steckte der kleine Dingsda diesen Brief und den an Jacques in einen einzigen großen Umschlag mit folgender Aufschrift: ›Derjenige, der als erster meinen Leichnam findet, wird gebeten, diesen Umschlag Abbé Germane zu übergeben.‹ Und da nun alle Dinge geregelt sind, wartet er ruhig auf das Ende der Arbeitsstunde.

Die Arbeitsstunde ist aus. Man ißt zu Abend, man betet, man geht in den Schlafsaal hinauf.

Die Schüler gehen zu Bett; der kleine Dingsda läuft auf und ab und wartet, bis sie eingeschlafen sind. Da ist Monsieur Viot, der seine Runde macht; man hört das geheimnisvolle Rasseln seiner Schlüssel und das dumpfe Geräusch seiner Filzschuhe auf dem Fußboden. »Guten Abend, Monsieur Viot!« murmelt der kleine Dingsda. »Guten Abend, Monsieur!« antwortet leise der Aufseher; dann entfernt er sich, seine Schritte verhallen im Flur.

Der kleine Dingsda ist allein. Er macht leise die Türe auf und bleibt einen Augenblick im Treppenflur stehen, um zu hören, ob die Schüler nicht aufwachen; doch im Schlafsaal bleibt alles ruhig.

Nun geht er hinunter, er schleicht mit kleinen Schritten im Schatten an den Wänden entlang. Der Nordwind pfeift traurig unter den Türen. Als er am Fuß der Treppe angelangt ist und am Peristyl vorbeigeht, sieht er den schneebedeckten weißen Hof zwischen den vier großen dunklen Wohnflügeln des Gymnasiums.

Dort oben unterm Dach wacht ein Licht: das ist Abbé Germane, der an seinem großen Werk arbeitet. Aus der Tiefe seines Herzens schickt der kleine Dingsda einen letzten sehr aufrichtigen Abschiedsgruß zu diesem guten Abbé hinauf; dann geht er in den Saal . . .

Die ehemalige Turnhalle der Marineschule ist von kaltem und grausigem Dunkel erfüllt. Durch die Gitter eines Fensters fällt etwas Mondlicht herein und scheint genau auf den dicken Eisenring — ach! der kleine Dingsda denkt seit Stunden nur noch an diesen Ring —, auf den dicken Eisenring, der wie Silber glänzt ... In einer Ecke des Saals steht vergessen ein alter Hocker. Der kleine Dingsda geht ihn holen, trägt ihn unter den Ring und stellt sich drauf; er hat sich nicht geirrt, es ist genau die richtige Höhe. Dann löst er seine Krawatte, eine lange Krawatte aus lila Seide, die er zerknittert um den Hals gewunden hat wie ein Band. Er befestigt die Krawatte an dem Ring und macht eine Schlinge. Es schlägt ein Uhr. Nun muß gestorben werden ... Mit zitternden Händen öffnet der kleine Dingsda die Schlinge. Eine Art Fieber packt ihn. Leb wohl, Jacques! Lebt wohl, Madame Eyssette! ...

Plötzlich legt sich eine eiserne Faust auf ihn. Er fühlt, daß ihn jemand um den Leib packt und ihn vor den Hocker auf die Füße stellt. Zur gleichen

Zeit sagt eine rauhe und spöttische Stimme, die er gut kennt, neben ihm: »Was fällt dir ein, um diese Zeit am Trapez zu turnen!«

Der kleine Dingsda dreht sich verwirrt um.

Es ist Abbé Germane, ohne Sutane, in kurzen Hosen, sein Bäffchen flattert lose auf seiner Weste. Sein schönes häßliches Gesicht, das halb vom Mond beschienen wird, lächelt traurig ... Mit einer Hand hat er den Selbstmörder wieder auf den Boden gestellt; in der anderen Hand hält er noch die Karaffe, die er am Brunnen im Hof gefüllt hat.

Als der Abbé das völlig verstörte Gesicht des kleinen Dingsda und die Augen voller Tränen sieht, lächelt er nicht mehr, und er wiederholt, doch diesmal mit sanfter, fast gerührter Stimme: »Was fällt dir ein, mein lieber Daniel, um diese Zeit am Trapez zu turnen!«

Der kleine Dingsda ist ganz rot, ganz fassungslos.

»Ich turne nicht am Trapez, Monsieur l'Abbé, ich will sterben.«

»Wie! ... Sterben? ... Hast du denn solchen Kummer?«

»Ach!« antwortet der kleine Dingsda, und dicke heiße Tränen rollen ihm über die Wangen.

»Daniel, du kommst jetzt mit zu mir«, sagt der Abbé.

Der kleine Daniel schüttelt den Kopf und zeigt auf den Eisenring mit der Krawatte. Abbé Germane nimmt ihn bei der Hand: »Nun komm schon mit auf mein Zimmer; wenn du dich töten willst, gut, dann tötest du dich eben dort oben; dort brennt ein Feuer, und es ist schön warm.«

Doch der kleine Dingsda setzt sich zur Wehr: »Lassen Sie mich sterben, Herr Abbé. Sie haben nicht das Recht, mich am Sterben zu hindern.«

Da blitzt es zornig in den Augen des Priesters: »Ach! So ist das!« sagt er. Dann packt er unvermittelt den kleinen Dingsda beim Gürtel und trägt ihn unterm Arm fort wie ein Paket, ungeachtet seines Widerstands, seines Flehens. Und nun sind wir bei Abbé Germane; im Kamin brennt ein großes Feuer; gleich daneben steht ein Tisch, auf dem eine Lampe brennt, Pfeifen und unzählige mit einem unleserlichen Gekritzel bedeckte Papiere liegen.

Der kleine Dingsda sitzt am Kamin. Er ist sehr erregt, er spricht viel, er erzählt sein Leben, seine Mißgeschicke und warum er Schluß machen wollte. Der Abbé hört ihm zu und lächelt; und als das Kind dann lange gesprochen, lange geweint und sein krankes Herz ordentlich ausgeschüttet hat, ergreift der alte Mann die Hände des kleinen Dingsda und sagt sehr ruhig zu ihm: »Das ist alles gar nichts, mein Junge, und du wärst schön dumm gewesen, dich für so etwas umzubringen. Deine Geschichte ist ganz einfach:

Man hat dich vom Gymnasium gejagt — was nebenbei ein großes Glück für dich ist — na schön, du mußt gehen, auf der Stelle gehen, ohne die acht Tage abzuwarten ... Du bist keine Küchenmagd, verflucht noch einmal! Über deine Reise, deine Schulden mach dir keine Sorgen! Das übernehme ich. Das Geld, das du dir von diesem Schurken leihen wolltest, gebe ich dir. Das regeln wir alles morgen. Jetzt kein Wort mehr! Ich muß arbeiten, und du mußt schlafen ... Nur will ich nicht, daß du in deinen schrecklichen Schlafsaal zurückgehst: du würdest frieren, du würdest dich fürchten; du wirst in meinem Bett schlafen in schönen weißen Bettüchern, frisch von heute morgen! Ich werde wohl die ganze Nacht schreiben: und wenn ich schläfrig werde, lege ich mich auf das Sofa ... Guten Abend! Sag jetzt nichts mehr.«

Der kleine Dingsda legt sich hin, er wehrt sich nicht ... Wie viele Ereignisse an einem Tag! Dem Tod so nahe gewesen zu sein und sich dann in diesem guten Bett und in diesem ruhigen und warmen Zimmer wiederzufinden! Wie gut es dem kleinen Dingsda geht! Ab und zu schlägt er die Augen auf und sieht im sanften Schein des Lampenschirms den guten Abbé Germane, der raucht und dabei seine Feder mit leichtem Kratzen von oben nach unten über die weißen Bögen laufen läßt ...

Am anderen Tag wurde ich von Abbé Germane geweckt, der mir auf die Schulter schlug. Im Schlaf hatte ich alles vergessen. Darüber mußte mein Retter sehr lachen.

»Los, mein Junge«, sagte er zu mir, »die Glocke läutet; beeile dich; keiner wird etwas gemerkt haben, übernimm deine Schüler wie gewöhnlich; in der Frühstückspause erwarte ich dich hier, um die Dinge zu besprechen.«

Plötzlich fiel mir alles wieder ein. Ich wollte ihm danken, doch der gute Abbé setzte mich buchstäblich vor die Türe.

Ich brauche euch nicht zu sagen, daß mir die Arbeitsstunde lang vorkam ... Die Schüler waren noch nicht im Hof, da klopfte ich schon bei Abbé Germane an. Ich fand ihn vor seinem Schreibtisch sitzend, die Schubladen weit offen; er war damit beschäftigt, Goldstücke zu zählen, die er sorgsam in kleinen Haufen aneinanderreihte.

Als er mich hereinkommen hörte, schaute er sich kurz um und fuhr dann in seiner Arbeit fort. Als er fertig war, machte er die Schubladen wieder zu und winkte mich mit einem gütigen Lächeln heran.

»Das ist alles für dich«, sagte er zu mir. »Ich habe eine Rechnung für dich aufgestellt. Das ist für die Reise, das für den Hausmeister, das fürs Café

Barbette und das für den Schüler, der dir zehn Francs geliehen hat... Ich hatte dieses Geld beiseite gelegt, um einen Ersatzmann für Cadet zu stellen; doch Cadet zieht erst in zehn Jahren das Los, und bis dahin haben wir uns wiedergesehen.«

Ich wollte sprechen, doch dieser Teufelskerl ließ mich nicht zu Wort kommen. »Jetzt, mein Junge, verabschiede dich von mir. Es klingelt zur Stunde, und wenn ich zurückkomme, will ich dich nicht mehr sehen. Die Luft dieser Bastille bekommt dir nicht... Mach schnell, daß du nach Paris kommst, arbeite ordentlich, bete zum lieben Gott, rauche Pfeifen und versuche, ein Mann zu werden. — Hast du mich verstanden, versuche, ein Mann zu werden. Denn, siehst du, mein kleiner Daniel, du bist noch ein Kind, und ich befürchte sehr, du bleibst dein ganzes Leben ein Kind.«

Darauf breitete er beide Arme weit aus mit einem göttlichen Lächeln; ich aber warf mich ihm schluchzend zu Füßen. Er hob mich auf und küßte mich auf beide Backen.

Die Glocke läutete zum letztenmal.

»Gut! Nun bin ich doch zu spät«, sagte er und suchte hastig seine Bücher und seine Hefte zusammen. Beim Hinausgehen drehte er sich noch einmal nach mir um.

»Ich habe auch einen Bruder in Paris, er ist Priester, ein guter Mann; den könntest du natürlich aufsuchen... Ach was! halbverrückt, wie du bist, würdest du seine Adresse doch vergessen...« Und ohne noch etwas zu sagen, ging er mit großen Schritten die Treppe hinunter. Seine Sutane wehte hinter ihm her; mit der rechten Hand hielt er sein Priesterkäppchen fest, und unter dem linken Arm trug er ein dickes Paket von Papieren und Büchern... Der gute Abbé Germane! Ehe ich hinausging, schaute ich mich noch in seinem Zimmer um, betrachtete zum letztenmal die große Bibliothek, den kleinen Tisch, das halb verloschene Feuer, den Sessel, in dem ich so heftig geweint, das Bett, in dem ich so gut geschlafen hatte; und während ich an diese geheimnisvolle Existenz dachte, in der ich so viel Mut, verborgene Güte, Aufopferung und Resignation zu ahnen meinte, errötete ich, ohne es zu wollen, über meine Feigheit und Verzagtheit und gelobte mir, stets Abbé Germanes eingedenk zu sein.

Unterdessen verging die Zeit. Ich mußte meinen Koffer packen, meine Schulden bezahlen, meinen Platz in der Postkutsche belegen.

Als ich hinausgehen wollte, entdeckte ich in einer Ecke auf dem Kamin mehrere alte und ganz schwarze Pfeifen. Ich nahm die älteste, die schwär-

zeste, die kürzeste und steckte sie wie eine Reliquie in meine Tasche; dann ging ich hinunter.
Die Türe zur ehemaligen Turnhalle war noch angelehnt. Ich konnte nicht umhin, im Vorbeigehen noch einen Blick hineinzuwerfen, und was ich sah, ließ mich erschaudern.
Ich sah den großen dunklen und kalten Saal, den Eisenring, der glänzte, und meine lila Krawatte mit der Schlinge, die im Luftzug über dem umgestürzten Hocker baumelte.

XIII *Die Schlüssel von Monsieur Viot*

Als ich mit großen Sätzen aus dem Gymnasium lief, noch ganz erregt von dem entsetzlichen Bild, das ich eben gesehen hatte, wurde plötzlich die Türe zur Hausmeisterwohnung geöffnet, und ich hörte meinen Namen rufen: »Monsieur Eyssette! Monsieur Eyssette!«
Es waren der Wirt vom Café Barbette und sein werter Freund Monsieur Cassagne, verlegen, fast dreist.
Der Wirt des Cafés sprach als erster.
»Stimmt es, daß Sie von hier weggehen, Monsieur Eyssette?«
»Ja, Monsieur Barbette«, antwortete ich ruhig, »ich fahre noch heute ab.«
Monsieur Barbette machte einen Sprung auf mich zu, Monsieur Cassagne ebenfalls; doch der von Monsieur Barbette war viel größer als der von Monsieur Cassagne, weil ich ihm viel mehr Geld schuldete.
»Wieso noch heute?«
»Noch heute, ich gehe auf der Stelle, meinen Platz in der Postkutsche zu belegen.«
Ich dachte, sie würden mir an die Gurgel springen.
»Und mein Geld?« fragte Monsieur Barbette.
»Und das meine?« grölte Monsieur Cassagne.
Ohne zu antworten, trat ich in die Hausmeisterwohnung, zog sehr ernst mit vollen Händen die schönen Goldstücke von Abbé Germane aus der Tasche und fing an, ihnen die Summe auf den Tisch zu zählen, die ich ihnen schuldete.
Das war ein richtiger Theaterstreich. Die beiden verdrießlichen Gesichter heiterten sich auf wie durch Zauberei. Als sie ihr Geld eingesteckt hatten, etwas beschämt ob der Befürchtungen, die sie mir gegenüber bekundet hatten, und doch ganz glücklich, bezahlt zu sein, überschlugen sie sich mit bedauernden Schmeicheleien und Freundschaftsbeteuerungen.
»Sie wollen uns wirklich verlassen, Monsieur Eyssette? Wie schade! Welcher Verlust für das Haus!«
Und dann oh! und ach! und leider! Seufzen, Händeschütteln, erstickte Tränen ...
Noch am Abend vorher wäre ich auf diese freundschaftlichen Anbiederungen hereingefallen; doch jetzt war ich in diesen Gefühlsfragen gut beschlagen.

Die Viertelstunde, die ich in der Laube verbrachte, hatte mich die Menschen kennen gelehrt — wenigstens glaubte ich das —, und je leutseliger sich diese abscheulichen Kneipenwirte gaben, desto größeren Ekel flößten sie mir ein. So brach ich ihre lächerlichen Ergüsse kurzerhand ab, verließ das Gymnasium, um einen Platz in der glücklichen Postkutsche zu belegen, die mich weit weg von diesen Unmenschen bringen sollte.

Als ich vom Büro der Posthalterei zurückkam, ging ich am Café Barbette vorüber, doch ich trat nicht ein; der Ort flößte mir Entsetzen ein. Durch irgendeine ungesunde Neugier getrieben, schaute ich nur durch die Scheiben ... Das Café war voller Leute; es war der Abend des Poulespiels. Ich konnte durch den Pfeifenrauch die Abzeichen an den Tschakos und die Koppel leuchten sehen, die an den Haken hingen. Die feinen Kerle waren vollzählig, nur der Fechtmeister fehlte.

Einen Augenblick lang schaute ich mir diese derben roten Gesichter an, die von den Spiegeln vervielfältigt wurden, den Absinth, der in den Gläsern tanzte, die am Rand völlig ausgeschlagenen Karaffen mit Branntwein; und wenn ich daran dachte, daß ich in dieser Kloake gelebt hatte, fühlte ich, wie ich errötete ... Ich sah den kleinen Dingsda um das Billard laufen und die Punkte markieren, den Punsch bezahlen, erniedrigt, verachtet, von Tag zu Tag mehr verlottern und unaufhörlich ein Pfeifenmundstück oder einen Kasernenrefrain zwischen den Zähnen ... Diese Vision jagte mir einen noch größeren Schrecken ein als diejenige, die ich in der Turnhalle gehabt hatte, da ich die kleine lila Krawatte erblickte. Ich floh ...

Und als ich mich zum Gymnasium begab, gefolgt von einem Mann der Posthalterei, der meinen Koffer abholen sollte, sah ich den Fechtmeister über den Platz kommen, quicklebendig, eine Gerte in der Hand, das Filzkäppi auf dem Ohr, seinen feinen Schnurrbart in seinen schönen frisch gewichsten Stiefeln spiegelnd ... Von weitem sah ich ihn voller Bewunderung an und sagte mir: ›Ein Jammer, daß ein so schöner Mann eine so häßliche Seele hat! ...‹ Er hatte mich erblickt und kam mit einem guten treuen Lächeln auf mich zu, die Arme weit geöffnet ... Oh! die Laube!

»Ich suchte Sie«, sagte er zu mir, »was höre ich? Sie ...«

Er stockte plötzlich. Mein Blick nagelte seine verlogenen Sätze auf seinen Lippen fest. Und in diesem Blick, der ihm fest unverwandt ins Gesicht schaute, mußte der Schurke wohl so einiges gelesen haben, denn ich sah ihn plötzlich erbleichen, stammeln, Haltung verlieren; doch das war nur die Frage eines Augenblicks: er setzte sogleich wieder sein strahlendes Gesicht auf, bohrte zwei kalte und stahlharte Augen in die meinen, schob entschlossen seine Hände tief in seine Taschen, ging weiter und murmelte, wem es nicht passe, der brauche es ihm nur zu sagen . . .

Geh nur, du Schuft!

Als ich ins Gymnasium zurückkam, hatten die Schüler gerade Unterricht. Wir stiegen in meine Mansarde hinauf. Der Mann schulterte meinen Koffer und ging wieder hinunter. Ich blieb noch einige Augenblicke in diesem eiskalten Zimmer und schaute auf die nackten und verschmutzten Wände, das schwarze, ganz zerschnittene Pult und durch das schmale Fenster auf die Platanen in den Höfen, die ihre schneebedeckten Wipfel reckten . . . Und ich sagte all diesen Dingen Lebewohl.

In diesem Augenblick hörte ich eine Donnerstimme in den Klassen wettern: es war die Stimme von Abbé Germane. Sie erwärmte mir das Herz und ließ ein paar gute Tränen am Rand der Wimpern auftauchen.

Danach ging ich langsam hinunter, schaute mich aufmerksam um, als wollte ich in meinen Augen das ganze Bild dieser Örtlichkeiten mitnehmen, die ich nie mehr wiedersehen sollte. So ging ich auch durch die langen Flure mit den vergitterten Fenstern, wo mir die schwarzen Augen zum erstenmal erschienen waren! . . . Ich kam auch am Dienstzimmer des Direktors mit seiner geheimnisvollen Doppeltüre vorüber; dann ein paar Schritte weiter am Zimmer von Monsieur Viot. Da blieb ich unvermittelt stehen . . . O Freude, o Wonne, die Schlüssel, diese furchtbaren Schlüssel hingen im Schlüsselloch und rasselten leise im Luftzug. Ich betrachtete sie einen Augenblick, diese gewaltigen Schlüssel, ich betrachtete sie mit einer Art religiöser Furcht; dann kam mir plötzlich ein Rachegedanke. Wie ein Verräter, mit frevelnder Hand zog ich den Bund aus dem Schlüsselloch, versteckte ihn unter meinem Mantel und sprang die Treppe hinunter, immer gleich vier Stufen auf einmal.

Am Ende des Hofes der Mittelstufe war ein sehr tiefer Brunnen. Dorthin rannte ich ohne anzuhalten. Zu dieser Stunde war der Hof verlassen; die Brillen hatten ihren Vorhang noch nicht aufgezogen. Alles begünstigte meine Missetat. Dann zog ich die Schlüssel unter meinem Mantel hervor, diese verdammten Schlüssel, unter denen ich so gelitten hatte, und warf sie mit aller Kraft in den Brunnen . . . Krr! Krr! Krr! Ich hörte sie hinabstürzen, gegen die Wand prallen und schwer ins Wasser fallen, das sich über ihnen wieder schloß; nachdem diese Übeltat vollbracht war, entfernte ich mich lächelnd.

In der Eingangshalle, beim Verlassen des Gymnasiums, traf ich als letzten Monsieur Viot, doch einen Monsieur Viot ohne Schlüssel; verstört, verwirrt, lief er von links nach rechts. Als er an mir vorbeikam, schaute er mich einen Augenblick voller Angst an. Der Unglückliche hätte mich am liebsten gefragt, ob ich *sie* nicht gesehen hätte. Doch er wagte es nicht ... In diesem Augenblick rief der Hausmeister oben von der Treppe herunter: »Monsieur Viot, ich finde sie nicht!« Ich hörte den Schlüsselmann ganz leise sagen: »Ach, mein Gott!« — Und er lief davon wie ein Wahnsinniger, um sie zu suchen.

Gern hätte ich mich noch länger an diesem Schauspiel ergötzt, doch vom Paradeplatz herüber ertönte das Horn der Postkutsche, und ich wollte nicht, daß sie ohne mich abfuhr.

Und nun Lebewohl für immer, großes verrußtes Gymnasium aus altem Eisen und schwarzen Steinen; lebt wohl, ihr abscheulichen Kinder! Leb wohl, grausame Dienstvorschrift! Der kleine Dingsda fliegt auf und davon und wird nicht zurückkehren. Und Sie, Marquis de Boucoyran, preisen Sie sich glücklich: ›Man‹ geht weg, ohne Ihnen den berühmten Degenstoß zu verpassen, der so lange schon mit den feinen Kerlen des Cafés Barbette ausgebrütet worden war ...

Knalle mit der Peitsche, Kutscher! Töne, Trompete! Gute alte Postkutsche, laß deine vier Räder Funken schlagen, trage den kleinen Dingsda mit deinen drei Pferden im Galopp zur Stadt hinaus! Bring ihn recht schnell in seine Geburtsstadt, damit er seine Mutter bei Onkel Baptist umarmen und dann Kurs auf Paris nehmen kann, um so schnell wie möglich zu Eyssette (Jacques) in dessen Zimmer im Quartier Latin zu gelangen! . . .

XIV *Onkel Baptist*

Er war doch ein eigenartiger Mann, dieser Onkel Baptist, der Bruder von Madame Eyssette! Weder gut, noch böse, frühzeitig verheiratet mit einem großen Dragoner von Frau, geizig und hager, die ihm Angst einflößte, kannte dieses alte Kind nur eine einzige Leidenschaft auf der Welt: die Leidenschaft des Ausmalens. Seit einigen vierzig Jahren lebte er umgeben von Näpfen, Pinseln, Farben und verbrachte seine Zeit damit, Bilder aus illustrierten Zeitungen auszumalen. Das Haus war voller Illustrierten: alte Nummern von ›Charivari‹, vom ›Magasin Pittoresque‹ und dazu geographische Karten! Alles war ganz bunt ausgemalt. Selbst an seinen knappen Tagen, wenn die Tante ihm das Geld verweigerte, um illustrierte Zeitungen zu kaufen, brachte es mein Onkel fertig, Bücher auszumalen. Folgendes zum Beweis: Ich selbst habe eine spanische Grammatik in der Hand gehabt, die mein Onkel vom Anfang bis zum Ende farbig ausgestaltet hatte, die Adjektive blau, die Substantive rosa usw. . . .

Zwischen diesem alten Narren und seiner grimmigen besseren Hälfte mußte Madame Eyssette seit sechs Monaten leben. Die unglückliche Frau verbrachte ihre ganzen Tage im Zimmer ihres Bruders, wo sie neben ihm saß und sich bemühte, nützlich zu sein. Sie wusch die Pinsel aus, füllte Wasser in die Näpfchen . . . Das Traurigste aber war, daß Onkel Baptist seit unserem Ruin Monsieur Eyssette zutiefst verachtete und sich die arme Mutter von morgens bis abends anhören mußte: »Eyssette ist kein ernsthafter Mann! Eyssette ist kein ernsthafter Mann!« Oh, der alte Dummkopf! Kaum zu glauben, mit was für einer schulmeisterlichen und überzeugten Miene er das sagte, während er dabei seine spanische Grammatik ausmalte! Inzwischen habe ich im Leben oft solche angeblich sehr ernsthaften Männer getroffen, die ihre Zeit damit zubrachten, spanische Grammatiken auszumalen, und die feststellten, die anderen seien nicht ernsthaft.

Alle diese Einzelheiten über Onkel Baptist und die trostlose Existenz, die Madame Eyssette bei ihm führte, habe ich erst später erfahren; doch sofort bei meiner Ankunft in diesem Haus begriff ich, daß meine Mutter, was sie auch sagen mochte, nicht glücklich sein konnte . . . Als ich eintrat, hatte man sich gerade zu Tisch gesetzt. Madame Eyssette sprang vor Freude in die Luft, als sie mich sah, und wie ihr euch denken könnt, umarmte sie ihren kleinen Dingsda mit aller Kraft. Gleichwohl schien die arme Mutter irgend-

wie verlegen zu sein; sie sagte wenig — und das mit sanfter und zitternder Stimme, die Augen auf ihrem Teller. Es tat weh, sie so zu sehen in ihrem zu eng gewordenen und völlig schwarzen Kleid.
Der Empfang meines Onkels und meiner Tante war sehr kühl. Meine Tante fragte mich mit entsetztem Gesicht, ob ich gegessen hätte. Ich beeilte mich, das zu bejahen ... Die Tante atmete auf; sie hatte schon um ihr Essen gebangt. Und was für ein schönes Essen! Kichererbsen und Kabeljau.
Onkel Baptist dagegen fragte mich, ob wir Ferien hätten! Ich antwortete, ich verließe die Universität und ginge nach Paris zu meinem Bruder Jacques, der eine gute Stelle für mich gefunden habe. Ich erfand diese Lüge, um die arme Madame Eyssette hinsichtlich meiner Zukunft zu beruhigen und auch um in den Augen meines Onkels als ernsthaft zu gelten.
Als Tante Baptist hörte, der kleine Dingsda habe eine gute Stellung in Paris, machte sie große Augen.
»Daniel«, sagte sie, »du mußt deine Mutter aber bald nach Paris kommen lassen ... Die arme gute Frau hat Sehnsucht nach ihren Kindern; und dann, verstehst du, ist sie eine Belastung für uns, und dein Onkel kann nicht ewig die Milchkuh der Familie sein.«
»Fest steht jedenfalls«, sagte Onkel Baptist mit vollem Mund, »ich bin die Milchkuh ...«
Dieser Ausdruck ›Milchkuh‹ hatte ihn begeistert, und er wiederholte ihn mehrmals mit dem gleichen Ernst.
Das Essen dauerte lange wie bei alten Leuten. Meine Mutter aß wenig, sprach ein paar Worte mit mir und sah mich verstohlen an; meine Tante beobachtete sie.
»Schau dir deine Schwester an!« sagte sie zu ihrem Mann, »die Freude, ihren Daniel wiederzusehen, verdirbt ihr den Appetit. Gestern hat sie zweimal Brot genommen, heute nur einmal.«
Ach! Liebe Madame Eyssette, wie gern hätte ich Sie an jenem Abend mitgenommen, wie gern hätte ich Sie dieser mitleidlosen Milchkuh und der Gattin entrissen; doch ach! Ich selbst zog auf gut Glück los, hatte gerade genug Geld, um meine Fahrt zu bezahlen, und ich meinte auch, das Zimmer von Jacques sei wohl nicht groß genug, um uns alle drei aufzunehmen. Wenn ich wenigstens mit Ihnen hätte sprechen können, Sie nach Herzenslust küssen; aber nein! Man ließ uns nicht eine Minute allein ... Wissen Sie noch? Gleich nach dem Essen setzte Onkel Baptist sich wieder an seine spanische Grammatik, die Tante putzte ihr Silber, und beide schielten zu uns

hinüber ... Die Stunde der Abreise kam, ohne daß wir uns irgend etwas hätten sagen können.

Darum war dem kleinen Dingsda auch sehr schwer ums Herz, als er das Haus von Onkel Baptist verließ; und als er so ganz allein im Dunkeln die große Straße hinunterging, die zur Eisenbahn führt, schwor er zwei- oder dreimal feierlich, sich fortan wie ein Mann zu benehmen und nur noch daran zu denken, das Heim wieder aufzubauen.

ZWEITER TEIL

I *Meine Gummischuhe*

Sollte ich auch so lange leben wie mein Onkel Baptist, der heute das Alter eines alten Baobab in Zentralafrika haben muß, könnte ich doch nie meine erste Reise nach Paris in einem Wagen dritter Klasse vergessen.

Es war in den letzten Februartagen und noch sehr kalt. Draußen grauer Himmel, Wind, Graupeln, kahle Hügel, überschwemmte Wiesen, lange Reihen toter Weinstöcke; drinnen betrunkene Matrosen, die sangen, dicke Bauern, die mit offenem Mund schliefen wie tote Fische, kleine Alte mit ihren Einkaufstaschen, Kinder, Flöhe, stillende Mütter, alles was in den Waggon der Armen gehört, und es roch nach Pfeife, Schnaps, Knoblauchwurst und verschimmeltem Stroh. Ich meine, noch dort zu sein.

Bei der Abfahrt hatte ich mich in einer Ecke am Fenster niedergelassen, um den Himmel zu sehen; doch schon nach zwei Meilen nahm mir ein Sanitäter meinen Platz weg unter dem Vorwand, er wolle seiner Frau gegenübersitzen, und schon war der kleine Dingsda, viel zu schüchtern, um sich zu wehren, dazu verdammt, zweihundert Meilen zwischen diesem dicken gemeinen Kerl, der nach Leinsamen roch, und einem großen Tambourmajor aus der Champagne zurückzulegen, der die ganze Zeit auf seiner Schulter schnarchte.

Die Reise dauerte zwei Tage. Ich verbrachte diese zwei Tage immer auf dem gleichen Platz, regungslos zwischen meinen beiden Peinigern, mit steifem Hals und zusammengebissenen Zähnen. Da ich kein Geld und auch kein Reiseproviant hatte, aß ich unterwegs überhaupt nichts. Zwei Tage, ohne etwas zu sich zu nehmen, das ist lang! — Ich hatte zwar noch vierzig Sous, doch ich bewahrte sie mir sorgfältig auf für den Fall, daß ich bei meiner Ankunft in Paris Freund Jacques am Bahnhof nicht treffen würde; und trotz meines Hungers brachte ich es fertig, sie nicht anzurühren. Dabei wurde rund um mich herum im Abteil verdammt viel gegessen. Unter meinen Beinen stand ein riesengroßer schwerer Korb, aus dem mein Nachbar, der Sanitäter, alle Augenblicke die verschiedensten Würste herausholte, die er sich mit seiner Frau teilte. Die Nachbarschaft dieses Korbes machte mich sehr unglücklich, vor allem am zweiten Tag. Und doch war der Hunger auf dieser furchtbaren Reise noch nicht das schlimmste. Ich war ohne Schuhwerk von Sarlande abgereist und hatte an den Füßen nur kleine ganz dünne Gummischuhe, die ich dort brauchte, um im Schlafsaal die

Runde zu machen. Gummischuhe sind sehr hübsch; doch im Winter in der dritten Klasse ... Mein Gott, wie habe ich gefroren! Es war zum Heulen. Nachts, wenn alle schliefen, nahm ich vorsichtig meine Füße zwischen meine Hände und hielt sie stundenlang fest, um sie so ein wenig zu erwärmen. Ach! Wenn Madame Eyssette mich gesehen hätte! ...

Und trotz des Hungers, der ihm den Magen zusammenzog, trotz der grausamen Kälte, bei der ihm die Tränen kamen, war der kleine Dingsda sehr glücklich, und um nichts in der Welt hätte er diesen Platz, diesen halben Platz zwischen dem Mann aus der Champagne und dem Sanitäter wieder hergegeben. Am Ende all dieser Leiden wartete Jacques, wartete Paris.

In der Nacht des zweiten Tages gegen drei Uhr morgens wurde ich unsanft geweckt; der Zug hielt, der ganze Wagen war in Aufruhr.

Ich hörte den Sanitäter zu seiner Frau sagen: »Wir sind da.«

»Wo denn?« fragte ich und rieb mir die Augen.

»In Paris, mein Gott!«

Ich stürzte an die Türe. Keine Häuser. Nichts, nur kahles Land, ein paar Gasflammen, hier und da große Haufen Steinkohle; dann ganz weit weg ein großes rotes Licht und ein undeutliches Grollen, das wie Meeresrauschen klang. Ein Mann ging mit einer kleinen Laterne von Wagentüre zu Wagentüre und rief: ›Paris! Paris! Fahrkarten bitte!‹ Unwillkürlich zog ich ganz erschrocken den Kopf zurück. Das war Paris.

O du große wilde Stadt! Wie recht hatte der kleine Dingsda, sich zu fürchten.

Fünf Minuten später fuhren wir in den Bahnhof ein. Jacques war seit einer Stunde da. Ich entdeckte ihn schon von weitem an seiner langen, leicht nach vorn gebeugten Gestalt und seinen langen Armen wie Telegrafenstangen, die mir hinter einem Gatter zuwinkten. Mit einem Satz war ich bei ihm.

»Jacques, mein Bruder! . . .« — »Ach! Liebes Kind!«

Und unsere beiden Herzen hielten sich mit der ganzen Kraft unserer Arme umschlungen. Leider sind Bahnhöfe nicht für so schöne Umarmungen eingerichtet. Es gibt einen Saal für Reisende, einen Saal für das Gepäck; doch es gibt keinen Saal für Herzensergüsse, es gibt keinen Saal für die Seelen. Wir wurden gestoßen, man trat uns auf die Füße.

»Weitergehen! Weitergehen!« schrien uns die Zollbeamten an.

Jacques sagte ganz leise zu mir: »Wir wollen gehen. Morgen lasse ich deinen Koffer holen.« Und Arm in Arm, leicht wie unsere Geldkatzen, machten wir uns auf den Weg ins Quartier Latin.

Ich habe seitdem sehr oft versucht, mich daran zu erinnern, welchen Eindruck Paris in jener Nacht eigentlich auf mich machte; doch die Dinge wie die Menschen haben, wenn wir sie zum erstenmal sehen, einen ganz besonderen Ausdruck, den wir später nicht mehr wiederfinden. Das Paris meiner Ankunft habe ich nie mehr wiederherstellen können. Es bleibt eine Stadt im Nebel, die ich als kleines Kind vor vielen Jahren einmal durchquert habe, und in die ich seither nie mehr zurückgekehrt bin.

Ich erinnere mich an eine Holzbrücke über einen sehr schwarzen Fluß, dann an eine lange verlassene Uferstraße und an einen riesigen Garten längs dieser Uferstraße. Wir blieben vor diesem Garten einen Augenblick stehen. Durch die Gitter, die ihn einschlossen, konnte man undeutlich Hütten, Wiesen, Wasserflächen, im Rauhreif glitzernde Bäume erkennen.

»Das ist der Jardin des Plantes«, sagte Jacques zu mir, »dort gibt es viele Eisbären, Affen, Riesenschlangen, Nilpferde . . .«

In der Tat, es roch nach Raubtieren, und ab und zu kamen aus diesem Dunkel ein gellender Schrei, ein heiseres Brüllen.

Dicht an meinen Bruder gepreßt, schaute ich angestrengt durch die Gitter und vermengte, in einem Gefühl von Angst, dieses unbekannte Paris, wo ich bei Nacht ankam, mit diesem geheimnisvollen Garten; mir war, als sei ich in einer großen dunklen Höhle voll wilder Tiere gelandet, die sich auf mich stürzen wollten. Zum Glück war ich nicht allein: Jacques war da, um

mich zu verteidigen ... Ach Jacques! Jacques! Warum warst du nicht immer bei mir?

Wir liefen noch lange, lange durch dunkle endlose Straßen; dann blieb Jacques plötzlich auf einem kleinen Platz mit einer Kirche stehen.

»Nun sind wir in Saint-Germain-des-Prés«, sagte er zu mir, »dort oben ist unser Zimmer.«

»Wieso, Jacques ... im Glockenturm?«

»Genau, im Glockenturm! Das ist sehr praktisch, wenn man wissen will, wie spät es ist.«

Jacques übertrieb ein wenig. Er bewohnte in dem Haus neben der Kirche eine kleine Mansarde im fünften oder sechsten Stock; sein Fenster ging auf den Kirchturm von Saint-Germain und war genau in der Höhe des Zifferblattes.

Beim Eintreten stieß ich einen Freudenschrei aus. »Feuer! Wie schön!« Und ich lief sogleich zum Kamin und hielt meine Füße vor die Flammen, und beinahe wären meine Gummischuhe geschmolzen. Jetzt erst bemerkte Jacques, was für seltsames Schuhwerk ich hatte, und er mußte darüber sehr lachen.

»Mein lieber Daniel«, sagte er zu mir, »es gibt viele berühmte Männer, die in Holzschuhen nach Paris gekommen sind und sich dessen gerühmt haben. Du wirst einmal sagen können, du seist in Gummischuhen hierhergekommen; das ist viel origineller. Zieh einstweilen diese Pantoffeln an, und dann wollen wir uns an die Pastete machen.«

Bei diesen Worten rollte Jacques einen kleinen Tisch ans Feuer, der fix und fertig gedeckt in einer Ecke bereitstand.

II *Im Namen des Pfarrers von Saint-Nizier*

Mein Gott! Wie gut ging es uns doch jene Nacht im Zimmer von Jacques! Welch fröhlichen hellen Schein warf das Kaminfeuer auf unser Tischtuch! Und dieser alte versiegelte Wein, der nach Veilchen duftete! Und diese Pastete mit der herrlichen goldbraunen Kruste! Ach! Heute werden solche Pasteten nicht mehr gemacht; und solche Weine wirst Du nie mehr trinken, mein armer Eyssette!

An der anderen Seite des Tisches, genau mir gegenüber, saß Jacques und schenkte uns ein; und jedesmal, wenn ich aufblickte, sah ich seinen Blick, liebevoll wie den einer Mutter, der mir sanft zulächelte. Und ich war so glücklich, hier zu sein, daß ich tatsächlich Fieber hatte. Ich redete und redete! »Iß doch«, sagte Jacques zu mir und füllte meinen Teller; doch ich sprach in einem fort und aß nicht. Um mich zum Schweigen zu bringen, fing er schließlich an zu reden und erzählte mir seinerseits ausführlich, ohne Atem zu schöpfen, alles, was er in dem einen Jahr getan hatte, in dem wir getrennt gewesen waren.

»Als du abgereist warst«, sagte er zu mir — und die traurigsten Dinge erzählte er stets mit seinem wunderschönen ergebenen Lächeln — »als du abgereist warst, wurde das Haus plötzlich trostlos. Der Vater arbeitete nicht mehr; er verbrachte seine Tage im Laden damit, die Revolutionäre zu verfluchen und mich anzuschreien, ich sei ein Esel, was die Dinge auch nicht besser machte. Jeden Morgen protestierte Wechsel, alle zwei Tage Gerichtsvollzieher im Haus! Bei jedem Klingeln bekamen wir Herzklopfen. Oh! du bist im richtigen Augenblick weggegangen.

Nach einem Monat dieses schrecklichen Lebens fuhr mein Vater in die Bretagne im Auftrag der Weinbaugesellschaft, und Madame Eyssette zu Onkel Baptist. Ich habe sie beide ans Schiff gebracht. Du kannst dir vorstellen, wieviele Tränen ich vergossen habe ... Als sie weg waren, wurden unsere schäbigen Möbel verkauft, ja, mein Lieber, auf der Straße verkauft, vor meinen Augen und vor unserer Tür; und es ist sehr schmerzlich zuzusehen, wie das Zuhause Stück für Stück weggeht. Man kann sich kaum vorstellen, wie sehr sie alle ein Stück von uns selbst sind, diese Gegenstände aus Holz oder Stoff, die wir in unserem Haus haben. Als man zum Beispiel den Wäscheschrank wegholte, du weißt doch, den mit den rosa Amoretten und den Geigen in den Türfüllungen, wäre ich am liebsten dem Käufer nachgelaufen und hätte ganz laut gerufen: ›Haltet ihn!‹ Du verstehst das, nicht wahr?

Von unserem ganzen Mobiliar habe ich nur einen Stuhl, eine Matratze und einen Besen behalten; der Besen sollte mir sehr nützlich sein, wie du sehen wirst. Ich brachte diese Reichtümer in einer Ecke unseres Hauses Rue Lanterne unter, wo die Miete noch für zwei Monate bezahlt war; und nun bewohnte ich ganz allein diese große Wohnung, leer, kalt, ohne Vorhänge. Ach, mein Freund! War das traurig! Jeden Abend, wenn ich vom Büro nach Hause kam, war es ein neuer Kummer und eine Überraschung für mich, allein in diesen vier Wänden zu sein. Ich ging von einem Raum zum anderen, schloß die Türen sehr laut, nur um Lärm zu machen. Manchmal war mir, als riefe man mich aus dem Laden, und ich schrie: ›Ich gehe schon!‹ Wenn ich ins Zimmer unserer Mutter kam, glaubte ich stets, ich würde sie dort strickend in ihrem Sessel am Fenster antreffen ...

Zu allem Unglück erschienen die Schaben wieder. Diese ekelhaften kleinen Tiere, die wir mit so großer Mühe bekämpft hatten, als wir in Lyon ankamen, hatten bestimmt von eurer Abreise gehört und versuchten eine neue Invasion, die noch viel schrecklicher war als die erste. Zunächst versuchte ich, Widerstand zu leisten. Ich verbrachte meine Abende in der Küche, in der einen Hand die Kerze, in der anderen den Besen, und kämpfte, immerzu heulend, wie ein Löwe. Unglücklicherweise war ich allein, und wenn ich noch so sehr versuchte, überall gleichzeitig zu sein, es war eben nicht mehr wie zur Zeit von Annou. Und außerdem kamen die Schaben in viel größerer Anzahl. Ich bin sicher, daß alle Schaben von Lyon — und es gibt weiß Gott viele in dieser feuchten Stadt — sich in Massen aufgemacht hatten, um unser Haus zu belagern. Die Küche war schwarz von ihnen, ich war gezwungen, sie ihnen zu überlassen. Manchmal sah ich sie mir voller Schrekken durchs Schlüsselloch an. Es waren Milliarden und aber Milliarden ... Du glaubst vielleicht, diese verdammten Tiere hätten es damit bewenden lassen! Sicher! Du kennst diesen Schlag aus dem Norden schlecht! Sie sind ungeheuer eroberungslustig. Trotz der Türen und Schlüssellöcher drangen sie von der Küche ins Eßzimmer vor, wo ich mein Bett aufgeschlagen hatte. Ich trug es in den Laden, dann in den Salon. Du lachst? Ich hätte dich gern an meiner Stelle gesehen.

Von Zimmer zu Zimmer trieben mich diese verdammten Schaben bis in unseren früheren kleinen Raum am Ende des Flurs. Dort ließen sie mich zwei oder drei Tage in Ruhe; und als ich dann eines Morgens aufwachte,

sah ich an die hundert, die geräuschlos an meinem Besen hinaufkrochen, während eine andere Formation sich zielbewußt auf mein Bett zu bewegte. Meiner Waffen beraubt, in meinem letzten Unterschlupf überwältigt, konnte ich nur noch fliehen. Und das tat ich. Ich überließ den Schaben die Matratze, den Stuhl, den Besen und verließ dieses schreckliche Haus in der Rue Lanterne, um nie mehr dorthin zurückzukehren.

Ich blieb dann noch einige Zeit in Lyon, sehr lange, sehr trostlose, sehr tränenreiche Monate. Im Büro nannten sie mich nur noch die heilige Madeleine. Ich ging nirgends hin. Ich hatte nicht einen Freund. Meine einzige Zerstreuung waren deine Briefe ... Ach! mein lieber Daniel, wie reizend du die Dinge auszudrücken verstehst. Ich bin sicher, du könntest in den Zeitungen schreiben, wenn du nur wolltest. Bei mir ist das anders. Stell dir vor, ich habe so lange nach Diktat geschrieben, daß ich zuletzt ungefähr so intelligent bin wie eine Nähmaschine. Es ist mir unmöglich, irgend etwas aus mir selbst heraus zu finden. Monsieur Eyssette hatte schon recht, wenn er zu mir sagte: ›Jacques, du bist ein Esel!‹ Schließlich ist es gar nicht so übel, ein Esel zu sein. Die Esel sind brave Tiere, stark, arbeitsam, sie haben ein gutes Herz und ein kräftiges Kreuz ... Doch zurück zu meiner Geschichte.

In allen deinen Briefen schriebst du vom Wiederaufbau unseres Heims, und dank deiner Beredsamkeit fing ich für diese große Idee Feuer. Leider reichte das, was ich in Lyon verdiente, kaum für meinen Lebensunterhalt. Da kam mir der Gedanke, nach Paris zu gehen. Mir schien, dort wäre ich besser in der Lage, der Familie zu Hilfe zu kommen, und ich fände alle für unseren großartigen Wiederaufbau notwendigen Materialien. Also war meine Reise beschlossene Sache; doch baute ich vor. Ich wollte nicht wie ein Sperling ohne Federn in die Straßen von Paris einfallen. Das geht an für dich, mein lieber Daniel: hübsche Jungen sind von vornherein begünstigt, aber nicht so ein weinerlicher Kerl wie ich.

Also ging ich zu unserem Freund, dem Pfarrer von Saint-Nizier, und bat ihn um einige Empfehlungsschreiben. Er ist ein sehr einflußreicher Mann im Faubourg Saint-Germain. Er gab mir zwei Briefe mit, den einen für einen Grafen, den anderen für einen Herzog. Du siehst, ich will hoch hinaus. Von dort begab ich mich zu einem Schneider, der bereit war, mir auf mein gutes Gesicht hin Kredit zu geben für einen schönen Gesellschaftsanzug mit allem, was dazu gehört, Weste, Hose, und so weiter. Ich steckte meine Empfehlungsschreiben in meinen Anzug, meinen Anzug in eine Ak-

tentasche, und auf ging's mit drei Louisdors in der Tasche: fünfunddreißig Francs für meine Reise und fünfundzwanzig für den Anfang.
Am Tag nach meiner Ankunft in Paris war ich schon ab sieben Uhr morgens im Gesellschaftsanzug und mit gelben Handschuhen unterwegs. Merke dir das, kleiner Daniel, was ich da machte, war einfach lächerlich. Um sieben Uhr morgens schlafen in Paris alle Gesellschaftsanzüge — oder sie sollten es tun. Ich aber wußte das nicht; und ich war sehr froh, meinen auf diesen großen Straßen auszuführen und dabei mit meinen neuen eleganten Schuhen ordentlich zu klappen. Ich glaubte auch, wenn ich recht früh ausginge, hätte ich mehr Aussichten, Fortuna zu treffen. Auch das war ein Irrtum: In Paris steht Fortuna nicht so früh auf.
Ich bummelte also über den Faubourg Saint-Germain mit meinen Empfehlungsschreiben in der Tasche.
Zunächst ging ich zu dem Grafen in der Rue de Lille; dann zu dem Herzog in der Rue Saint-Guillaume. Bei beiden fand ich die Dienstboten damit beschäftigt, die Höfe zu scheuern und die kupfernen Klingeln zu putzen. Als ich den Spitzbuben sagte, ich sei gekommen, um ihre Herren zu sprechen im Namen des Pfarrers von Saint-Nizier, lachten sie mir ins Gesicht und warfen mir Wassereimer zwischen die Beine ... Was willst du, mein Lieber? Es ist meine Schuld: um diese Uhrzeit besuchen nur die Fußpfleger solche Leute. Ich ließ mir das gesagt sein.
So wie ich dich kenne, hättest du bestimmt an meiner Stelle nicht gewagt, noch einmal in diese Häuser zu gehen und dich den spöttischen Blicken des Lakaienpacks zu stellen. Schön, ich bin noch am gleichen Tag nachmittags dreist dorthin zurückgekehrt und habe die Dienstboten gebeten, mich zu ihren Herren zu führen, immer im Namen des Pfarrers von Saint-Nizier. Es war ein Glück für mich, tapfer gewesen zu sein: die beiden Herren waren zu sprechen, und ich wurde sofort vorgelassen. Ich erlebte zwei Männer und zwei recht verschiedene Aufnahmen. Der Graf in der Rue de Lille empfing mich sehr kühl. Seine lange hagere Gestalt, ernsthaft bis zur Feierlichkeit, schüchterte mich sehr ein, und ich brachte keine vier Worte raus. Er seinerseits sagte kaum etwas zu mir. Er sah sich den Brief des Pfarrers von Saint-Nizier an, steckte ihn in seine Tasche, bat mich, ihm meine Adresse zu hinterlassen, und verabschiedete mich mit eisiger Miene und den Worten: ›Ich werde mich Ihrer annehmen; Sie brauchen nicht wiederzukommen. Ich finde etwas für Sie, ich werde Ihnen schreiben.‹
Der Teufel hole den Mann! Ich verließ ihn, bis ins Mark erstarrt. Zum

Glück war die Art und Weise, wie ich in der Rue Saint-Guillaume aufgenommen wurde, dazu angetan, mir das Herz wieder zu erwärmen. Dort traf ich den heitersten, strahlendsten, dickbäuchigsten und liebenswürdigsten Herzog der Welt an. Und wie gern er ihn hatte, seinen geliebten Pfarrer von Saint-Nizier! Und alles, was von ihm kam, konnte sicher sein, in der Rue Saint-Guillaume gut aufgenommen zu werden! . . . Ach! der gute Mann! der treffliche Herzog! Wir waren sofort Freunde. Er bot mir eine Prise Tabak mit Bergamottegeschmack an, zupfte mich am Ohrläppchen und schickte mich mit einem Klaps auf die Backe und den köstlichen Worten wieder weg: ›Ich nehme mich Ihrer Angelegenheit an. In Kürze habe ich, was Sie brauchen. Bis dahin besuchen Sie mich doch so oft Sie wollen.‹
Entzückt ging ich von dannen.

Aus Takt ließ ich mich zwei Tage nicht wieder sehen. Erst am dritten Tag machte ich mich wieder auf den Weg in das Adelshaus in der Rue Saint Guillaume. Ein langer Kerl in Blau und Gold fragte mich nach meinem Namen. Ich antwortete etwas von oben herab: ›Melden Sie, ich komme im Namen des Pfarrers von Saint-Nizier.‹

Nach einer Weile kam er wieder.

›Der Herzog ist sehr beschäftigt. Er bittet den Herrn, ihn zu entschuldigen und an einem anderen Tag wieder vorsprechen zu wollen.‹

Und ob ich ihn entschuldigte, diesen armen Herzog!
Am andern Tag kam ich zur gleichen Stunde wieder. Ich fand den langen Kerl in Blau und Gold wie einen Ara auf der Freitreppe hockend. Sobald er mich von weitem erblickte, sagte er mir ernst: ›Der Herzog ist ausgegangen.‹
›Gut, schön!‹ erwiderte ich, ›ich werde wiederkommen. Richten Sie ihm aus, bitte, der Herr sei im Namen des Pfarrers von Saint-Nizier da gewesen.‹
Am andern Tag kam ich wieder; auch an den folgenden Tagen; doch immer mit dem gleichen Mißerfolg. Einmal war der Herzog im Bad, ein anderes Mal in der Messe, einen Tag auf dem Ballplatz, dann wieder hatte er Gäste. — Hatte er Gäste! Was für eine Ausdrucksweise. Ja und ich, bin ich nicht auch ein Gast?
Zum Schluß kam ich mir so lächerlich vor mit meinem ewigen: ›Ich komme im Namen des Pfarrers von Saint-Nizier‹, daß ich nicht mehr zu sagen wagte, in wessen Namen ich kam. Doch der große blaue Ara auf der Freitreppe ließ mich nie weggehen, ohne mir nachzurufen, unerträglich ernst und gemessen: ›Monsieur, Sie kommen doch bestimmt im Namen des Pfarrers von Saint-Nizier?‹ Und darüber mußten die anderen blauen Aras schrecklich lachen, die in den Höfen einherstolzierten. Ihr Spitzbuben! Hätte ich ihnen doch eine Tracht Prügel in meinem eigenen Namen verabreichen können und nicht im Namen des Pfarrers von Saint-Nizier!
Ich war etwa zehn Tage in Paris und ließ den Kopf hängen, als ich abends von einem dieser Besuche in der Rue Saint-Guillaume zurückkehrte — ich hatte mir geschworen, so lange dorthin zu gehen, bis man mich vor die Türe setzen würde —, da fand ich beim Pförtner einen Brief für mich. Rate von wem? ... Einen Brief des Grafen, mein Lieber, des Grafen in der Rue de Lille, der mich aufforderte, ich solle mich unverzüglich bei seinem Freund, dem Marquis von Hacqueville, vorstellen. Er suche einen Sekretär ... Stell dir meine Freude vor! Und das war eine Lehre für mich. Dieser kalte und nüchterne Mann, auf den ich kaum zählte, ausgerechnet er kümmerte sich um mich, während ich mir bei dem anderen, der so überaus freundlich gewesen war, seit acht Tagen auf seiner Freitreppe die Beine in den Bauch stehen durfte, dem unverschämten Gelächter seiner blauen und goldenen Aras genauso preisgegeben wie der Pfarrer von Saint-Nizier ... So ist das Leben, mein Lieber, und in Paris lernt man es schnell kennen.
Ohne eine Minute Zeit zu verlieren, eilte ich zu dem Marquis von Hacqueville. Ich traf einen kleinen Alten an, quicklebendig, hager, rüstig, flink

und munter wie eine Biene. Du wirst sehen, was für ein netter Kerl er ist. Ein Aristokratenkopf, fein und blaß, borstige Haare, die senkrecht wie Kegel in die Höhe stehen, nur noch ein Auge; das andere verlor er durch einen Degenstoß, was schon lange her ist. Doch das Auge, das er behalten hat, ist so strahlend, so lebendig, so sprechend, so prüfend, daß man nicht sagen kann, der Marquis sei einäugig. Er hat zwei Augen in ein und demselben, das ist alles. Als ich vor diesem merkwürdigen kleinen Alten stand, leierte ich zunächst einige bei solchen Gelegenheiten angebrachte Redensarten herunter, doch er unterbrach mich sofort.

›Keine Phrasen!‹ sagte er zu mir. ›Das schätze ich nicht. Kommen wir zur Sache. Ich habe mir vorgenommen, meine Memoiren zu schreiben. Leider habe ich etwas spät damit begonnen, und ich habe keine Zeit mehr zu verlieren, da ich anfange, mich alt zu fühlen. Ich habe mir ausgerechnet — wenn ich jeden Augenblick ausnutze —, daß ich noch drei Jahre Zeit brauche, um mein Werk zu vollenden. Ich bin siebzig Jahre alt, meine Beine wollen nicht mehr, doch mein Kopf ist hell wach. Ich kann also hoffen, noch drei Jahre weiterzuleben und meine Memoiren zu einem guten Ende zu führen. Allerdings habe ich nicht eine überflüssige Minute; und das hat mein Sekretär nicht begriffen. Dieser Dummkopf — ein sehr intelligenter Junge, von dem ich recht angetan war — hat es sich einfallen lassen, sich zu verlieben und heiraten zu wollen. Soweit ist nichts dagegen einzuwenden. Aber heute morgen kommt dieser Halunke doch tatsächlich und bittet um zwei Tage Urlaub für die Hochzeit. Ja eben, zwei Tage Urlaub! Nicht eine Minute!‹

›Aber, Herr Marquis . . .‹ — ›Es gibt kein aber, Herr Marquis! . . . Wenn Sie für zwei Tage weggehen, werden Sie überhaupt gehen.‹ — ›Ich gehe, Herr Marquis.‹ — ›Gute Reise!‹

›Und schon ist der Spitzbube auf und davon . . . Nun rechne ich auf Sie, mein lieber Junge, als Ersatz für ihn. Folgende Bedingungen: Der Sekretär kommt morgens um acht Uhr zu mir; er bringt sein Mittagessen mit. Ich diktiere bis zwölf Uhr. Um zwölf Uhr ißt der Sekretär allein, denn ich esse nie um diese Zeit. Nach dem Essen des Sekretärs, das sehr kurz sein muß, begeben wir uns wieder an die Arbeit. Wenn ich ausfahre, begleitet mich der Sekretär; er hat Bleistift und Papier dabei. Ich diktiere immer: im Wagen, auf dem Spaziergang, auf Besuch, überall! Am Abend ißt der Sekretär mit mir zusammen. Nach dem Essen lesen wir noch einmal durch, was ich am Tag diktiert habe. Um acht Uhr gehe ich zu Bett, und der Sekretär ist frei bis zum nächsten Morgen. Ich zahle hundert Francs im Monat. Das ist

nicht viel, doch wenn ich in drei Jahren die Memoiren beendet habe, gibt es ein Geschenk, und zwar ein königliches Geschenk, bei der Ehre der von Hacqueville! Ich verlange, daß man genau und pünktlich ist, sich nicht verheiratet und nach Diktat sehr rasch schreiben kann. Können Sie nach Diktat schreiben?‹ ›Ja! Ausgezeichnet, Herr Marquis‹, antwortete ich und hätte am liebsten gelacht.
Es war in der Tat sehr komisch, daß sich das Schicksal offenbar darauf versteifte, mich mein ganzes Leben lang nach Diktat schreiben zu lassen.
›Also schön‹, fuhr der Marquis fort. ›Setzen Sie sich dorthin. Hier ist Papier und Tinte. Wir wollen gleich arbeiten. Ich bin bei Kapitel XXIV: *Meine Auseinandersetzungen mit Monsieur de Villèle.* Schreiben Sie . . .‹
Und schon fängt er an, mir zu diktieren mit einer dünnen Stimme wie eine Grille, und er hüpft dabei von einer Ecke des Zimmers in die andere.
So kam es, mein lieber Daniel, daß ich in die Dienste dieses Originals getreten bin, der im Grunde genommen ein vortrefflicher Mann ist. Bis jetzt kommen wir sehr gut aus; als er gestern abend von deiner Ankunft erfuhr, wollte er, daß ich für dich diese Flasche sehr alten Wein mitnehme. Jeden Abend bringt man uns so eine zum Essen, nur um dir zu zeigen, daß wir gut essen. Morgens nehme ich ja mein Essen mit; und du würdest lachen, könntest du mich meinen italienischen Käse für zwei Sous von einem schönen Moustiersteller essen sehen auf einem Tischtuch mit Wappen. Der gute Marquis macht das nicht etwa aus Geiz, sondern um seinem alten Koch, Monsieur Pilois, die Anstrengung zu ersparen, mir ein Mittagessen zubereiten zu müssen. Kurz und gut, das Leben, das ich führe, ist nicht unangenehm. Die Memoiren des Marquis sind sehr lehrreich; über Monsieur Decazes und Monsieur de Villèle erfahre ich eine Menge Dinge, die mir bestimmt eines Tages nützlich sein werden. Um acht Uhr abends bin ich frei. Ich gehe in einen Lesesaal Zeitungen lesen oder aber ich schaue bei unserem Freund Pierrotte kurz rein . . . Kannst du dich an Freund Pierrotte erinnern? Weißt du noch? Pierrotte aus den Cevennen, der Milchbruder unserer Mutter? Heute ist Pierrotte nicht mehr Pierrotte: er ist von Kopf bis Fuß ›Monsieur‹ Pierrotte. Er besitzt ein schönes Porzellangeschäft in der Passage du Saumon; und da er Madame Eyssette sehr gern gehabt hat, steht mir sein Haus weit offen. An den Winterabenden war es eine Zuflucht . . . Doch jetzt bist du ja da, und ich werde an meinen Abenden nicht mehr verlassen sein . . . Und du auch nicht, Brüderchen, nicht wahr? O Daniel, mein lieber Daniel, wie froh ich bin! Wie glücklich werden wir sein! . . .«

III *Meine Mutter Jacques*

Jacques hat seine Odyssee beendet, nun bin ich an der Reihe. Das Feuer, das ausgeht, mag uns noch so viel Zeichen machen: ›Geht schlafen, meine Kinder‹, die Kerzen können noch so laut rufen: ›Zu Bett! Zu Bett! Wir sind bis auf die Leuchterteller heruntergebrannt.‹ — ›Wir hören nicht auf euch‹, sagt Jacques lachend zu ihnen, und wir setzen unser Nachtgespräch fort.

Ihr versteht doch! Was ich meinem Bruder erzähle, interessiert ihn sehr. Ich spreche vom Leben des kleinen Dingsda am Gymnasium von Sarlande, von diesem traurigen Leben, an das der Leser sich bestimmt erinnert. Da ist die Rede von den häßlichen und grausamen Kindern, den Verfolgungen, dem Haß, den Erniedrigungen, den ständig erzürnten Schlüsseln von Monsieur Viot, dem kleinen Zimmer unter dem Dach, wo man erstickte, den Treulosigkeiten, dem Verrat, den nächtlichen Tränen; und schließlich auch — denn Jacques ist so gütig, daß man ihm alles sagen kann — von den Ausschweifungen im Café Barbette, vom Absinth mit den Korporalen, den Schulden, der Selbstaufgabe, kurz, von allem bis hin zum Selbstmord und der schrecklichen Prophezeiung Abbé Germanes: »Du wirst dein ganzes Leben ein Kind bleiben!«

Die Ellenbogen auf den Tisch, den Kopf in die Hände gestützt, hört sich Jacques meine Beichte bis zum Schluß an, ohne mich zu unterbrechen. Von Zeit zu Zeit sehe ich ihn erschauern und höre ihn murmeln: »Armer Kleiner! Armer Kleiner!«

Als ich fertig bin, steht er auf, nimmt meine beiden Hände und sagt mit sanfter zitternder Stimme zu mir: »Abbé Germane hatte recht; siehst du, Daniel, du bist ein Kind, ein kleines Kind, das unfähig ist, allein durch das Leben zu gehen, und du hast gut daran getan, dich zu mir zu flüchten. Von heute an bist du nicht nur mein Bruder, du bist auch mein Sohn, und da unsere Mutter nicht da ist, werde ich sie ersetzen. Sag, Daniel, möchtest du das? Soll ich deine Mutter Jacques sein? Ich werde dir bestimmt nicht sehr zur Last fallen. Laß mich immer an deiner Seite gehen und dich bei der Hand halten, das ist alles, worum ich dich bitte. Dann kannst du ganz ruhig sein und dem Leben ins Gesicht blicken wie ein Mann: es wird dich nicht zermalmen.«

Statt jeder Antwort springe ich ihm an den Hals: »O meine Mutter Jacques, wie gut du bist!« — Und nun weine ich heiße Tränen und kann nicht mehr aufhören, genau wie Jacques früher in Lyon. Der Jacques von heute weint nicht mehr; die Quelle ist versiegt, wie man so schön sagt. Was auch kommen mag, er wird nie mehr weinen.

In diesem Augenblick schlägt es sieben Uhr. Die Fenster werden hell. Ein bleicher Schimmer dringt zaghaft in das Zimmer.

»Es ist Tag, Daniel«, sagt Jacques. »Es ist Zeit zu schlafen. Leg dich schnell hin ... Du mußt es nötig haben!«

»Und du, Jacques?«

»Ach ich! Ich habe nicht zwei Tage Eisenbahn in den Knochen ... Ehe ich zu dem Marquis gehe, muß ich übrigens rasch noch ein paar Bücher in den Lesesaal zurückbringen, ich muß mich beeilen. Du weißt, de Hacqueville versteht da keinen Spaß ... Heute abend um acht Uhr komme ich nach Hause. Wenn du gut geschlafen hast, kannst du ein bißchen ausgehen. Ich lege dir vor allem ans Herz ...«

Und nun gibt mir meine Mutter Jacques einen Haufen Ratschläge, die für einen Neuankömmling wie mich sehr wichtig sind; doch während er sie mir erteilt, habe ich mich leider schon ins Bett gelegt, und ohne daß ich richtig schlafe, sind meine Gedanken doch nicht mehr ganz klar. Die Müdigkeit, die Pastete, die Tränen ... Ich bin schon dreiviertel eingeschlummert ... Ich höre undeutlich jemanden von einem Restaurant ganz in der Nähe sprechen, von Geld in meiner Weste, von Brücken, über die ich gehen, von Boulevards, denen ich folgen soll, von Stadtpolizisten, die man fragen kann, und vom Glockenturm von Saint-Germain-des-Prés als Orientierungspunkt. In meinem Halbschlaf beeindruckt mich vor allem der Glokkenturm von Saint-Germain. Ich sehe zwei, fünf, zehn Glockentürme von Saint-Germain rund um mein Bett stehen wie Wegweiser. Zwischen allen diesen Glockentürmen geht jemand im Zimmer hin und her, schürt das Feuer, zieht die Fenstervorhänge zu, kommt noch einmal zu mir, legt mir einen Mantel auf die Füße, küßt mich auf die Stirn, entfernt sich und macht leise die Türe zu ...

Ich schlief schon ein paar Stunden, und ich glaube, ich hätte bis zur Rückkehr von Mutter Jacques geschlafen, wenn mich nicht jäh das Läuten einer Glocke geweckt hätte. Das war die Glocke von Sarlande, die furchtbare Eisenglocke, die wie früher läutete: ›Bim, bam! Aufwachen! Bim, bam! Anziehen!‹ Mit einem Satz stand ich mitten im Zimmer mit geöffnetem Mund, um wie im Schlafsaal zu brüllen: »Also los, meine Herren!« Als ich dann merkte, daß ich bei Jacques war, mußte ich laut lachen und fing an, tolle Luftsprünge durch das Zimmer zu machen. Was ich für die Glocke von Sarlande gehalten hatte, war die Glocke einer benachbarten Werkstatt, die laut und grimmig klingelte wie die dortige. Immerhin klang die Glocke des Gymnasiums irgendwie bösartiger, höllischer. Zum Glück war sie zweihundert Meilen weit weg; und wenn sie auch noch so laut läutete, ich konnte sie nicht hören.

Ich trat ans Fenster und öffnete es. Eigentlich war ich darauf gefaßt, unter mir den Hof der Oberstufe mit seinen melancholischen Bäumen und den Mann mit den Schlüsseln zu sehen, der dicht an den Mauern entlangeilte ... Als ich öffnete, schlug es gerade überall zwölf Uhr mittags. Der dicke Turm von Saint-Germain war der erste, der mit seinen zwölf Schlägen den Angelus einläutete, dicht an meinem Ohr. Durch das offene Fenster fielen die dicken, schweren Töne drei und drei in das Zimmer von Jacques, zerplatzten am Boden wie klingende Blasen und erfüllten den ganzen Raum mit ihren Tönen. Den Angelus von Saint-Germain beantworteten die anderen Glockentürme von Paris mit ganz verschiedenen Klangfarben. Ganz tief unten brummte Paris, unsichtbar ... Ich verweilte dort einen Augenblick und sah im Licht die Kuppeln, die Pfeiler, die Türme leuchten; und als das Lärmen der Stadt so bis zu mir heraufdrang, überkam mich plötzlich ein unbändiges Verlangen, in diesen Lärm, diese Menschenmenge, dieses Leben, diese Leidenschaften einzutauchen, mich darin zu wälzen, und ich sagte zu mir wie trunken: ›Los, ich will mir Paris anschauen!‹

IV *Die Budgetberatung*

An jenem Tag mag sich manch ein Bewohner von Paris abends beim Nachhausekommen, als er zu Tisch ging, gesagt haben: ›Was für einen merkwürdigen kleinen Kerl ich doch heute getroffen habe!‹ In der Tat mußte der kleine Dingsda mit seinen zu langen Haaren, der zu kurzen Hose, Gummischuhen, den blauen Strümpfen, mit seinem Hauch von Provinz und mit diesem feierlichen Gang, wie er allen Menschen eigen ist, die zu klein sind, ganz und gar lächerlich wirken.
Es war gerade ein Tag gegen Ende des Winters, einer jener lauen und klaren, strahlenden Tage, die in Paris oft frühlingshafter sind als der Frühling selbst. Viele Menschen waren unterwegs. Etwas benommen von dem lauten Treiben der Straße, lief ich eingeschüchtert immer geradeaus, dicht an den Mauern entlang. Ich wurde gestoßen, ich sagte ›Entschuldigung‹ und wurde ganz rot. Ich hütete mich auch, vor den Geschäften stehen zu bleiben,

und um nichts in der Welt hätte ich nach dem Weg gefragt. Ich ging eine Straße hinunter, dann eine andere, immer ganz gerade aus. Man schaute mich an, ich wurde sehr verlegen. Da waren Leute, die sich nach mir umdrehten, kaum daß sie an mir vorbei waren, und Augen, die lachten, wenn sie an mir vorübergingen; einmal hörte ich eine Frau zu einer anderen sagen: »Schau dir den mal an!« Da stolperte ich . . . Was mich auch störte, das war der strenge prüfende Blick der Stadtpolizisten. An allen Straßenecken legte sich dieser stumme Blick voller Neugier auf mich: und wenn ich an ihm vorübergegangen war, fühlte ich ihn noch, wie er mir von ferne folgte, und er brannte im Rücken. Im Grunde war ich wohl etwas bange.

Ich lief so ungefähr eine Stunde, bis ich an einen großen Boulevard mit schmächtigen Bäumen kam. Dort waren so viele Menschen, so viele Wagen, es herrschte ein solcher Lärm, daß ich fast erschrocken stehenblieb.

Wie soll ich hier wieder herauskommen? dachte ich bei mir. — Wie nach Hause zurückfinden? Wenn ich nach dem Kirchturm von Saint-Germain frage, macht sich alles über mich lustig. Ich sähe aus wie eine verirrte Glokke, die am Ostertag aus Rom zurückkommt.

Um in Ruhe einen Entschluß zu fassen, blieb ich vor den Theaterplakaten stehen mit der geschäftigen Miene eines Mannes, der seinen Schauspielplan für den Abend zusammenstellt. Leider gaben die ansonsten hochinteressanten Plakate keinerlei Auskunft über den Kirchturm von Saint-Germain, und ich hätte dort sicher noch beim großen Trompetenstoß des Jüngsten Gerichts gestanden, wäre nicht plötzlich meine Mutter Jacques neben mir erschienen.

Er war ebenso erstaunt wie ich.

»Wie denn! du, Daniel! Großer Gott, was machst du denn hier?«

Ich antwortete etwas lässig: »Das siehst du doch! Ich gehe spazieren.«

Der gute Jacques schaute mich voller Bewunderung an: Der ist eben wirklich schon ein echtes Pariser Kind.

Im Grund war ich sehr glücklich, daß er da war, und ich hängte mich an seinen Arm mit einer kindlichen Freude wie damals in Lyon, als Monsieur Eyssette senior uns am Schiff abholen kam.

»Wirklich gut, daß wir uns getroffen haben!« sagte Jacques zu mir. »Mein Marquis ist völlig heiser, und da man glücklicherweise mit Gesten nicht diktieren kann, hat er mir bis morgen freigegeben . . . Wir wollen das ausnutzen und einen großen Spaziergang machen.«

Mit diesen Worten zieht er mich mit sich fort; und schon sind wir auf dem

Bummel durch Paris, eng aneinandergeschmiegt und ganz stolz, zusammen durch die Stadt zu laufen.

Nun mein Bruder bei mir ist, flößt mir die Straße weniger Angst ein. Ich gehe erhobenen Hauptes einher, dreist wie ein Trompeter von den Zuaven, so nach dem Motto: weh dem, der lacht! Eins beunruhigt mich jedoch. Unterwegs schaut mich Jacques mehrmals mit einem betrübten Gesicht an. Ich wage ihn nicht nach dem Grund zu fragen.

»Weißt du, daß deine Gummischuhe ganz nett sind?« sagt er nach einer Weile. — »Nicht wahr, Jacques?«

»Ja, wirklich, sehr nett ...« Und dann fügt er lächelnd hinzu: »Laß nur, wenn ich reich bin, kaufe ich dir ein Paar gute Schuhe.«

Armer lieber Jacques! Er hat das ohne Hintergedanken gesagt, doch das reicht, um mich aus der Fassung zu bringen. Nun sind meine ganzen Hemmungen wieder da. Auf diesem großen Boulevard, der in der klaren Sonne glänzt, komme ich mir lächerlich vor mit meinen Gummischuhen, und was Jacques auch zugunsten meines Schuhwerks sagen mag, ich will auf der Stelle nach Hause gehen.

Wir gehen nach Hause, setzen uns an den Kamin, und der Rest des Tages vergeht, indem wir munter miteinander schwatzen wie zwei Spatzen in der Dachrinne ... Gegen Abend klopft es an der Türe. Es ist ein Diener des Marquis mit meinem Koffer.

»Sehr gut!« sagte meine Mutter Jacques. »Wir wollen deine Garderobe ein bißchen mustern.«

Verdammt! Meine Garderobe! ...

Die Musterung beginnt. Ihr hättet unsere traurig-komischen Gesichter während dieser kläglichen Inventur sehen sollen. Jacques kniet vor dem Koffer, zieht die Gegenstände nacheinander heraus und sagt sie laut der Reihe nach an.

»Ein Wörterbuch ... eine Krawatte ... noch ein Wörterbuch ... Sieh mal an, eine Pfeife ... Du rauchst also! ... Noch eine Pfeife ... Meine Güte! So viele Pfeifen! Wenn du doch ebenso viele Socken hättest ... Und das dicke Buch, was ist das? ... Oh! Oh! ... *Strafheft ... Boucoyran 500 Zeilen ... Soubeyrol 400 Zeilen ... Boucoyran 500 Zeilen ... Boucoyran ... Boucoyran ...* Verflixt nochmal, diesen sogenannten Boucoyran hast du nicht gerade geschont ... Sei's drum! Zwei oder drei Dutzend Hemden kämen uns gelegener.« An dieser Stelle des Inventars stieß meine Mutter Jacques einen Schrei aus ...

»Erbarmen! Daniel . . . was sehe ich da? Verse! Das sind ja Verse . . . Machst du immer noch welche? Du Geheimniskrämer! Warum hast du mir in deinen Briefen nie etwas davon geschrieben? Du weißt doch schließlich, daß ich kein Laie auf dem Gebiet bin. Ich habe früher selbst Gedichte geschrieben . . . Erinnerst du dich an ›Religion! Religion! Gedicht in zwölf Gesängen!‹ . . . Nun, Herr Poet, laß ein wenig deine Dichtung sehen! . . .«
»Ach nein, Jacques, ich bitte dich. Das lohnt sich nicht.«
»Sie sind alle gleich, diese Poeten«, sagt Jacques lachend. »Los, setz dich dorthin und lies mir deine Verse vor, sonst werde ich sie selbst lesen, und du weißt ja, ich lese schlecht!«
Diese Drohung bestimmt mich, mit meiner Lesung zu beginnen.
Es sind Verse, die ich im Gymnasium von Sarlande gemacht habe, unter den Kastanien der Prairie, während ich die Schüler beaufsichtigte . . . Gute oder schlechte? Ich kann mich kaum noch erinnern; doch beim Lesen bin ich sehr bewegt! Bedenkt doch! Gedichte, die ich niemals irgend jemandem gezeigt habe . . . Und dann ist der Verfasser von *Religion! Religion!* schließlich nicht irgendein Kritiker. Wenn er sich über mich lustig machen würde? Doch je länger ich lese, um so mehr berauscht mich die Musik der Reime, und meine Stimme wird immer sicherer. Jacques sitzt vor dem Fenster und hört mir zu, ganz gelassen. Hinter ihm am Horizont geht eine große rote Sonne unter, die unsere Fensterscheiben in Brand setzt. Am Rand des Dachs gähnt eine magere Katze und streckt sich, während sie uns ansieht; sie schaut verdrießlich drein wie ein ständiges Mitglied der Comédie-Française, das sich eine Tragödie anhört . . . Das alles sehe ich mit einem Seitenblick, ohne meine Lesung zu unterbrechen.
Unverhoffter Triumph! Kaum bin ich fertig, verläßt Jacques seinen Platz am Fenster und fällt mir um den Hals!
»O Daniel! Ist das schön! Ist das schön!«
Ich schaue ihn etwas mißtrauisch an.
»Findest du wirklich, Jacques? . . .« — »Herrlich, mein Lieber, herrlich! . . . Wenn ich bedenke, daß du alle diese Reichtümer in deinem Koffer hattest, ohne mir etwas davon zu sagen. Das ist unerhört!«
Und nun geht meine Mutter Jacques mit großen Schritten im Zimmer auf und ab und redet gestikulierend mit sich selbst. Plötzlich bleibt er stehen und setzt eine feierliche Miene auf: »Es gibt keinen Zweifel: Daniel, du bist ein Dichter, du mußt ein Dichter bleiben und deine Lebensaufgabe in dieser Richtung suchen.« — »Ach, Jacques! Das ist sehr schwer . . . Vor al-

lem der Anfang. Man verdient so wenig.« — »Ach was! Ich werde für zwei verdienen, da brauchst du keine Angst zu haben.« — »Und das Heim, Jacques, das Heim, das wir wieder aufbauen wollen?« — »Das Heim, das übernehme ich. Ich fühle mich stark genug, es wieder aufzubauen, und zwar ganz allein. Du wirst es dann berühmt machen, und du kannst dir denken, wie stolz unsere Eltern sein werden, in einem solchen Heim zu leben . . .«
Ich versuche, noch einige Einwendungen zu machen; doch Jacques weiß auf alles eine Antwort. Überdies wehre ich mich nur schwach, wie ich zugeben muß. Die brüderliche Begeisterung steckt mich an. Mein poetischer Eifer treibt mich sichtlich, und ich fühle in mir schon so etwas wie eine Lamartinesche Anwandlung . . . In einem Punkt aber sind Jacques und ich uns überhaupt nicht einig. Jacques möchte, daß ich mit fünfunddreißig Jahren in die Académie française eintrete. Ich aber weigere mich energisch. Zum Teufel mit der Akademie! Sie ist alt, überholt, eine verfluchte ägyptische Pyramide.
»Ein Grund mehr, dort einzutreten«, meint Jacques. »Du bringst etwas junges Blut in die alten Adern all dieser Greise vom Palais Mazarin . . . Und außerdem würde Madame Eyssette so glücklich darüber sein, stell dir das doch vor.«
Was sollte ich darauf antworten? Der Name von Madame Eyssette ist ein Argument, gegen das sich nichts einwenden läßt. Ich muß mich darein schicken, den grünen Frack der Akademie anzulegen. Sei's drum! Wenn meine Kollegen mich allzu sehr langweilen, mache ich es wie Mérimée, ich gehe einfach nicht mehr zu den Sitzungen.
Über diesem Gespräch ist die Dunkelheit hereingebrochen, die Glocken von Saint-Germain läuten fröhlich, so, als wollten sie den Eintritt von Daniel Eyssette in die Académie française feiern. »Gehen wir essen!« sagt meine Mutter Jacques; ganz stolz, sich mit einem Mitglied der Akademie zu zeigen, führt er mich in eine Milchstube in der Rue Saint-Benoît.
Das ist ein kleines Restaurant für arme Leute mit einem Stammtisch im hinteren Saal. Wir essen im ersten Raum unter sehr schäbig gekleideten, sehr hungrigen Leuten, die schweigend ihre Teller auskratzen. »Das sind fast alles Schriftsteller«, sagt Jacques leise zu mir. Ich kann nicht umhin, für mich selbst ein paar melancholische Überlegungen hierüber anzustellen; doch ich hüte mich wohl, sie Jacques mitzuteilen aus Angst, seine Begeisterung könnte sich abkühlen.
Das Essen ist sehr fröhlich. Monsieur Daniel Eyssette — von der Académie

française — legt viel Schwung und noch mehr Appetit an den Tag. Nach der Mahlzeit beeilen wir uns, wieder in den Glockenturm hinaufzusteigen; und während das Mitglied der Akademie rittlings auf dem Fenster sitzend seine Pfeife raucht, vertieft sich Jacques am Tisch in eine große Zahlenarbeit, die ihn sehr zu beunruhigen scheint. Er kaut an den Nägeln, rutscht aufgeregt auf seinem Stuhl hin und her, nimmt zum Rechnen die Finger und steht dann plötzlich mit einem Triumphschrei auf.

»Bravo! ... Ich hab's geschafft!« — »Was, Jacques?« — »Unser Budget aufzustellen, mein Lieber. Und ich kann dir sagen, das war keine Kleinigkeit. Überlege mal! Sechzig Francs im Monat für zwei! ...« — »Wieso sechzig? ... Ich dachte, du verdienst hundert Francs bei dem Marquis.« — »Ja! Aber davon gehen vierzig Francs im Monat an Madame Eyssette für den Wiederaufbau des Heims ... Bleiben also noch 60 Francs. Wir zahlen fünfzehn Francs für das Zimmer; du siehst, das ist nicht teuer; ich muß eben nur das Bett selbst machen.«

»Ich werde es auch machen, Jacques.« — »Nein, nein. Für ein Mitglied der Akademie schickt sich das nicht. Doch zurück zum Budget ... Also fünfzehn Francs Miete, fünf Francs Kohlen — nur fünf Francs, weil ich sie selbst jeden Monat am Werk hole —, bleiben noch vierzig Francs. Zum Essen für dich rechnen wir dreißig Francs. Du kannst in die Milchstube gehen, wo wir heute abend waren, dort macht es fünfzehn Sous ohne Nachtisch, und du hast gesehen, es ist nicht allzu schlecht. Dann bleiben dir noch fünf Sous für mittags. Reicht das?« — »Natürlich.«

»Wir haben noch zehn Francs. Für die Wäscherei rechne ich sieben Francs ... Zu schade, daß ich keine Zeit habe! Ich würde sonst selbst zum Waschboot gehen ... Es sind noch drei Francs übrig, die ich folgendermaßen aufteile: dreißig Sous für meine Mittagsmahlzeit ... Verstehst du, ich bekomme jeden Tag bei meinem Marquis eine gute Mahlzeit und brauche kein so gehaltvolles Mittagessen wie du. Die letzten dreißig Sous sind für Nebenausgaben, Tabak, Briefmarken und andere unvorhergesehene Dinge. Das macht genau sechzig Francs ... Nun? Ist das gut gerechnet?«

Und Jacques hüpft begeistert im Zimmer herum; dann bleibt er plötzlich stehen und schaut bestürzt drein.

»Also gut! Das Budget muß noch einmal aufgestellt werden ... Ich habe etwas vergessen.« — »Und was?« — »Ja, die Kerze! ... Wie willst du abends arbeiten, wenn du keine Kerze hast? Das ist eine unumgängliche Ausgabe, und zwar eine Ausgabe von mindestens fünf Francs im Monat

...Wo könnten wir diese fünf Francs locker machen? Das Geld für das Heim ist unantastbar, und unter keinem einzigen Vorwand ... Ach, siehst du! Ich hab's raus! Der Monat März steht vor der Türe und mit ihm der Frühling, die Wärme, die Sonne.«

»Na und, Jacques?« — »Na und, Daniel, wenn es warm ist, braucht man keine Kohlen: das macht fünf Francs, die wir in fünf Francs für Kerzen verwandeln; und schon ist das Problem gelöst ...Was hältst du davon? Diesmal hat das Budget Hand und Fuß, und ich glaube, wir haben nichts vergessen ... Da ist zwar noch das Problem der Schuhe und der Kleider, aber ich weiß, was ich tun werde ... Jeden Tag bin ich abends ab acht Uhr frei; ich werde mir eine Stelle als Buchhalter bei irgendeinem kleinen Kaufmann suchen. Bestimmt wird Freund Pierrotte leicht etwas für mich finden.«

»Ach richtig, Jacques, ihr seid also eng befreundet, du und Freund Pierrotte? ... Gehst du oft hin?« — »Ja, sehr oft. Abends wird dort musiziert.« — »Sieh mal an. Pierrotte ist musikalisch.« — »Nein! Nicht er, seine Tochter.« — »Seine Tochter! ... Er hat eine Tochter? ... Ei, ei, Jacques! ... Ist sie hübsch, Mademoiselle Pierrotte?«

»Ach! Du stellst mir zu viele Fragen auf einmal, mein kleiner Daniel ... Ein andermal werde ich dir darauf antworten. Jetzt ist es schon spät; wir wollen schlafen gehen.«

Und um zu verbergen, wie verlegen ihn meine Fragen gemacht haben, fängt Jacques an, die Bettücher glattzustreichen, sorgfältig wie eine alte Jungfer. Es ist ein Eisenbett für eine Person, so ähnlich wie das, in dem wir beide in Lyon, Rue Lanterne, geschlafen haben.

»Erinnerst du dich noch an unser kleines Bett in der Rue Lanterne, Jacques, wenn wir heimlich Romane lasen und Monsieur Eyssette uns von seinem Bett aus mit seiner lautesten Stimme zurief: ›Macht sofort das Licht aus, oder ich stehe auf!‹«

Jacques erinnert sich daran und auch an viele andere Dinge ... So geht es von einer Erinnerung zur anderen, und als Saint-Germain Mitternacht schlägt, denken wir noch nicht daran zu schlafen.

»Los! ... Gute Nacht!« sagt Jacques entschlossen zu mir.

Doch nach fünf Minuten höre ich ihn unter der Decke losprusten.

»Worüber lachst du, Jacques? ...« — »Ich lache über Abbé Micou, weißt du noch, den Abbé Micou von der Singschule ... Entsinnst du dich?« — »Richtig! ...«

Und schon lachen und lachen wir wieder, schwatzen und schwatzen ...

Diesmal bin ich es, der vernünftig ist und sagt: »Wir müssen schlafen!«
Doch kurze Zeit drauf fange ich nur um so toller wieder an: »Und Rouget, Jacques. Kannst du dich noch an ihn erinnern? ...«
Und daraufhin neues Gelächter und endloses Schwatzen ...
Plötzlich erschüttert ein heftiger Faustschlag die Wand des Alkovens neben mir. Allgemeine Bestürzung.
»Das ist Coucou-Blanc!« sagt Jacques mir leise ins Ohr.
»Coucou-Blanc! ... Was ist das?« — »Pst! ... nicht so laut! Coucou-Blanc ist unsere Nachbarin. Sie beschwert sich, daß sie unsertwegen nicht schlafen kann.«
»Sag mal, Jacques, was für einen merkwürdigen Namen hat unsere Nachbarin bloß! ... Coucou-Blanc! Ist sie jung? ...«
»Das kannst du selbst feststellen, mein Lieber. Irgendwann werdet ihr euch schon auf der Treppe begegnen. Doch bis dahin wollen wir schnell schlafen ... sonst könnte Coucou-Blanc noch einmal böse werden.«
Mit diesen Worten bläst Jacques die Kerze aus, und Monsieur Daniel Eyssette — von der Académie française — schläft auf der Schulter seines Bruders ein, so wie damals, als er zehn Jahre alt war.

V *Coucou-Blanc und die Dame vom ersten Stock*

Auf dem Platz von Saint-Germain-des-Prés ist neben der Kirche links gleich unter den Dächern ein kleines Fenster, und jedesmal wenn ich dort hinaufblicke, wird mir das Herz schwer. Das ist das Fenster unseres alten Zimmers; wenn ich heute da vorbeikomme, stelle ich mir vor, der Daniel von früher sei immer noch dort oben, sitze an seinem Tisch beim Fenster und lächle mitleidig über den traurigen und schon gebeugten Daniel von heute dort unten auf der Straße.

Ach! Alte Turmuhr von Saint-Germain, wie viele gute Stunden hast du mir geschlagen, als ich dort oben mit meiner Mutter Jacques wohnte! ... Könntest du mir nicht noch ein paar von diesen Stunden voller Mut und Jugend einläuten? Ich war so glücklich damals ... Ich arbeitete mit so viel Lust und Liebe!

Morgens standen wir auf, wenn es hell wurde. Jacques kümmerte sich sofort um den Haushalt. Er ging Wasser holen, fegte das Zimmer aus, machte Ordnung auf meinem Tisch. Ich durfte überhaupt nichts anrühren. Ich sagte zu ihm: »Jacques, kann ich dir nicht helfen?« Jacques fing an zu lachen: »Das ist doch nicht dein Ernst, Daniel. Und die Dame vom ersten Stock?« Mit diesen beiden Worten, einer Anspielung, verschloß er mir den Mund.

Hört selbst, warum.

In den ersten Tagen unseres Lebens zu zweit war es meine Aufgabe, im Hof Wasser zu holen. Zu einer anderen Tageszeit hätte ich es mir vielleicht nicht getraut! Doch morgens schlief das ganze Haus noch, und meine Eitelkeit lief nicht Gefahr, auf der Treppe mit einem Krug in der Hand angetroffen zu werden. Gleich wenn ich aufgewacht war, ging ich hinunter, kaum angezogen. Zu dieser Stunde war der Hof leer und verlassen. Manchmal reinigte ein Stallknecht in rotem Kittel seine Pferdegeschirre an der Pumpe. Das war der Kutscher der Dame vom ersten Stock, einer jungen sehr eleganten Kreolin, über den im Hause viel gesprochen wurde. Schon die Gegenwart dieses Mannes störte mich; wenn er da war, schämte ich mich, pumpte sehr rasch und ging mit halb gefülltem Krug wieder hinauf. Wenn ich dann oben war, kam ich mir sehr albern vor, was nichts daran änderte, daß ich am nächsten Morgen genauso verlegen war, wenn ich den roten Kittel im Hof entdeckte ... Eines Morgens nun, als ich das Glück gehabt hatte, diesem fürchterlichen roten Kittel zu entgehen, und munter mit hochvollem Krug wieder hinaufstieg, da sah ich mich auf der Höhe des ersten Stocks einer Dame gegenüber, die hinunterging. Das war die Dame vom ersten Stock.

Aufrecht und stolz, die Augen auf ein Buch gesenkt, schritt sie langsam in einer Fülle von Seidenstoffen dahin. Auf den ersten Blick erschien sie mir schön, wenn auch etwas blaß; was sich mir aber vor allem einprägte, war eine kleine weiße Narbe am Mundwinkel unter der Lippe. Als sie an mir vorbeiging, blickte die Dame auf. Ich stand an der Wand, meinen Krug in der Hand, ganz rot und sehr verlegen. Stellt euch vor! Wie ein Wasserträger, ungekämmt und triefend, mit bloßem Hals und halboffenem Hemd überrascht zu werden ... Was für eine Erniedrigung! Ich wäre am liebsten in die Mauer gekrochen ...

Die Dame schaute mir einen Augenblick ins Gesicht, mit einem leichten Lächeln, wie eine nachsichtige Königin, und dann ging sie vorbei. Als ich oben ankam, war ich wütend. Ich erzählte mein Erlebnis Jacques, der sich über meine Eitelkeit sehr lustig machte; doch am nächsten Tag nahm er wortlos den Krug und ging selbst hinunter. Seitdem ist er jeden Morgen in den Hof gegangen, und trotz meiner Gewissensbisse habe ich ihn gewähren lassen: ich hatte viel zuviel Angst, der Dame vom ersten Stock noch einmal zu begegnen.

Wenn der Haushalt fertig war, ging Jacques zu seinem Marquis, und ich sah ihn erst am Abend wieder. Ich verbrachte meine Tage ganz allein im Zwiegespräch mit der Muse oder dem, was ich Muse nannte. Von morgens bis abends blieb das Fenster offen, mein Schreibtisch stand davor, und an diesem Schreibtisch reihte ich von morgens bis abends Reime aneinander. Von Zeit zu Zeit kam ein Sperling und trank aus meiner Dachrinne; er schaute mich eine Weile keck an, flog dann zu den anderen und erzählte ihnen, was ich trieb; und ich konnte das trockene Scharren ihrer kleinen Füße auf den Dachschiefern hören ... Auch die Glocken von Saint-Germain statteten mir mehrmals am Tag einen Besuch ab. Ich sah es gern, wenn sie bei mir hereinschauten. Sie kamen geräuschvoll durch das Fenster und erfüllten den ganzen Raum mit Musik. Mal überstürzten sich die Sechzehntelnoten eines fröhlichen und ausgelassenen Glockenspiels, dann wieder war es dunkles und düsteres Trauergeläut, dessen Töne einzeln, einer nach dem anderen, wie Tränen herunterfielen. Da war auch noch das Angelusläuten: am Mittag, ein Erzengel im Sonnengewand, der in strahlendem Licht zu mir hereintrat; des Abends ein melancholischer Seraphim, der auf

einem Mondstrahl herabstieg und das ganze Zimmer naß machte, wenn er dort mit seinen großen Flügeln schlug . . .
Die Muse, die Spatzen, die Glocken, anderen Besuch bekam ich nie. Wer sollte auch zu mir kommen? Keiner kannte mich. In der Milchstube der Rue Saint-Benoît war ich stets bemüht, mich an einen kleinen abseitsstehenden Tisch zu setzen, fern von den anderen Leuten; ich aß rasch und schaute dabei in meinen Teller. Wenn die Mahlzeit beendet war, nahm ich verstohlen meinen Hut und ging eiligst wieder nach Hause. Nie eine Abwechslung, nie ein Spaziergang; nicht mal das Konzert im Luxembourg. Diese krankhafte Schüchternheit, die ich von Madame Eyssette geerbt hatte, wurde noch verstärkt durch meinen abgerissenen Anzug und diese unglückseligen Gummischuhe, die wir noch nicht hatten ersetzen können. Die Straße flößte mir Angst ein, ich schämte mich. Am liebsten wäre ich überhaupt nie von meinem Glockenturm heruntergekommen. Manchmal jedoch, an jenen schönen

feuchten Frühlingsabenden in Paris, begegneten mir auf dem Rückweg aus der Milchstube Schwärme frohgelaunter Studenten, und wenn ich sie so Arm in Arm mit ihren großen Hüten, ihren Pfeifen, ihren Mädchen durch die Straßen gehen sah, dann kamen mir so allerlei Gedanken ... Rasch stieg ich wieder meine fünf Stockwerke hinauf, zündete meine Kerze an und arbeitete verbissen, bis Jacques nach Hause kam.

Wenn Jacques kam, war das Zimmer wie ausgewechselt. Es war voller Frohsinn, Lärm, Leben. Wir sangen, wir lachten, wir erkundigten uns, was der andere tagsüber erlebt hatte. »Hast du gut gearbeitet?« fragte mich Jacques. »Macht dein Gedicht Fortschritte?« Dann erzählte er mir irgendwelche neuen Einfälle seines wunderlichen Marquis, zog ein paar Leckerbissen vom Nachtisch aus der Tasche, die er mir aufgehoben hatte, und freute sich, wenn er mich sie mit größtem Behagen verschmausen sah. Danach kehrte ich an die Werkbank der Reime zurück. Jacques lief zwei oder dreimal im Zimmer herum, und wenn er meinte, ich sei gut im Zuge, schlich er sich davon und sagte: »Da du doch arbeitest, gehe ich einen Augenblick *dorthin.« Dorthin,* das hieß zu Pierrotte; und wenn ihr noch nicht erraten habt, warum Jacques sich so oft *dorthin* begab, dann seid ihr wahrscheinlich nicht sehr schlau. Was mich anlangt, ich hatte alles gleich am ersten Tag begriffen; man brauchte nur zu sehen, wie er seine Haare vor dem Spiegel glatt strich, ehe er wegging, und drei- oder viermal seine Krawatte band; doch um ihn nicht in Verlegenheit zu bringen, tat ich so, als hätte ich keine Ahnung, und nahm damit fürlieb, still in mich hineinzulächeln und mir meinen Teil zu denken ...

Wenn Jacques weg war, gingen die Reime flott voran. Um diese Zeit störte mich auch nicht der leiseste Lärm; die Spatzen, das Angelusläuten, alle meine Freunde schliefen. Ein reines Zwiegespräch mit der Muse ... Gegen neun Uhr hörte ich jemand die Treppe heraufgehen — eine kleine hölzerne Treppe in Fortsetzung der großen. Das war Mademoiselle Coucou-Blanc, unsere Nachbarin, die nach Hause kam. Von diesem Augenblick an arbeitete ich nicht mehr. Mein Gehirn wanderte kühn zur Nachbarin hinüber und verhielt sich ganz still ... Wer mochte diese geheimnisvolle Coucou-Blanc sein? Es war unmöglich, auch nur die kleinste Auskunft über sie zu erhalten. Wenn ich mit Jacques darüber sprach, sah er mich etwas schelmisch an, als wollte er sagen: Wie! ... du bist unserer prachtvollen Nachbarin noch nicht begegnet? Doch mehr war nicht aus ihm herauszubekommen. Ich dachte bei mir: Er will nicht, daß ich sie kennenlerne ... Es ist bestimmt eine Grisette aus dem Quartier latin. — Und an dieser Vorstellung entzündete sich meine Phantasie. Ich stellte mir etwas Frisches, Junges, Fröhliches vor — eben eine Grisette! Sogar der Name Coucou-Blanc schien mir voller Würze zu sein, einer dieser hübschen Kosenamen wie Musette oder Mimi Pinson. Auf jeden Fall war meine Nachbarin eine sehr brave und ordentliche Musette, eine tugendhafte Musette, die jeden Abend um dieselbe Zeit nach Hause kam, und zwar immer allein. Das wußte ich, weil ich mehrere Tage hintereinander zur Stunde, da sie heimkehrte, mein Ohr an ihre Wand gelegt hatte.

Und jeden Abend hörte ich folgendes, immer dasselbe: zuerst ein Geräusch, wie wenn mehrmals eine Flasche entkorkt und wieder zugemacht wird; dann nach einer Weile, bums, das Fallen eines sehr schweren Körpers auf den Boden; und fast geichzeitig eine dünne und piepsige, sehr scharfe Stimme, die Stimme einer kranken Grille, die irgendeine Weise aus nur drei Tönen anstimmte, zum Heulen traurig. Zu dieser Weise gab es Worte, aber ich konnte sie nicht erkennen, ausgenommen die folgenden unverständlichen Silben: »Tolocototignan . . . Tolocototignan«, die ab und zu in dem Lied wieder auftauchten wie ein Refrain, der stärker hervorgehoben wurde als das übrige. Diese merkwürdige Musik dauerte ungefähr eine Stunde; dann verstummte die Musik mit dem letzten ›Tolocototignan‹; und nun hörte ich nur noch langsames und schweres Atmen . . . Das alles machte mich sehr neugierig.

Eines Morgens trat meine Mutter Jacques, der Wasser geholt hatte, mit sehr geheimnisvoller Miene ins Zimmer, kam zu mir und sagte ganz leise: »Wenn du unsere Nachbarin sehen willst . . . pst! . . . sie ist da!«
Mit einem Satz war ich auf dem Treppenflur. Jacques hatte mich nicht angelogen . . . Coucou-Blanc war in ihrem Zimmer, und ihre Tür stand weit offen; ich konnte sie betrachten. Mein Gott! Es war wie eine Vision, aber was für eine Vision! . . . Stellt euch eine kleine, völlig nackte Mansarde vor, am Boden ein Strohsack, auf dem Kamin ein Flasche Schnaps, über dem Strohsack ein riesiges und geheimnisvolles Hufeisen, das wie ein Weihwasserbecken an der Wand hing; und mitten in diesem Hundestall eine abscheuliche Negerin mit großen Perlmuttaugen, kurzen, wolligen und krausen Haaren wie das Fell eines schwarzen Schafes, einem alten roten Reifrock, und nichts darüber. So sah ich zum erstenmal meine Nachbarin Coucou-Blanc, die Coucou-Blanc meiner Träume, die Schwester von Mimi Pinson und von Bernerette . . . O du romantische Provinz, laß dir das eine Lehre sein!
»Nun«, sagte Jacques zu mir, als er mich wieder hereinkommen sah, »wie findest du sie? . . .« Er beendete seinen Satz nicht und brach in ein gewaltiges Lachen aus, als er mein fassungsloses Gesicht sah. Ich war so klug, es ihm nachzutun, und nun standen wir uns gegenüber, lachten aus Leibeskräften und brachten kein Wort heraus. In diesem Augenblick schob sich ein dicker schwarzer Kopf durch die angelehnte Türe ins Zimmer, verschwand fast ebenso schnell wieder und schrie uns an: »Weiße auslachen Neger, nicht fein!« Ihr könnt euch denken, daß wir noch lauter lachten . . .
Als sich unsere Heiterkeit etwas gelegt hatte, erklärte mir Jacques, die Negerin Coucou-Blanc stehe in Diensten bei der Dame vom ersten Stock; im Haus sage man ihr nach, sie sei so etwas wie eine Zauberin: der Beweis dafür war das Hufeisen, Symbol des Wodu-Kultes, das über ihrem Strohsack hing; es hieß auch, jeden Abend, wenn ihre Herrin ausgegangen sei, schlösse sich Coucou-Blanc in ihrer Mansarde ein, trinke Schnaps, bis sie betrunken umfalle, und singe bis tief in die Nacht Negerlieder. Das erklärte mir alle die geheimnisvollen Geräusche, die von meiner Nachbarin zu uns herüberdrangen: das Entkorken der Flasche, der Sturz auf den Boden und die monotone Weise aus drei Tönen. ›Tolocototignan‹ soll eine Art Lautmalerei sein, die bei den Kapnegern sehr verbreitet ist, so wie bei uns tralala; schwarze Liederdichter benutzen sie überall.
Unnötig zu erwähnen, daß mich von diesem Tag an die Nachbarschaft von

Coucou-Blanc nicht mehr so sehr interessierte. Wenn sie abends heraufkam, schlug mein Herz nicht mehr so schnell; ich bemühte mich nicht mehr, mein Ohr an die Wand zu pressen ... Manchmal jedoch drang in der Stille der Nacht das ›Tolocototignan‹ bis zu meinem Tisch, und ich empfand irgendein unerklärliches Unbehagen, wenn ich diesen traurigen Refrain hörte; fast könnte man meinen, ich hätte im voraus geahnt, welche Rolle er in meinem Leben spielen sollte ...

Inzwischen fand meine Mutter Jacques eine Stelle als Buchhalter für fünfzig Francs im Monat bei einem kleinen Eisenwarenhändler, wo er jeden Abend hingehen mußte, wenn er vom Marquis kam. Der arme Junge teilte mir diese gute Nachricht halb froh, halb ärgerlich mit. »Kannst du denn dann noch *dorthin* gehen?« fragte ich ihn sofort. Mit Tränen in den Augen antwortete er mir: »Ich gehe eben sonntags.« Und von da an ging er, wie er gesagt hatte, nur noch am Sonntag *dorthin,* doch das fiel ihm sehr schwer.

Was war das nur für ein reizvolles *Dorthin,* das meiner Mutter Jacques so am Herzen lag? ... Ich wäre nicht böse gewesen, es kennenzulernen. Leider schlug man mir nie vor, mich mitzunehmen; ich aber war zu stolz, darum zu bitten. Außerdem war es unmöglich, mit meinen Gummischuhen irgendwohin zu gehen.

Eines Sonntags jedoch sagte Jacques, als er im Begriff war, zu Pierrotte zu gehen, etwas verlegen zu mir: »Hättest du nicht Lust, mich *dorthin* zu begleiten, kleiner Daniel? Du würdest ihnen bestimmt eine große Freude bereiten.« — »Du scherzest wohl, mein Lieber ...«

»Ja, ich weiß wohl ... Der Salon von Pierrotte ist kaum der richtige Platz für einen Dichter. Dort sind viele langweilige Alte ...«

»Ach, Jacques, nicht deshalb; es ist nur wegen meinem Anzug ...« — »Richtig! Natürlich ... daran habe ich nicht gedacht«, sagte Jacques.

Irgendwie erfreut, daß er einen triftigen Grund gefunden hatte, mich nicht mitzunehmen, ging er weg.

Kaum war er am Fuß der Treppe angelangt, kam er wieder ganz außer Atem zu mir herauf.

»Daniel«, sagte er zu mir, »wenn du Schuhe hättest und eine anständige Jacke, wärst du dann mit mir zu Pierrotte gegangen?« — »Warum nicht?« — »Na schön, los komm ... ich kaufe dir alles, was du brauchst, und dann gehen wir *dorthin.*«

Ich schaute ihn ganz verdutzt an. »Es ist Monatsende, ich habe Geld«, fügte er hinzu, um mich zu überzeugen. Ich war so froh bei dem Gedanken an ordentliche getragene Kleider, daß ich die Erregung von Jacques und seinem eigenartigen Ton, mit dem er sprach, gar nicht bemerkte. Erst später fiel mir das alles wieder ein. Im Augenblick flog ich ihm um den Hals, und wir machten uns auf den Weg zu Pierrotte über das Palais Royal, wo ich mich bei einem Trödler neu einkleidete.

VI *Die Geschichte von Pierrotte*

Hätte man Pierrotte, als er zwanzig Jahre alt war, vorausgesagt, er werde eines Tages der Nachfolger von Monsieur Lalouette im Porzellangeschäft sein, zweihunderttausend Francs bei einem Notar liegen haben — Pierrotte und ein Notar! — und einen wundervollen Laden an der Ecke der Passage du Saumon besitzen, er wäre sehr verwundert gewesen.

Mit zwanzig Jahren war Pierrotte noch nie aus seinem Dorf herausgekommen, er trug schwere Holzschuhe aus Cevenner Tannen, konnte kein Wort Französisch und verdiente hundert Taler im Jahr mit Seidenraupenzucht; überdies war er ein zuverlässiger Gefährte, ein schöner Tänzer auf Bauernfesten, der gern lachte und ein bißchen angab, doch stets auf ehrliche Weise und ohne die Wirte zu schädigen. Wie alle Burschen seines Alters hatte Pierrotte eine kleine Freundin, auf die er am Sonntag nach dem Nachmittagsgottesdienst wartete, um mit ihr unter den Maulbeerbäumen Gavotten tanzen zu gehen. Die kleine Freundin von Pierrotte hieß Roberte, die große Roberte. Sie war eine schöne Seidenzüchterin von achtzehn Jahren, Waise wie er, arm wie er, die jedoch sehr gut lesen und schreiben konnte, was in den Dörfern der Cevennen noch seltener ist als eine Mitgift. Pierrotte war sehr stolz auf seine Roberte und hatte vor, sie zu heiraten, sobald er beim Militär das Los gezogen hatte; der Tag der Auslosung kam, und der arme Cevenner — obgleich er die Hand dreimal in geweihtes Wasser getaucht hatte — zog die Nummer vier: er mußte einrücken. Welche Verzweiflung! ... Zum Glück kam Madame Eyssette, die von Pierrottes Mutter gestillt, ja so gut wie aufgezogen worden war, ihrem Milchbruder zu Hilfe und lieh ihm zweitausend Francs, damit er sich einen Ersatzmann besorgen konnte. (Damals waren die Eyssettes noch reich!) Der glückliche Pierrotte brauchte also nicht einzurücken und konnte seine Roberte heiraten; doch da diese braven Leute Madame Eyssette unbedingt das Geld zurückgeben wollten, sie das aber nie geschafft hätten, wären sie im Dorf geblieben, faßten sie Mut, verließen die Heimat und zogen nach Paris, um dort ihr Glück zu versuchen.

Ein Jahr lang hörte man nichts von unseren Cevennern. Dann eines schönen Morgens erhielt Madame Eyssette einen rührenden Brief, ›Pierrotte und seine Frau‹ unterschrieben, der dreihundert Francs enthielt, die ersten Früchte ihrer Ersparnisse. Im zweiten Jahr kam wieder ein Brief von ›Pierrotte und seiner Frau‹ mit einer Summe von eintausendzweihundert Francs

— und weiter nichts ... Vermutlich gingen die Geschäfte schlecht! Im vierten Jahr der dritte Brief von ›Pierrotte und seiner Frau‹ mit einer Summe von eintausendzweihundert Francs und Segenswünschen für die ganze Familie Eyssette. Als uns dieser Brief erreichte, waren wir unglücklicherweise schon mitten im Zusammenbruch; die Fabrik war gerade verkauft worden, und wir wollten das Land verlassen ... In ihrem Schmerz vergaß Madame Eyssette ›Pierrotte und seiner Frau‹ zu antworten. Seitdem hatten wir keine Nachrichten mehr von ihnen bis zu dem Tag, als Jacques bei seiner Ankunft in Paris den guten Pierrotte traf — leider Pierrotte ohne seine Frau! — im Kontor des ehemaligen Hauses Lalouette.

Nichts ist weniger poetisch, aber nichts rührender als die Geschichte dieses Glücks. Als sie in Paris ankamen, suchte sich die tapfere Roberte Aufwartestellen. Das erste Haus war eben das Haus Lalouette. Diese Lalouettes waren reiche, geizige und etwas wunderliche Kaufleute, die niemals irgendeine Hilfe hatten nehmen wollen, weder einen Ladenangestellten noch ein Hausmädchen, weil man alles selbst machen muß — »Monsieur, bis ich fünfzig war, habe ich meine Hosen selbst gemacht!« sagte der alte Lalouette stolz — und die sich erst im Alter den unerhörten Luxus einer Aufwartefrau für zwölf Francs im Monat leisteten. Und die Arbeit war weiß Gott diese zwölf Francs wert! Der Laden, der Raum dahinter, eine Wohnung im vierten Stock — jeden Morgen zwei Eimer Wasser für die Küche füllen! Man mußte schon aus den Cevennen kommen, um auf solche Bedingungen einzugehen; doch die Cevennerin war jung, flink, arbeitsam und kräftig wie eine junge Färse; im Handumdrehen erledigte sie diese schwere Arbeit, und obendrein zeigte sie den beiden alten Leuten die ganze Zeit ihr hübsches Lächeln, das allein schon mehr als zwölf Francs wert war ... Mit ihrem Frohsinn und ihrem Mut gewann diese tapfere Frau aus den Bergen zuletzt die Herzen ihrer Arbeitgeber. Sie interessierten sich für sie und ließen sie erzählen; eines schönen Tages dann — auch die härtesten Herzen erblühen plötzlich in Güte — bot ihr der alte Lalouette ganz spontan an, Pierrotte etwas Geld zu leihen, damit er einen Handel nach seiner Vorstellung anfangen könne.

Und das war die Vorstellung von Pierrotte: er besorgte sich einen alten Klepper, einen Karren, zog damit durch ganz Paris und rief aus Leibeskräften: »Gebt her, was euch im Wege ist!« Unser pfiffiger Mann aus den Cevennen verkaufte nicht, er kaufte — was? — alles ... zerbrochene Krüge, altes Eisen, Papier, Flaschen, ausgediente Möbel, die den Verkauf nicht

mehr lohnten, alte Konfektschachteln, die die Kaufleute nicht mehr gebrauchen konnten, kurz alles das, was nichts mehr wert ist und was man zu Haus aus Gewohnheit, Nachlässigkeit aufbewahrt, weil man nicht weiß, wohin damit, alles was im Wege ist! Pierrotte verachtete nichts, er kaufte alles, oder er nahm wenigstens alles an; denn meistens verkaufte man ihm die Dinge nicht, man gab sie ihm, gab weg. »Gebt her, was euch im Wege ist!«

Im Quartier Montmartre war der Cevenner sehr beliebt. Wie alle kleinen Straßenhändler, die es im Getümmel der Straße zu etwas bringen wollen, hatte er sich einen persönlichen und eigentümlichen Singsang zugelegt, den die Hausfrauen gut kannten. Zuerst schrie er aus vollem Hals gewaltig: »Gebt her, was euch im Wege ist!« Dann hielt er in langsamem und weinerlichem Ton seinem Esel, seiner Anastagille, wie er sie nannte, lange Reden. Er wollte eigentlich Anastasie sagen. »Los! Komm, Anastagille; los, komm, mein Kind ...« Und die gute Anastagille folgte ihm mit gesenktem Kopf und zottelte mit melancholischem Gesicht an den Bürgersteigen entlang; und aus allen Fenstern rief es: »Heda, Anastagille! ...« Der Karren füllte sich, das hättet ihr sehen sollen! Als er hoch voll war, trotteten Anastagille und Pierrotte nach dem Montmartre und luden die Fracht bei einem Altwarenhändler en gros ab, der dieses ganze »Gebt her, was euch im Wege ist!« das Pierrotte für nichts oder so gut wie nichts bekommen hatte, gut bezahlte.

Mit diesem eigenartigen Handwerk machte Pierrotte kein Vermögen, aber er verdiente seinen Lebensunterhalt, und zwar reichlich. Gleich im ersten Jahr gab man den Lalouettes das Geld zurück und schickte dreihundert Francs an Mademoiselle — so nannte Pierrotte Madame Eyssette noch aus der Zeit, da sie ein junges Mädchen war, und er hatte sich nie entschließen können, ihr einen anderen Namen zu geben. Das dritte Jahr dagegen war nicht gut; 1830 mochte Pierrotte noch so laut schreien: »Gebt her, was euch im Wege ist!« — die Bewohner von Paris, die im Begriff waren, einen alten König herzugeben, der ihnen im Wege war, blieben taub, wenn Pierrotte rief, und ließen den Cevenner auf der Straße sich die Seele aus dem Leibe schreien; und jeden Abend kehrte der kleine Karren wieder leer zurück. Zu allem Unglück starb auch noch Anastagille. Da schlugen die alten Lalouettes, die langsam nicht mehr alles selbst machen konnten, Pierrotte vor, bei ihnen als Ladengehilfe anzufangen. Pierrotte willigte ein, doch er behielt diese bescheidene Funktion nicht lange. Seit ihrer Ankunft in Paris gab seine Frau ihm jeden Abend Stunden im Schreiben und Lesen; er konnte schon einen Brief verfassen und sich auf Französisch einigermaßen verständlich machen. Als er bei Lalouette eintrat, verdoppelte er seine Anstrengungen, ging in eine Erwachsenenschule und lernte Rechnen, und zwar so gut, daß er nach einigen Monaten Monsieur Lalouette im Kontor ersetzen konnte, der fast blind geworden war, und im Verkauf Madame Lalouette, deren Beine das starke Herz im Stich ließen. Mittlerweile kam Mademoiselle Pierrotte zur Welt, und von da an nahm das Vermögen des Cevenners immer mehr zu. War er zunächst nur am Gewinn der Lalouettes beteiligt, so wurde er später ihr Teilhaber; und als der alte Lalouette eines schönen Tages völlig blind war, zog er sich vom Geschäft zurück und überließ den Laden Pierrotte, der ihn in Jahresraten bezahlte. Nun er allein war, erweiterte der Cevenner die Geschäfte in solchem Umfang, daß er binnen drei Jahren die Lalouettes bezahlt hatte und, frei von allen Schulden, an der Spitze eines schönen ausgezeichnet gehenden Betriebs stand ... Genau in diesem Augenblick, als habe sie mit dem Sterben gewartet, bis ihr Mann sie nicht mehr brauchte, wurde die große Roberte krank und starb an Erschöpfung.

Das ist die Geschichte von Pierrotte, so wie Jacques sie mir an jenem Abend erzählte, als wir zur Passage du Saumon gingen; und da der Weg weit war — wir hatten den längsten gewählt, um den Leuten in Paris meine neue

Jacke zu zeigen —, kannte ich unsern Mann aus den Cevennen ganz genau, ehe wir dort eintrafen. Ich wußte, daß der gute Pierrotte zwei Abgötter hatte, an die man nicht rühren durfte, seine Tochter und Monsieur Lalouette. Ich wußte auch, daß er ein wenig viel redete und es ermüdend war, ihm zuzuhören, weil er so langsam sprach, nach Sätzen suchte, stammelte und keine drei Worte hintereinander sagen konnte, ohne einzuflechten: ›Das kann man wohl sagen . . .‹ Das lag daran, daß der Mann aus den Cevennen sich nie an unsere Sprache gewöhnen konnte. Alles, was er dachte, kam ihm in der Mundart der Languedoc auf die Lippen, er war gezwungen, nach und nach die Languedoc-Sprache ins Französische zu übertragen, und die ›Das kann man wohl sagen . . .‹, mit denen er seine Reden ausschmückte, gaben ihm die nötige Zeit, diese kleine Arbeit für sich im stillen zu erledigen. Wie Jacques richtig sagte, Pierrotte sprach nicht, er übersetzte . . . Alles, was ich über Mademoiselle Pierrotte erfahren konnte, war, daß sie sechzehn Jahre alt war und Camille hieß, mehr nicht; in diesem Punkt war Jacques so stumm wie ein Stör.

Es war gegen neun Uhr, als wir im ehemaligen Haus Lalouette unseren Einzug hielten. Sie waren im Begriff, den Laden zu schließen. Schrauben, Fensterläden, Eisenstangen, eine ganze Vorrichtung für den Ladenschluß lag in Haufen auf dem Bürgersteig vor der halboffenen Tür. Die Gaslampen waren gelöscht, und der ganze Laden lag im Dunkeln; nur auf dem Ladentisch stand eine Porzellanlampe, die Stapel von Talern und ein dickes rotes und lachendes Gesicht beleuchtete. In dem Raum hinter dem Laden spielte jemand Flöte.

»Guten Tag, Pierrotte!« rief Jacques und pflanzte sich vor dem Ladentisch auf — ich stand neben ihm im Schein der Lampe — »Guten Tag, Pierrotte!« Als er Jacques' Stimme hörte, blickte Pierrotte, der gerade abrechnete, auf; und als er mich sah, stieß er einen Schrei aus, faltete die Hände und schaute mich lange, ein bißchen einfältig, mit offenem Mund an.

»Nun«, sagte Jacques triumphierend, »was habe ich Ihnen gesagt?«

»Ach! Mein Gott! Mein Gott!« murmelte der gute Pierrotte. »Ich meine . . . das kann man wohl sagen . . . ich meine, sie zu sehen.«

»Vor allem die Augen«, bemerkte Jacques jetzt, »sehen Sie die Augen an, Pierrotte!«

»Und das Kinn, Monsieur Jacques, das Kinn mit dem Grübchen«, antwortete Pierrotte, der den Lampenschirm hochgehoben hatte, um mich besser sehen zu können.

Ich verstand überhaupt nichts. Sie schauten mich beide unentwegt an, zwinkerten mit den Augen, machten sich Zeichen. Plötzlich stand Pierrotte auf, kam hinter dem Ladentisch vor und ging mit ausgebreiteten Armen auf mich zu: »Mit Ihrer Erlaubnis, Monsieur Daniel, ich muß Sie umarmen ... Das kann man wohl sagen. Ich werde mir vorstellen, ich umarmte Mademoiselle.«

Dieses letzte Wort erklärte mir alles. Damals sah ich Madame Eyssette sehr ähnlich, und für Pierrotte, der Mademoiselle seit über fünfundzwanzig Jahren nicht mehr gesehen hatte, war diese Ähnlichkeit noch auffallender. Der gute Mann wurde nicht müde, meine Hände zu drücken, mich zu umarmen, mich anzuschauen; dabei lachte er, und in seinen großen Augen standen Tränen. Dann fing er an, von unserer Mutter zu erzählen, von den zweitausend Francs, von seiner Roberte, seiner Camille, seiner Anastagille, und das so weitschweifig, so umständlich, daß wir noch dort wären — das könnte man wohl sagen — noch im Laden ständen und ihm zuhörten, wenn Jacques nicht etwas ungeduldig zu ihm gesagt hätte: »Und Ihre Kasse, Pierrotte!«

Pierrotte hielt sofort inne. Er war etwas verwirrt, daß er so lange gesprochen hatte.

»Sie haben recht, Monsieur Jacques, ich schwatze ... ich schwatze ... und dann die Kleine ... das kann man wohl sagen ... die Kleine wird mit mir schimpfen, daß ich so spät nach oben komme.«

»Ist Camille oben?« fragte Jacques betont gleichgültig.

»Ja, ja, Monsieur Jacques ... die Kleine ist oben ... Sie kann es ja nicht abwarten ... das kann man wohl sagen ... Sie kann es kaum abwarten, Monsieur Daniel kennenzulernen. Gehen Sie doch hinauf ... ich werde meine Kasse abrechnen und komme gleich nach ... das kann man wohl sagen.«

Ohne noch länger zuzuhören, nahm mich Jacques beim Arm und zog mich rasch ins Hinterzimmer, wo Flöte gespielt wurde. Der Laden von Pierrotte war groß und gut ausgestattet. Im Dunkel sah ich die dickbäuchigen Karaffen, die Opalkugeln, das fahlrote Gold der böhmischen Gläser, die großen Kristallschalen, die prallen Suppenschüsseln, dann links und rechts hohe Stapel von glänzenden Tellern, die bis zur Decke reichten. Der Palast der Porzellanfee bei Nacht! Im hinteren Raum brannte noch ein zur Hälfte heruntergeschraubtes Gaslicht, das etwas gelangweilt die Zungenspitze herausstreckte ... Wir gingen nur rasch durch. Auf dem Rand einer Couch saß ein großer blonder junger Mann, der melancholisch Flöte spielte. Im Vorbeigehen sagte Jacques sehr kühl ›Guten Abend‹, und der junge Mann antwortete mit zwei ebenfalls sehr kühlen Flötenschlägen, was wohl die Art und Weise ist, wie sich Flöten zu begrüßen pflegen, die einander böse sind.

»Das ist der Ladendiener«, sagte Jacques zu mir, als wir auf der Treppe waren. »Er geht uns auf die Nerven, dieser große Blonde mit seinem ewigen Flötenspiel . . . Magst du etwa Flötenmusik, Daniel?«

Ich hätte ihn gern gefragt: »Und die Kleine, mag sie denn Flötenmusik?«, doch ich befürchtete, ihm weh zu tun, und antwortete sehr ernst: »Nein, Jacques, ich mag kein Flötenspiel!«

Die Wohnung von Pierrotte war im vierten Stock, im selben Haus wie das Geschäft. Mademoiselle Camille, zu vornehm, um sich im Laden zu zeigen, blieb oben und sah ihren Vater nur zu den Mahlzeiten.

»Du wirst sehen«, sagte Jacques zu mir im Hinaufgehen, »es ist durchaus der Stil eines hochherrschaftlichen Hauses. Camille hat eine Gesellschaftsdame, die Witwe Madame Tribou, die sie nie verläßt . . . Ich weiß nicht genau, wo diese Madame Tribou herkommt, doch Pierrotte kennt sie und behauptet, sie sei eine sehr verdienstvolle Dame . . . Klingle, Daniel, wir sind da!«

Ich klingelte; eine Frau aus den Cevennen mit großer Haube öffnete uns, lächelte Jacques an wie einen alten Bekannten und führte uns in den Salon. Als wir eintraten, saß Mademoiselle Pierrotte am Klavier. Zwei ältere, etwas starke Damen, Madame Lalouette und die Witwe Tribou, die sehr verdienstvolle Dame, spielten Karten in einer Ecke. Alle standen auf, als sie uns sahen. Einen Augenblick herrschten Unruhe und Durcheinander; und als dann die Begrüßungen erledigt, die Vorstellungen beendet waren, forderte Jacques Camille auf — er sagte ganz schlicht Camille — sich wieder ans Klavier zu setzen; und die sehr verdienstvolle Dame benutzte diese Aufforderung, um ihre Partie mit Madame Lalouette weiterzuspielen. Jacques und ich, wir hatten uns rechts und links von Mademoiselle Pierrotte gesetzt, die mit uns redete und lachte, während sie ihre kleinen Finger über das Klavier trippeln ließ. Ich schaute sie an, als sie sprach. Sie war nicht hübsch. Weiß, rosig, kleines Ohr, feines Haar, aber zu viel Wange, zu viel Gesundheit; dazu noch rote Hände und die etwas kühle Anmut einer Internatsschülerin in Ferien, kurz, die echte Tochter von Pierrotte, eine Bergblume, die im Glasgehäuse der Passage du Saumon aufgewachsen war.

Das jedenfalls war mein erster Eindruck; doch plötzlich, auf ein Wort hin, das ich zu ihr sagte, hob Mademoiselle Pierrotte, deren Blicke bis jetzt gesenkt waren, ihre Augen langsam zu mir auf, und wie durch einen Zauber verschwand die Kleinbürgerin. Ich sah nur noch ihre zwei großen strahlenden Augen, die ich sogleich wiedererkannte ...
O Wunder! Das waren die gleichen schwarzen Augen, die mir dort in den kalten Mauern des Gymnasiums so sanft geleuchtet hatten, die schwarzen Augen bei der Brillenfee, kurz die schwarzen Augen ... Ich glaubte zu träumen ... Mir war, als müßte ich ihnen zurufen: ›Schöne schwarze Augen, seid ihr es? Seid ihr es, finde ich euch in einem anderen Gesicht wieder?‹ Und wenn ihr wüßtet, wie sehr sie sich glichen! Irrtum ausgeschlossen. Die gleichen Wimpern, der gleiche Glanz, das gleiche schwarze und verhaltene Feuer. Wie unsinnig, zu glauben, es gäbe zwei Paar solcher Augen auf dieser Welt. Und der Beweis dafür, daß es wirklich die schwarzen Augen persönlich waren und nicht zwei andere schwarze Augen, die ihnen nur ähnelten, war der, daß sie mich ebenfalls erkannt hatten, und wir wollten gerade eins unserer reizenden stummen Zwiegespräche von früher wieder aufnehmen, als ich plötzlich neben mir, fast in meinem Ohr, kleine Mäusezähne knabbern hörte. Bei diesem Geräusch drehte ich den Kopf herum und erblickte in einem Sessel neben dem Klavier jemanden, den ich nicht beachtet

hatte ... Es war ein großer hagerer und bleicher Greis mit einem Vogelkopf, fliehender Stirn, spitzer Nase, runden und leblosen Augen, die zu weit von der Nase entfernt, fast auf den Schläfen lagen ... Wäre das Stück Zucker nicht gewesen, das er in der Hand hielt und an dem er von Zeit zu Zeit pickte, hätte man meinen können, er sei eingeschlafen. Etwas verwirrt durch diese Erscheinung entbot ich diesem Gespenst einen tiefen Gruß, den es nicht erwiderte.

»Er hat dich nicht gesehen«, sagte Jacques zu mir. »Er ist blind, es ist der alte Lalouette ...«

»Der Name paßt zu ihm ...«, dachte ich bei mir. Und um den entsetzlichen Alten mit dem Vogelkopf nicht mehr zu sehen, wandte ich mich ganz rasch wieder den schwarzen Augen zu; doch ach! der Zauber hatte sich aufgelöst, die schwarzen Augen waren verschwunden. An ihrer Stelle saß nur noch eine Kleinbürgerin steif auf ihrem Klavierhocker ...

In diesem Augenblick tat sich die Türe zum Salon auf, und Pierrotte kam lärmend herein. Der Mann mit der Flöte folgte ihm, das Instrument unterm Arm. Als Jacques ihn bemerkte, feuerte er einen niederschmetternden Blick auf ihn ab, der einen Büffel hätte erschlagen können; doch er mußte ihn wohl verfehlt haben, denn der Flötenspieler zuckte nicht mit der Wimper.

»Nun, meine Kleine«, sagte der Mann aus den Cevennen und küßte seine Tochter auf beide Wangen, »bist du glücklich? Nun hat man dir also deinen Daniel gebracht. Wie findest du ihn? Er ist sehr hübsch, nicht wahr? Das kann man wohl sagen ... das Ebenbild von Mademoiselle.«

Und nun wiederholte der gute Pierrotte die Szene im Laden und führte mich mit Gewalt in die Mitte des Salons, auf daß alle die Augen von Mademoiselle, die Nase von Mademoiselle, das Grübchenkinn von Mademoiselle sehen sollten ... Diese Zurschaustellung war mir sehr peinlich. Madame Lalouette und die höchst verdienstvolle Dame hatten ihre Partie unterbrochen, sich in ihren Sessel zurückgelehnt und musterten mich sehr unbefangen, indem sie mit lauter Stimme das eine oder andere Stück meiner Person abschätzten, ganz so, als sei ich ein gemästetes Huhn auf dem Markt von la Vallée. Unter uns gesagt, die höchst verdienstvolle Dame schien sich in jungem Federvieh recht gut auszukennen.

Zum Glück machte Jacques meiner Pein ein Ende und bat Mademoiselle Pierrotte, uns noch etwas vorzuspielen. »Gut, spielen wir etwas«, sagte lebhaft der Flötenspieler, der seine Flöte hochhielt und eiligst herbeikam. »Nein

... nein ...«, rief Jacques, »keine Flöte!« Daraufhin schoß der Flötenspieler einen wilden kalten Blick auf ihn ab, vergiftet wie ein Karibenpfeil; doch der andere verzog keine Miene und rief nur immerzu: »Keine Flöte!« Am Ende trug Jacques den Sieg davon, und Mademoiselle spielte uns ohne einen einzigen Flötenton eines dieser bekannten Tremolos vor, ›Träumereien von Rosellen‹ genannt ... Während sie spielte, weinte Pierrotte vor Bewunderung. Jacques war ganz verzückt; stumm, die Flöte an den Lippen, gab der Flötist mit den Schultern den Takt dazu an und flötete innerlich.

Als ›Rosellen‹ zu Ende war, wandte sich Mademoiselle Pierrotte an mich: »Und Sie, Monsieur Daniel«, sagte sie und senkte die Augen, »bekommen wir nichts von Ihnen zu hören? ... Sie sind Dichter, ich weiß es.«

»Und ein guter Dichter«, bemerkte Jacques, dieser vorlaute Jacques ...

Ihr könnt euch denken, daß es mich wenig reizte, vor allen diesen Amalekitern Verse zu sprechen. Wenn wenigstens die schwarzen Augen dagewesen wären; aber nein! Seit einer Stunde waren die schwarzen Augen verloschen, und ich suchte sie vergeblich rund um mich herum ...

Ihr hättet auch hören sollen, wie unbefangen ich der jungen Pierrotte antwortete: »Bitte entschuldigen Sie mich für heute abend, Mademoiselle, ich habe meine Leier nicht mitgebracht.«

»Vergessen Sie nicht, sie das nächstemal mitzubringen«, antwortete mir der gute Pierrotte, der diese Metapher wörtlich nahm. Der arme Mann glaubte wirklich, ich hätte eine Leier und spiele sie wie sein Ladengehilfe die Flöte ... Ach, Jacques hatte mich ja gewarnt, er bringe mich da in eine merkwürdige Welt!

Gegen elf Uhr wurde Tee angeboten. Mademoiselle Pierrotte ging im Salon hin und her, bot Zucker an, goß Milch ein, mit einem Lächeln auf den Lippen und gespreiztem kleinem Finger. In diesem Augenblick des Abends sah ich die schwarzen Augen wieder. Plötzlich erschienen sie vor mir, glänzend und anziehend, dann stahlen sie sich rasch wieder davon, noch ehe ich mit ihnen hatte sprechen können ... Jetzt erst bemerkte ich, daß in Mademoiselle Pierrotte zwei ganz verschiedene Wesen lebten: zunächst einmal Mademoiselle Pierrotte, eine Kleinbürgerin mit glatt gescheiteltem Haar, so recht geeignet, im ehemaligen Hause Lalouette zu herrschen; und dann die schwarzen Augen, diese großen poetischen Augen, die sich gleich samtenen Blumen öffneten und nur zu erscheinen brauchten, um diese schnurrige Eisenkrämerhäuslichkeit zu verwandeln. Um nichts in der Welt hätte ich

Mademoiselle Pierrotte haben wollen; doch die schwarzen Augen ... ja, die schwarzen Augen! ...

Endlich war es Zeit aufzubrechen. Madame Lalouette gab das Zeichen. Sie wickelte ihren Mann in eine große schottische Wolldecke und trug ihn unterm Arm hinaus wie eine alte eingebundene Mumie. Als sie gegangen waren, hielt uns Pierrotte noch lange auf dem Treppenflur fest und führte endlose Reden: »Ja, Monsieur Daniel, nun Sie das Haus kennen, hoffe ich doch, Sie öfter hier zu sehen. Bei uns treffen Sie keine elegante Gesellschaft, aber eine erlesene ... das kann man wohl sagen ... Zuerst Monsieur und Madame Lalouette, meine früheren Chefs; dann Madame Tribou, eine sehr verdienstvolle Dame, mit der Sie sich unterhalten können; dann meinen Ladengehilfen, einen netten Jungen, der uns manchmal auf seiner Flöte etwas vorspielt ... das kann man wohl sagen ... Sie werden beide Duos spielen. Das wird sehr schön sein.«

Ich wendete schüchtern ein, ich sei sehr beschäftigt und könne vielleicht nicht so oft kommen, wie ich eigentlich wolle.

Da mußte er lachen: »Ich bitte Sie, beschäftigt, Monsieur Daniel! ... Diese Beschäftigungen im Quartier Latin, die kennt man doch ... das kann man wohl sagen ... da ist sicher irgendwo eine Grisette.«

»Es ist eben so«, sagte Jacques lachend, »daß Mademoiselle Coucou-Blanc ... nicht ganz ohne Reize ist.«

Dieser Name Coucou-Blanc setzte Pierrottes Heiterkeit die Krone auf.

»Was sagen Sie da, Monsieur Jacques? ... Coucou-Blanc? Sie heißt Coucou-Blanc? ... Ha! ha! ha! Schaut euch doch diesen Burschen an ... in seinem Alter ...« Plötzlich hielt er inne, als er bemerkte, daß seine Tochter ihm zuhörte; doch als wir schon am Fuß der Treppe angelangt waren, hörten wir ihn immer noch so laut lachen, daß das Geländer wackelte ...

»Nun, wie findest du sie?« fragte mich Jacques, sobald wir draußen waren.

»Mein Lieber, Monsieur Lalouette ist furchtbar häßlich, doch Mademoiselle Pierrotte ist ganz reizend.«

»Nicht wahr?« erwiderte der arme Verliebte so lebhaft, daß ich einfach lachen mußte.

»Mein lieber Jacques, du hast dich verraten«, sagte ich zu ihm und ergriff seine Hand.

An jenem Abend gingen wir bis spät in die Nacht an den Quais spazieren. Zu unseren Füßen trieben auf dem ruhigen und schwarzen Fluß tausende von kleinen Sternen gleich Perlen an uns vorüber. Die Taue der großen

Schiffe ächzten. Es war köstlich, langsam durch das Dunkel zu bummeln und Jacques von Liebe sprechen zu hören ... Er liebte von ganzem Herzen; doch er wurde nicht geliebt; er wußte sehr wohl, daß er nicht geliebt wurde.

»Dann liebt sie zweifellos einen anderen, Jacques.« — »Nein, Daniel, ich glaube nicht, daß sie vor heute abend jemand anderen geliebt hat.« — »Vor heute abend! Jacques, was willst du damit sagen?« — »Na ja! Alle Welt liebt dich doch, Daniel — und sie könnte dich eben auch lieben.«

Armer lieber Jacques! Ihr hättet sehen sollen, wie traurig und ergeben er dreinschaute, als er das sagte. Um ihn zu beruhigen, fing ich laut an zu lachen, sogar lauter, als ich eigentlich wollte.

»Zum Teufel, mein Lieber, wie stellst du dir das vor! ... Entweder bin ich ganz unwiderstehlich oder Mademoiselle Pierrotte recht leicht entzündbar ... Nein doch! Beruhige dich, Mutter Jacques. Mademoiselle Pierrotte steht meinem Herzen so fern wie ich dem ihren; mich brauchst du ganz bestimmt nicht zu fürchten.«

Ich sprach aufrichtig, als ich das sagte. Mademoiselle Pierrotte existierte für mich nicht ... Die schwarzen Augen, sicher, das ist etwas anderes.

VII *Die rote Rose und die schwarzen Augen*

Nach diesem ersten Besuch im früheren Hause Lalouette ließ ich einige Zeit verstreichen, ohne wieder *dorthin* zu gehen. Jacques dagegen setzte getreulich seine sonntäglichen Pilgerfahrten fort, und er erfand dafür jedesmal irgendeinen neuen betörenden Krawattenknoten ... Die Krawatte von Jacques — das war ein ganzes Gedicht, ein Gedicht von heißer und unablässiger Liebe, so etwas wie ein orientalischer Blumengruß, einer dieser Sträuße aus gleichnishaften Blumen, welche die Agas ihren Geliebten schenken und mit denen sie sämtliche Töne ihrer Leidenschaft auszudrücken vermögen.

Wäre ich eine Frau gewesen, die Krawatte von Jacques mit ihren tausend Knoten, die er endlos immer wieder abwandelte, hätte mich mehr gerührt als eine Liebeserklärung. Doch soll ich euch was sagen! Die Frauen verstehen nichts davon ... Jeden Sonntag, ehe er aufbrach, versäumte der arme Verliebte nicht, mir zu sagen: »Ich gehe *dorthin*, Daniel, kommst du mit?« Und ich antwortete stets: »Nein, Jacques! Ich möchte arbeiten ...« Dann ging er ganz rasch weg, und ich blieb allein, ganz allein zurück, über meine Reimwerkbank gebeugt.

Mein Entschluß stand fest, ganz fest, nicht mehr zu Pierrotte zu gehen. Ich hatte Angst vor den schwarzen Augen. Ich sagte mir: ›Wenn du sie wiedersiehst, bist du verloren‹, und ich blieb standhaft, wollte sie nicht wiedersehen ... Sie gingen mir nämlich nicht aus dem Kopf, diese großen dämonischen schwarzen Augen. Überall begegnete ich ihnen. Ich dachte ständig an sie, wenn ich arbeitete, wenn ich schlief. Auf allen meinen Heften hättet ihr große federgezeichnete Augen mit sehr langen Wimpern gefunden. Ich konnte nicht mehr von ihnen loskommen.

Mein Gott! Wenn meine Mutter Jacques sich freudestrahlend in munteren Sprüngen auf den Weg zur Passage du Saumon machte, mit einem einmalig neuen Krawattenknoten, wäre ich doch so wahnsinnig gern hinter ihm die Treppe hinuntergestürzt und hätte ihm nachgerufen: ›Warte auf mich!‹ Aber nein! Irgend etwas in meinem Innern warnte mich, daß es nicht gut sei, *dorthin* zu gehen, und dann hatte ich trotz alledem die Kraft, an meiner Werkbank sitzenzubleiben ... »Nein danke, Jacques! Ich möchte arbeiten.«

Das ging eine ganze Zeitlang so. Auf die Dauer wäre es mir mit Hilfe der Muse bestimmt gelungen, die schwarzen Augen aus meinem Gehirn zu vertreiben. Doch leider beging ich die Unvorsichtigkeit, sie noch einmal wiederzusehen. Da war es um mich geschehen! Mein Kopf, mein Herz, alles mußte daran glauben.

Und das kam so: Seit dem Geständnis am Ufer des Wassers hatte meine Mutter Jacques mit mir nicht mehr über seine Liebe gesprochen; doch ich sah ihm an, daß es nicht so lief, wie er es sich wünschte ... Am Sonntag, wenn er von Pierrotte wiederkam, war er stets traurig. Nachts hörte ich ihn seufzen. Wenn ich ihn fragte: »Was hast du, Jacques?« antwortete er mir schroff: »Ich habe nichts!« Doch schon am Ton, mit dem er das sagte, begriff ich, daß ihm etwas fehlte. Er, der sonst so gütig, so geduldig war, hatte jetzt Anwandlungen von schlechter Laune. Manchmal sah er mich an, als zürnten wir uns. Natürlich ahnte ich wohl, daß sich dahinter ein großer Liebeskummer verbarg; doch da Jacques sich darauf versteifte, nicht mit mir darüber zu sprechen, wagte ich es auch nicht, mit ihm davon zu reden. An einem Sonntag jedoch war er bedrückter nach Hause gekommen als sonst, und ich wollte Klarheit haben.

»Nun, Jacques, was hast du?« sagte ich zu ihm und ergriff seine Hände. »Klappt es denn nicht *dort?*«

»Also gut, nein! Es klappt nicht ...« antwortete der arme Jacques ganz entmutigt.

»Aber was ist denn nur los? Sollte Pierrotte etwas gemerkt haben? Will er verhindern, daß ihr euch liebt?« — »Ach nein, Daniel! Pierrotte hindert uns bestimmt nicht ... Sie liebt mich eben nicht und wird mich niemals lieben.«

»Was für ein Unsinn, Jacques! Woher willst du wissen, daß sie dich niemals lieben wird? ... Hast du ihr denn überhaupt schon gesagt, daß du sie liebst? ... Nein, nicht wahr? ... Na also!« — »Derjenige, den sie liebt, hat nicht gesprochen; er brauchte gar nicht zu sprechen, um geliebt zu werden ...« — »Glaubst du wirklich, Jacques, der Flötenspieler?«

Jacques schien meine Frage gar nicht zu hören.

»Der, den sie liebt, hat nicht gesprochen«, sagte er zum zweiten Mal.

Und mehr war nicht aus ihm herauszukriegen.

In jener Nacht wurde im Glockenturm von Saint-Germain nicht viel geschlafen.

Jacques verbrachte fast die ganze Zeit am Fenster und schaute seufzend zu den Sternen hinauf. Ich aber dachte bei mir: ›Wenn du *dorthin* gingst und dir alles aus der Nähe anschautest ... Jacques kann sich schließlich täuschen. Bestimmt hat Mademoiselle Pierrotte nicht verstanden, wieviel Liebe

sich in diesem Krawattenknoten von Jacques verbirgt. Da Jacques sich nicht traut, von seiner Leidenschaft zu sprechen, wäre es vielleicht gut, ich würde das für ihn tun ... Ja, genau: ich werde zu dieser jungen Spießbürgerin gehen und mit ihr sprechen; dann wollen wir weitersehen.‹

Am nächsten Tag setzte ich den schönen Plan in die Tat um, ohne meiner Mutter Jacques vorher etwas zu sagen. Gott ist mein Zeuge, daß ich keinerlei Hintergedanken hatte, als ich *dorthin* ging. Ich tat es für Jacques, einzig und allein für Jacques ... Und doch, als ich an der Ecke der Passage du Saumon das ehemalig grün angestrichene Haus Lalouette mit dem Schild ›Porzellan und Kristall‹ über dem Schaufenster sah, fühlte ich mein Herz leicht klopfen, was mich hätte warnen sollen ... Ich trat ein. Das Geschäft war leer; im hinteren Raum frühstückte der Flötenmann; selbst beim Essen lag sein Instrument neben ihm auf dem Tischtuch. ›Wie kann Camille nur schwanken zwischen diesem Flötenspieler und meiner Mutter Jacques; das kann doch einfach nicht sein!‹ sagte ich zu mir, während ich hinaufstieg. ›Schön, wir wollen sehen ...‹

Ich traf Pierrotte bei Tisch mit seiner Tochter und der sehr verdienstvollen Dame. Die schwarzen Augen waren glücklicherweise nicht da. Als ich hereinkam, herrschte große Überraschung. »Da ist er endlich«, rief der gute Pierrotte mit Donnerstimme. »Das kann man wohl sagen ... Er wird mit uns Kaffee trinken.« Man machte mir Platz. Die sehr verdienstvolle Dame ging mir eine schöne Tasse mit vergoldeten Blumen holen, und ich setzte mich neben Mademoiselle Pierrotte.

An jenem Tag war sie sehr nett, Mademoiselle Pierrotte. Ins Haar etwas über dem Ohr — heute tut man sie nicht mehr dorthin — hatte sie sich eine kleine rote Rose gesteckt, tief rot, tief rot ... Unter uns gesagt, ich glaube, diese kleine Rose war eine Zauberin, so schön machte sie die kleine Spießbürgerin. »Nun, Monsieur Daniel«, sagte Pierrotte mit breitem liebevollem Lachen, »es ist also aus, Sie wollen uns nicht mehr besuchen kommen!« Ich versuchte, mich zu entschuldigen und von meinen literarischen Arbeiten zu sprechen. »Ja, ja, ich weiß schon, das Quartier Latin ...«, meinte der Mann aus den Cevennen. Und er lachte nur noch lauter und schaute dabei die sehr verdienstvolle Dame an, die mit wissender Miene hm! hm! hüstelte und mich unter dem Tisch trat. Für diese guten Leute bedeutete Quartier Latin so viel wie Orgien, Musik, Masken, Radau, tolle Feste, heiße Nächte und alles, was dazu gehört. Ach! Hätte ich ihnen mein zurückgezogenes Leben im Glockenturm von Saint-Germain geschildert, sie wären sehr verwundert gewesen. Doch ihr wißt ja! Als junger Mensch ist man gar nicht böse, wenn man für ein Früchtchen gehalten wird. Angesichts der Beschuldigungen von Pierrotte tat ich ganz bescheiden und verteidigte mich nur schwach: »Aber nein, aber nein! Ich versichere Ihnen ... Es ist nicht so, wie Sie denken.«

Jacques hätte herzlich gelacht, wenn er mich gesehen hätte.

Als wir gerade mit dem Kaffee fertig waren, hörte man im Hof eine leise Flötenweise. Pierrotte wurde ins Geschäft gerufen. Kaum hatte er den Rükken gekehrt, ging auch die sehr verdienstvolle Dame in die Anrichtestube, um mit der Köchin eine Partie Karten zu spielen. Unter uns gesagt, mir scheint, das größte Verdienst dieser Dame bestand wohl darin, sehr geschickt die Karten zu mischen.

Als ich sah, daß man mich mit der kleinen roten Rose allein ließ, dachte ich bei mir: Das ist der richtige Augenblick!, und ich hatte den Namen von Jacques schon auf den Lippen; doch Mademoiselle Pierrotte ließ mir nicht die Zeit zu sprechen. Mit leiser Stimme, ohne mich dabei anzuschauen, sagte sie plötzlich zu mir: »Ist es Mademoiselle Coucou-Blanc, die Sie davon abhält, zu Ihren Freunden zu kommen?« Zunächst glaubte ich, sie lache, doch nein, sie lachte nicht. Sie schien sogar sehr bewegt, nach dem Rosenrot ihrer Wangen und dem schnellen Schlagen ihres Brusttuchs zu urteilen. Zweifellos hatte man in ihrer Gegenwart von Coucou-Blanc gesprochen, und sie stellte sich dunkel etwas vor, was es gar nicht gab. Ich hätte ihr mit einem Wort die Augen öffnen können; doch ich weiß nicht, welche dumme Eitelkeit mich davon abhielt ... Als sie sah, daß ich ihr keine Antwort gab, wandte sich Mademoiselle Pierrotte zu mir, schlug die langen Wimpern auf, die sie die ganze Zeit gesenkt hatte, und schaute mich an ... Ich lüge. Nicht sie blickte mich an, sondern die schwarzen Augen sahen mich an, tränenfeucht und voller zärtlicher Vorwürfe. Ach! diese geliebten schwarzen Augen, Entzücken meiner Seele!

Es war nur eine kurze Erscheinung. Die langen Wimpern senkten sich sehr schnell wieder herab, die schwarzen Augen verschwanden; und neben mir saß nur noch Mademoiselle Pierrotte. Rasch, rasch, ohne eine neue Erscheinung abzuwarten, fing ich an, von Jacques zu sprechen. Ich sagte zunächst, wie gut er sei, treu, tapfer, großzügig. Ich sprach von dieser nie müde werdenden Aufopferung, dieser ständig wachen Mütterlichkeit, die eine richtige Mutter erblassen machen könnte. Jacques ernährt mich, kleidet mich, unterstützte mich, und das mit wer weiß wieviel Arbeit, welchen Entbehrungen. Ohne ihn wäre ich noch dort in diesem dunklen Gefängnis von Sarlande, wo ich so gelitten hatte, so gelitten . . .

An dieser Stelle meiner Rede schien Mademoiselle Pierrotte gerührt zu sein, und ich sah eine dicke Träne langsam die Wange herunterrollen. Ich glaubte ganz arglos, das sei wegen Jacques, und ich sagte mir: Los! Das läuft ja gut! — Daraufhin verdoppelte ich meine Beredsamkeit. Ich sprach von Jacques' Niedergeschlagenheit und dieser tiefen, geheimnisvollen Liebe, die an seinem Herzen nagte. Ach! überglücklich die Frau, die . . .

Da rutschte die kleine rote Rose, die Mademoiselle Pierrotte im Haar trug, ich weiß nicht wie, herunter und fiel vor meine Füße. Genau in diesem Augenblick überlegte ich, wie ich der jungen Camille ganz zart zu verstehen geben könnte, daß eben sie diese überglückliche Frau sei, in die sich Jacques verliebt habe. Die kleine rote Rose, die da herunterfiel, zeigte mir den Weg. — Sagte ich euch nicht, sie sei eine Zauberin, diese kleine rote Rose! — Ich hob sie hurtig auf, doch hütete ich mich wohl, sie zurückzugeben. »Sie ist für Jacques, in Ihrem Namen«, sagte ich zu Mademoiselle Pierrotte mit meinem feinsinnigsten Lächeln. — »Für Jacques, wenn Sie wollen«, antwortete Mademoiselle Pierrotte seufzend; doch im gleichen Augenblick erschienen die schwarzen Augen und schauten mich zärtlich an, so, als wollten sie mir sagen: Nein, nicht für Jacques, für dich! Und ihr hättet sehen müssen, wie sie das sagten, mit welcher feurigen Aufrichtigkeit, welcher keuschen und unwiderstehlichen Leidenschaft! Gleichwohl zögerte ich noch, und sie mußten zwei- oder dreimal hintereinander wiederholen: Ja . . . für dich . . . für dich. Nun erst küßte ich die kleine rote Rose und legte sie mir auf meine Brust.

Als Jacques an jenem Abend nach Hause kam, fand er mich wie gewöhnlich über die Reimwerkbank gebeugt, und ich ließ ihn in dem Glauben, ich sei den ganzen Tag nicht weggewesen. Unglücklicherweise fiel, als ich mich auszog, die kleine rote Rose, die ich noch auf meiner Brust trug, am Fußende des Betts zu Boden; alle diese Feen stecken voller Bosheit. Jacques sah sie, hob sie auf und schaute sie lange an. Ich weiß nicht, wer röter war, die Rose oder ich.

»Ich erkenne sie«, sagte er zu mir, »das ist eine Blüte vom Rosenstrauch, der *dort* unter dem Fenster des Salons wächst.«

Dann gab er sie mir zurück und fügte noch hinzu: »Mir hat sie nie eine geschenkt.«

Er sagte das so tief traurig, daß mir die Tränen in die Augen traten.

»Jacques, mein Freund Jacques, ich schwöre dir, daß vor heute abend ...« Er unterbrach mich sanft: »Entschuldige dich nicht, Daniel, ich bin sicher, du hast nichts getan, um mich zu hintergehen ... Ich wußte es, ich wußte, daß du es warst, den sie liebte. Erinnere dich, was ich dir gesagt habe: ›Der, den sie liebt, hat nicht gesprochen, er brauchte nicht zu sprechen, um geliebt zu werden.‹« Und dann fing der gute Junge an, im Zimmer auf- und abzugehen. Ich schaute ihn an, regungslos, meine rote Rose in der Hand.

»Was geschehen ist, mußte geschehen«, fuhr er nach einer Weile fort. »Schon lange habe ich alles vorausgesehen. Ich wußte, daß sie mich nicht wollte, wenn sie dich gesehen haben würde ... Darum habe ich so lange gezögert, dich mit *dorthin* zu nehmen. Ich war schon vorher eifersüchtig auf dich. Verzeih mir, ich liebte sie so sehr! ... Eines Tages endlich wollte ich den Versuch wagen, und da habe ich dich mitgehen lassen. An jenem Tag, mein Lieber, habe ich verstanden, daß es aus war. Nach fünf Minuten hat sie dich angeschaut, wie sie noch nie jemanden angesehen hat. Und du hast es auch bemerkt. Oh, lüge nicht, du hast es bemerkt! Der Beweis dafür ist, daß du über einen Monat nicht *dorthin* zurückgekehrt bist; doch ach, das hat mir kaum etwas genützt! ... Für Seelen wie die ihre haben die Abwesenden niemals unrecht, im Gegenteil ... Jedesmal, wenn ich hinging, ließ sie mich immer nur von dir sprechen, und das so naiv, mit so viel Vertrauen und Liebe — es war eine wahre Folter für mich. Jetzt ist es vorbei ... Und das ist gut so.«

Jacques sprach lange zu mir mit der gleichen Güte, dem gleichen gefaßten Lächeln. Alles, was er sagte, bereitete mir Schmerz und Freude zugleich. Schmerz, weil ich fühlte, wie unglücklich er war; Freude, weil ich durch jedes seiner Worte die schwarzen Augen sah, die für mich leuchteten und ganz von mir erfüllt waren. Als er zu Ende gesprochen hatte, ging ich zu ihm, etwas beschämt, doch ohne die kleine rote Rose loszulassen: »Jacques, wirst du mich jetzt nicht mehr lieb haben?«

Er lächelte und drückte mich an sein Herz: »Du bist dumm, ich werde dich nur um so mehr lieben.«

Und so war es in der Tat. Die Geschichte der roten Rose änderte nichts an der Liebe und Zärtlichkeit meiner Mutter Jacques, nicht einmal an seiner Laune. Ich glaube, er litt sehr, doch er zeigte es nie. Kein Seufzer, keine Klage, nichts. Genau wie vorher ging er noch immer am Sonntag *dorthin* und begegnete allen freundlich. Nur die Krawattenknoten wurden abgeschafft. Sonst war er stets ausgeglichen und stolz, er arbeitete sich tot und ging mutig durchs Leben mit einem einzigen Ziel vor Augen, dem Wiederaufbau unseres Heims ... O Jacques! Meine Mutter Jacques!

Von dem Tag an, da ich die schwarzen Augen ungehindert, ohne Gewissensbisse lieben konnte, stürzte ich mich voller Ungestüm in meine Leidenschaft ... Ich wich und wankte nicht aus dem Haus von Pierrotte. Ich hatte alle Herzen dort erobert — mit welchen Schamlosigkeiten, mein Gott! — Monsieur Lalouette Zucker bringen, eine Partie mit der sehr verdienstvollen Dame spielen, nichts war mir zuviel ...

Ich hieß ›Möchte-gern-gefallen‹ in diesem Haus ... Im allgemeinen kam ›Möchte-gern-gefallen‹ so um die Mittagszeit. Zu dieser Stunde war Pierrotte im Geschäft, und Mademoiselle Camille saß ganz allein oben im Salon mit der sehr verdienstvollen Dame. Sobald ich kam, zeigten sich die schwarzen Augen ganz rasch, und fast im gleichen Augenblick ließ uns die sehr verdienstvolle Dame allein. Diese edelmütige Gesellschaftsdame glaubte sich jedes Dienstes enthoben, wenn sie mich dort wußte. Schnell, schnell mit der Köchin in den Anrichteraum, und vorwärts, Karten gespielt! Ich beklagte mich nicht darüber. Stellt euch vor, ein trautes Zwiegespräch mit den schwarzen Augen!

Mein Gott! Die schönen Stunden, die ich in diesem kleinen gelben Salon verbracht habe! Fast immer hatte ich ein Buch mit, einen meiner Lieblingsdichter, und ich las den schwarzen Augen daraus vor, die sich — je nachdem — mit Tränen füllten oder Blitze schleuderten. Unterdessen stickte Mademoiselle Pierrotte in unserer Nähe Pantoffeln für ihren Vater oder spielte ihre ewigen ›Träumereien von Rosellen‹ vor; doch wir ließen sie gewähren, da könnt ihr sicher sein. Manchmal jedoch machte diese Kleinbürgerin an den erschütterndsten Stellen mit hoher Stimme eine abgeschmackte Bemerkung wie: ›Ich muß den Klavierstimmer kommen lassen ...‹ oder ›Ich habe zwei Stiche zuviel an meinem Pantoffel.‹ Dann klappte ich vor Ärger das Buch zu und wollte nicht weiterlesen; doch die schwarzen Augen schauten mich so bittend an, daß ich gleich wieder versöhnt war und fortfuhr.

Es war sicher sehr unvorsichtig, uns immer so allein in diesem gelben Salon zu lassen. Stellt euch vor — wir beide — die schwarzen Augen und ›Möchtegern-gefallen‹ waren zusammen keine vierunddreißig Jahre alt ... Zum Glück verließ uns Mademoiselle Pierrotte nie, und sie übte eine sehr weise, sehr umsichtige, sehr wache Aufsicht, wie sie zur Bewachung der Pulvertürme nun einmal vonnöten ist.

Eines Tages — ich erinnere mich noch — saßen wir, die schwarzen Augen und ich, an einem lauen Maiennachmittag auf einem Sofa im Salon, das Fenster stand halb offen, die großen Vorhänge waren heruntergelassen und fielen bis auf den Boden. An jenem Tag lasen wir *Faust!* ... Als die Lektüre beendet war, glitt mir das Buch aus den Händen; wir verharrten einen Augenblick schweigend, eng aneinandergelehnt, im Halbdunkel. Sie hatte ihren Kopf auf meine Schulter gelegt. Durch den leicht aufspringenden Kragen sah ich kleine silberne Medaillen am Ende des Busentuches schimmern. Plötzlich tauchte Mademoiselle Pierrotte zwischen uns auf. Ihr hättet sehen sollen, wie geschwind sie mich an das andere Ende des Sofas schickte — und welche Strafpredigt sie uns hielt! »Was ihr da treibt, ist sehr böse, liebe Kinder«, sagte sie zu uns. »Ihr mißbraucht das Vertrauen, das man euch beweist. Sie müssen mit dem Vater über Ihre Pläne sprechen ... Ach Daniel! Wann werden Sie mit ihm reden?« Ich versprach, in Kürze mit Pierrotte zu sprechen, sobald ich mein Gedicht fertig hätte. Dieses Versprechen beschwichtigte unsere Aufseherin ein wenig; doch wie dem auch sei, seit jenem Tag war es den schwarzen Augen verboten, sich neben ›Möchtegern-gefallen‹ aufs Sofa zu setzen.

O ja! Sie war eine sehr gestrenge Person, diese Mademoiselle Pierrotte. Stellt euch vor, in der ersten Zeit wollte sie den schwarzen Augen nicht erlauben, mir zu schreiben; zu guter Letzt jedoch willigte sie ein unter der ausdrücklichen Bedingung, daß man ihr die Briefe zeigte.

Leider begnügte sich Mademoiselle Pierrotte nicht damit, die allerliebsten, so leidenschaftlichen Briefe zu lesen, die mir die schwarzen Augen schrieben, sie fügte häufig noch Sätze ihrer Machart hinzu, wie zum Beispiel: ›Heute morgen bin ich traurig. Ich habe in meinem Schrank eine Spinne gefunden. Spinne am Morgen, Kummer und Sorgen.‹

Oder aber: ›Man gründet keinen Hausstand mit Pfirsichkernen . . .‹

Und dann der ewige Refrain: »Sie müssen mit dem Vater über Ihre Pläne sprechen . . .«

Worauf ich immer wieder antwortete: »Wenn ich mein großes Gedicht fertig habe! . . .«

VIII *Eine Lesung in der Passage du Saumon*

Zuletzt vollendete ich denn dieses berühmte Gedicht. Nach vier Monaten Arbeit war ich damit fertig, und ich erinnere mich, daß ich den letzten Vers kaum noch schreiben konnte, so zitterten meine Hände vor Fieber, Stolz, Freude und Ungeduld.

Im Glockenturm von Saint-Germain war das ein großes Ereignis. Für einen Tag wurde Jacques wieder der Jacques von früher, der Jacques der Papparbeiten und der kleinen Leimtöpfe. Er machte für mich ein wunderschönes Heft, in das er eigenhändig mein Gedicht abschreiben wollte; und bei jedem Vers schrie er vor Bewunderung, trampelte er vor Begeisterung ... Ich selbst war weniger überzeugt von meinem Werk. Jacques liebte mich zu sehr; ich mißtraute ihm. Ich hätte mein Gedicht gern irgend jemandem vorgelesen, der objektiv war und unvoreingenommen. Doch zum Teufel, ich kannte niemanden!

In der Milchstube hatte ich zwar genügend Gelegenheiten gehabt, Bekanntschaften zu schließen. Seit wir reich waren, aß ich am Stammtisch im hinteren Saal. Es waren an die zwanzig junge Leute, Schriftsteller, Maler, Architekten, oder besser gesagt, die Samenkörner von alledem. Heute sind die Samenkörner aufgegangen; einige dieser jungen Männer sind berühmt geworden, und wenn ich ihre Namen in den Zeitungen lese, zerreißt es mir das Herz — denn aus mir wurde nichts! — Als ich an den Stammtisch kam, empfingen mich alle diese jungen Leute mit offenen Augen; doch da ich zu schüchtern war, um an den Gesprächen teilzunehmen, war ich bald wieder vergessen und mitten unter ihnen ebenso allein wie vorher an meinem kleinen Tisch im vorderen Saal. Ich hörte zu; ich sprach nicht ...

Einmal in der Woche aß ein sehr berühmter Dichter mit uns, dessen Name mir nicht mehr einfällt, den aber diese Herren nach einem seiner Gedichte Baghavat nannten. An diesen Tagen wurde Bordeaux zu achtzehn Sous getrunken; und beim Nachtisch trug der große Baghavat dann eins seiner indischen Gedichte vor. Die indischen Gedichte waren sein Steckenpferd. Eins hieß ›Lakçamana‹, ein anderes ›Daçaratha‹, ein drittes ›Kalatçala‹, ein viertes ›Bhagiratha‹ und dann noch ›Cudra‹, ›Gunocépa‹, ›Viçvamitra‹ ...; doch das schönste von allen war ›Baghavat‹. Wenn der Dichter ›Baghavat‹ vortrug, drohte der ganze hintere Saal einzustürzen. Wir brüllten, wir trampelten, wir stiegen auf die Tische. Zu meiner Rechten saß ein

kleiner Architekt mit roter Nase, der vom ersten Vers an schluchzte und sich die ganze Zeit mit meiner Serviette die Tränen abwischte ...
Ich ließ mich hinreißen und schrie lauter als alle anderen; doch im Grunde war ich gar nicht so vernarrt in ›Baghavat‹. Alles in allem waren sich diese indischen Gedichte sehr ähnlich. Sie handelten stets von einem Lotos, einem Kondor, einem Elefanten und einem Büffel; zur Abwechslung hieß der Lotos manchmal Lotus; doch abgesehen von dieser Variante war eine solche Rhapsodie so viel wert wie die andere: keine Leidenschaft, keine Wahrheit, keine Phantasie, nur Reime über Reime. Eine Irreführung! So dachte ich insgeheim über den großen Baghavat; und vielleicht hätte ich weniger hart geurteilt, hätte man mich ebenfalls um ein paar Verse gebeten; doch man bat mich um nichts, und das machte mich schonungslos ...
Übrigens stand ich nicht allein mit meiner Ansicht über die indische Poesie. Mein Nachbar zur Linken konnte auch keinen Geschmack daran finden. Ein eigenartiger Mensch, mein linker Nachbar: seine Kleidung war schmierig, abgetragen, glänzend, er hatte eine hohe kahle Stirn und einen langen Bart, in dem immer ein paar Fadennudeln hingen. Er war der Älteste am Tisch und bei weitem auch der Intelligenteste. Wie alle großen Geister sprach er wenig, er verschwendete sich nicht. Jeder achtete ihn. Von ihm sagten wir: ›Er ist sehr klug — er ist ein Denker.‹ Als ich die ironische Grimasse sah, die seinen Mund verzog, wenn er sich die Verse des großen Baghavat anhörte, hatte ich von meinem linken Nachbarn eine sehr hohe Meinung gewonnen: Das ist ein Mann mit Geschmack! ... Wenn ich ihm nun mein Gedicht vortragen würde!
Eines Abends — als wir von Tisch aufstanden — ließ ich eine kleine Flasche Branntwein kommen und schlug dem Denker vor, ein Glas mit mir zu leeren. Er willigte ein, ich kannte sein Laster. Während wir tranken, brachte ich das Gespräch auf den großen Baghavat, und fing an, viel Schlechtes über die Lotosblüten, die Kondore, die Elefanten und die Büffel zu sagen. Das war verwegen, Elefanten sind so rachsüchtig! ... Während ich sprach, goß sich der Denker Branntwein ein, ohne etwas zu sagen. Ab und zu lächelte er, nickte zustimmend mit dem Kopf und meinte dazu: ›So ... so ...‹ Ermutigt durch diesen ersten Erfolg, gestand ich ihm, ich hätte auch ein großes Gedicht geschrieben und würde es ihm gern zeigen. ›So ... so ...‹, grunzte der Denker, ohne eine Miene zu verziehen. Als ich ihn so geneigt fand, sagte ich mir: Das ist der richtige Augenblick! und zog mein Gedicht aus der Tasche. Ohne jede Regung schenkte sich der Denker ein fünftes

Gläschen ein und sah mir ruhig zu, wie ich mein Manuskript ausbreitete; doch im letzten Augenblick legte er seine alte Säuferhand auf meinen Arm: »Ein Wort, junger Mann, ehe Sie beginnen . . . Welches ist Ihr Kriterium?«
Ich sah ihn besorgt an.
»Ihr Kriterium! . . .« wiederholte der schreckliche Denker mit erhobener Stimme. »Welches ist Ihr Kriterium?«
Wehe! Mein Kriterium! . . . Ich hatte keins; ich hatte nie daran gedacht, daß ich eins haben müßte; und das sah man gleich an meinem erstaunten Blick, an meiner Röte, meiner Verwirrung.
Empört erhob sich der Denker: »Wie! Sie unglückseliger junger Mann, Sie haben kein Kriterium! . . . Überflüssig für mich, Ihr Gedicht zu lesen . . . ich weiß im voraus, was es taugt.« Daraufhin schenkte er sich rasch hintereinander die zwei oder drei Gläschen ein, die noch in der Flasche waren, nahm seinen Hut und ging, wild um sich schauend, hinaus.
Als ich am Abend meinem Freund Jacques mein Erlebnis erzählte, geriet er in einen schönen Zorn. »Dein Denker ist ein Dummkopf«, sagte er zu mir. »Was macht das schon aus, ob man ein Kriterium hat oder nicht? . . . Haben die Vögel vielleicht eins? . . . Ein Kriterium! Was ist das überhaupt? Wo wird so etwas hergestellt? Hat man so etwas schon gesehen? . . . Kriteriumsverkäufer, ach was!« Mein guter Jacques! Die Tränen standen ihm in den Augen wegen der Beleidigung, die meinem Meisterwerk und mir widerfahren war. »Hör zu, Daniel!« fuhr er nach einer Weile fort, »ich habe eine Idee . . . Da du nun mal dein Gedicht vorlesen möchtest, wie wäre es, wenn du es an einem Sonntag bei Pierrotte vorlesen würdest? . . .«
»Bei Pierrotte? . . . Aber Jacques!«
»Warum nicht? . . . Sicher! Pierrotte ist kein Genie, doch ein Dummkopf ist er auch nicht. Er hat einen klaren, gesunden, sehr redlichen Verstand . . . Camille wäre sicher ein ausgezeichneter Richter, wenn auch etwas voreingenommen. Die sehr verdienstvolle Dame hat viel gelesen. Der alte Vogel Lalouette ist auch nicht so taub, wie es den Anschein hat . . . Außerdem kennt Pierrotte in Paris sehr viele angesehene Persönlichkeiten, die man für diesen Abend einladen könnte . . . Was meinst du dazu? Soll ich mit ihm sprechen?«
Dieser Gedanke, meine Richter in der Passage du Saumon zu suchen, lockte mich wenig; auf der anderen Seite hatte ich so unbändige Lust, meine Verse vorzulesen, daß ich den Vorschlag von Jacques nach kurzem Murren annahm. Schon am nächsten Tag sprach er mit Pierrotte. Ob der gute Pier-

rotte genau verstanden hatte, worum es ging, das eben ist recht zweifelhaft; doch da sich ihm eine Gelegenheit bot, den Kindern von Mademoiselle gefällig zu sein, sagte der gute Mann ohne Zögern ›ja‹ und verschickte sofort Einladungen.

Nie hatte der kleine gelbe Salon ein solches Fest erlebt. Mir zu Ehren hatte Pierrotte das Beste vom Besten aus der Welt des Porzellans eingeladen. Am Abend der Lesung waren dort, außer der Stammbelegschaft, Monsieur und Madame Passajon mit ihrem Sohn, dem Tierarzt, einem der glänzendsten Schüler der Ecole d'Alfort; der jüngste Ferrouillat, Freimaurer, Schönredner, der gerade einen tollen Erfolg in der Großloge von Paris gehabt hatte; dann die Fougeroux mit ihren sechs Töchtern, die sich wie Orgelpfeifen aufstellten, und schließlich der ältere Ferrouillat, ein Mitglied der Literatengesellschaft Caveau, der Held des Abends. Als ich mich diesem bedeutenden Areopag gegenübersah, war ich bewegt ,wie ihr euch denken könnt. Da man ihnen gesagt hatte, sie seien hier, um eine Dichtung zu beurteilen, hatten alle diese guten Leute geglaubt, entsprechende Gesichter aufsetzen zu müssen, kalt, ausdruckslos, ohne Lächeln. Sie sprachen leise und ernst miteinander und wiegten ihre Köpfe wie Richter. Pierrotte, der nicht so geheimnisvoll tat, sah sie alle erstaunt an ... Als alle da waren, nahm man die Plätze ein. Ich saß mit dem Rücken zum Klavier, die Zuhörerschaft im Halbkreis um mich herum mit Ausnahme des alten Lalouette, der am gewohnten Platz seinen Zucker knabberte.

Nach kurzem Lärm stellte sich Ruhe ein, und ich begann, mit bewegter Stimme mein Gedicht zu lesen ...

Es war ein dramatisches Gedicht mit dem pompösen Titel ›Die Schäferkomödie‹ ... In den ersten Tagen seiner Gefangenschaft im Gymnasium von Sarlande vertrieb sich der kleine Dingsda die Zeit damit, seinen Schülern kleine Wundergeschichten zu erzählen, in denen viele Grillen, Schmetterlinge und andere Tierchen vorkamen. Aus drei dieser kleinen Märchen, die in Gesprächsform und Verse umgeschrieben wurden, hatte ich die ›Schäferkomödie‹ gemacht. Mein Gedicht bestand aus drei Teilen; doch an jenem Abend bei Pierrotte las ich nur den ersten Teil vor. Ich bitte um die Erlaubnis, hier diesen Teil der ›Schäferkomödie‹ einfügen zu dürfen, nicht als ausgewähltes Stück Literatur, sondern nur als ein Beweisstück, das zur *Geschichte des kleinen Dingsda* gehört. Stellt euch einen Augenblick vor, meine lieben Leser, ihr säßet im Kreis im kleinen gelben Salon, und Daniel Eyssette würde euch zitternd sein Gedicht vortragen.

Die Abenteuer eines blauen Schmetterlings

Die Szene spielt auf dem Land. Es ist sechs Uhr abends; die Sonne sinkt langsam. Wenn der Vorhang aufgeht, schwatzen ein blauer Schmetterling und ein junger Marienkäfer männlichen Geschlechts miteinander, rittlings auf einem Farnkrautsproß sitzend. Sie haben sich am Morgen getroffen und den Tag zusammen verbracht. Es ist spät; der Marienkäfer tut so, als ob er heimkehren wolle.

Der Schmetterling: Wieso! . . . Du willst schon gehn? . . .
Der Marienkäfer: Gewiß! Ich muß nach Haus. Bedenkt, es ist schon spät!
Der Schmetterling: Verdammt! Reiß nicht gleich aus!
Es ist doch nie zu spät, wieder nach Haus zu gehn . . .
Nur wird mir lang die Zeit daheim, und dir? Laß sehn?
Wie gar so dumm sind Türen, Wand und Fenster doch,
Wenn uns da draußen Tau und Sonne locken noch,
Und Klatschmohnblüten, frische Luft, und das und dies.
Wenn Klatschmohnblüten nicht nach deinem Sinn, gewiß,
So sag es mir . . .

Der Marienkäfer: Nein doch, Monsieur, ich lieb sie sehr.
Der Schmetterling: Wohlan, du Dummrian, so setz dich nicht zur Wehr;
Bleib noch bei mir. Du siehst, es ist so schön, so lind.
Der Marienkäfer: Ja doch ...
Der Schmetterling *wirft ihn ins Gras:* Wälz dich im Gras, es duftet uns, mein Kind.
Der Marienkäfer *wehrt sich:* Nein doch! Laßt mich in Ruh; ich schwör's, ich muß jetzt gehn.
Der Schmetterling: Still! Hast du ...
Der Marienkäfer *erschrocken:* Was denn?
Der Schmetterling: ... die kleine Wachtel gesehn,
Die singt, sich trunken an dem Nachbarweinstock labend,
Ein herrlich, köstlich Lied, am lauen Sommerabend,
Gar reizend anzuschauen, von diesem unserm Ort! ...
Der Marienkäfer: Das schon ...
Der Schmetterling: Seid still.
Der Marienkäfer: Was gibt's?
Der Schmetterling: Es kommen Menschen dort.
Menschen gehen vorbei.
Der Marienkäfer *hat eine Weile geschwiegen, jetzt leise:*
Gefährlich ist der Mensch, nicht wahr?
Der Schmetterling: Ja, sehr gefährlich.
Der Marienkäfer: Ich hab' stets Angst, einer zertritt im Gehen mich;
Schwer ihre Füße sind, doch zart die Lenden mein ...
Seid Ihr auch nicht grad groß, habt Ihr doch Flügel fein;
Und das ist viel!
Der Schmetterling: Fürwahr! Setzt Euch auf meinen Rücken,
Wenn Euch, mein Freund, die Bauerntölpel so bedrücken;
Ich bin sehr stark im Kreuz, und meine Flügel sind
Nicht zwiebelschalendünn, sie tragen Euch im Wind;
Hinbringen werd ich Euch, wohin Ihr wollt, und glaubt,
So lange, wie Ihr wünscht.
Der Marienkäfer: O nein! Monsieur! Erlaubt!
Das wagt ich nie ...!
Der Schmetterling: Ist es denn gar so schwer, du Tropf,
Hinaufzuklettern dort?
Der Marienkäfer: Nein, doch ...

Der Schmetterling: So tu's, Dummkopf!
Der Marienkäfer: Ihr bringt mich gleich nach Haus, habt Ihr es auch vernommen;
Denn sonst . . .
Der Schmetterling: Kaum aufgestiegen, auch schon angekommen.
Der Marienkäfer *klettert auf den Schmetterling:*
Bei uns wird abends noch stets ein Gebet gesprochen.
Versteht Ihr mich?
Der Schmetterling: Jetzt schnell, ein Stück zurückgekrochen!
So . . . Und jetzt aber Ruh an Bord! Es geht gleich los.
Brrr! Sie fliegen fort. Das Gespräch wird in der Luft fortgesetzt.
Mein Freund, du bist ja gar nicht schwer, das ist famos.
Der Marienkäfer *ängstlich:* Oh! Monsieur . . .
Der Schmetterling: Ja, was gibt's?
Der Marienkäfer: Ich kann nichts sehn . . . mein Kopf
Dreht sich wie wild; ich möchte runter . . .
Der Schmetterling: Ach, Du Tropf!
Wenn dir der Kopf sich dreht, mach doch die Augen zu!
Hast du sie zu?
Der Marienkäfer: Ja doch . . .
Der Schmetterling: Geht's besser?
Der Marienkäfer *kläglich:* Fliegt nur zu!
Der Schmetterling *lacht sich ins Fäustchen:*
Ihr seid mir doch ein schlechter Luftschiffahrer, Mann,
Das liegt im Blut . . .
Der Marienkäfer: Ach ja!
Der Schmetterling: Ihr seid nicht schuld daran,
Daß man den Lenkballon noch nicht erfunden hat.
Der Marienkäfer: O nein . . .
Der Schmetterling: Ihr seid am Ziel, mein Herr, 's ging alles glatt.
Läßt sich auf einem Maiglöckchen nieder.
Der Marienkäfer *öffnet die Augen:*
Pardon . . . hier wohn ich nimmermehr, daß Ihr's nur wißt!
Der Schmetterling: Ich weiß; doch da es noch so früh am Tage ist,
Bracht ich zur Maienblume Euch, gut Freund von mir;
Erlaubt, daß wir ein wenig uns erfrischen hier.
Der Marienkäfer: Ich habe keine Zeit . . .

Der Schmetterling: Ganz kurz, wie's sich gebührt ...
Der Marienkäfer: In die Gesellschaft bin ich auch nicht eingeführt.
Der Schmetterling: Kommt doch! Ich stell Euch vor als meinen Bastardsohn;
Man nimmt dann gut dich auf ...
Der Marienkäfer: Auch ist es spät jetzt schon!
Der Schmetterling: Ach nein! es ist nicht spät; die Grille singt ja noch ...
Der Marienkäfer *leise:* Ich hab kein Geld ...
Der Schmetterling *zieht ihn mit fort:*
Komm schon. Maiglöckchen zahlt's ja doch.
Sie treten beim Maiglöckchen ein.

—— Vorhang ——

Zweiter Akt

Wenn der Vorhang aufgeht, ist es schon beinahe dunkel.
Man sieht die beiden Kameraden das Maiglöckchen verlassen ...
Der Marienkäfer ist leicht berauscht.

Der Schmetterling *hält seinen Rücken hin:* Nun aber rasch, auf geht's!
Der Marienkäfer *steigt brav auf:* Auf geht's!
Der Schmetterling: Nun gut! Sag an!
Wie findest du das Maiglöckchen?
Der Marienkäfer: Doch, ein feiner Mann;
Ihr dürft in seinen Keller und das ganze Haus ...
Der Schmetterling: Sie da! Phoebe! Sie schaut zu ihrem Fenster raus;
Wir müssen uns beeilen ...
Der Marienkäfer: Beeilen, wozu?
Der Schmetterling: Sag an, eilt dir's nicht mehr zurückzukehren, du? ...
Der Marienkäfer: Zum Beten nur muß früh genug zur Stell ich sein ...
Zudem ist's nicht mehr weit, dort drüben muß es sein!
Der Schmetterling: Wenn du's nicht eilig hast, ich bin es nicht, darum ...
Der Marienkäfer, *überströmend:*
Wie nett, und lieb du bist! ... Ich weiß gar nicht, warum,
Nicht jedermann mag dich auf dieser Welt. Es heißt,
Ein Bummelant, ein Widerspenstiger du seist!

Dichter und Luftikus! ...
Der Schmetterling: Sieh an! und wer sagt das?
Der Marienkäfer: Mein Gott! Der Mistkäfer ...
Der Schmetterling: Ach klar! das dicke Aas!
Er nennt mich Luftikus, weil ihm sein Bauch nicht paßt.
Der Marienkäfer: Doch ist nicht er's allein, der dich so haßt ...
Der Schmetterling: Sag bloß!
Der Marienkäfer: Die Schnecken auch sind wahrlich deine Freunde nicht,
Ameise, Skorpion den Stab über dich bricht.
Der Schmetterling: Wirklich?
Der Marienkäfer *vertraulich:* Der Spinne, hör, mach ja niemals den Hof,
Sie findet häßlich dich.
Der Schmetterling: Was man ihr sagt', war doof.
Der Marienkäfer: Die Ansicht könnten Raupen häufig beweisen ...
Der Schmetterling: Glaub's gern! ... Doch sage mir! Wie steht's in deinen Kreisen,
Denn zu den Raupenkreisen zählst du ja wohl nicht.
Bin ich ungern gesehn? ...
Der Marienkäfer: Bei Gott! Das kommt drauf an!
Die Jugend ist für dich, die Alten allgemein,
Sie finden, dein sittlich Gefühl sei halt zu klein.
Der Schmetterling, *traurig:* Ich sehe schon, ich habe nicht viel Sympathie! Kurzum ...
Der Marienkäfer ... so ist das nicht. Die Brennessel, ja sie,
Die ist dir gram; der Frosch, er haßt dich, selbst die Grille
Zirpt, spricht sie von dir, »Sch ... Schmetterling«, ganz schrille.
Der Schmetterling: Wie alle diese Buben, hassest du mich auch?
Der Marienkäfer: Auf deinem Rücken flieg ich schön als wie ein Hauch,
Ich liebe dich; Maiglöckchenstuben sind so fein,
Und köstlich! ... Sag, solltest du etwa müde sein,
So laß uns doch noch rasch mal eben kurz einkehren,
Gleich wo du willst, ich würd mich auch nicht schrecklich wehren!
Der Schmetterling: Du wirst mir etwas schwer, doch daran liegt es nicht.
Der Marienkäfer *zeigt auf die Maiglöckchen:*
Los, hier hinein, da ruhst du aus von dem Gewicht.
Der Schmetterling: Danke nein! ... Maiglöckchen; ich möcht was andres sehn.

Daneben wär mir lieber . . .
Der Marienkäfer: Willst du zur Rose gehn? . . .
Nein, niemals nein . . .
Der Schmetterling *zieht ihn mit:*
Komm schon! Es wird uns niemand sehn.
Sie gehen leise zur Rose.

—— Vorhang ——

Im dritten Akt . . .

Doch ich möchte die Geduld meiner verehrten Leser nicht länger mißbrauchen. Verse vermögen heutzutage nicht zu gefallen. Ich höre hier mit meinem Text auf und will mich damit begnügen, den Rest des Gedichts zu erzählen.

Im dritten Akt ist die Nacht ganz hereingebrochen. Die beiden Kameraden kommen gemeinsam aus der Rose. Der Schmetterling will den Marienkäfer mit zu seinen Eltern nehmen; doch der weigert sich; er ist völlig betrunken, springt im Gras herum und stößt aufrührerische Schreie aus. Der Schmetterling muß ihn nach Hause bringen. Sie trennen sich unter der Türe und versprechen, sich bald wiederzusehen . . . Und nun geht der Schmetterling allein durch die Nacht. Auch er ist etwas berauscht, doch seine Trunkenheit ist traurig: Er denkt an das, was der Marienkäfer ihm anvertraut hat, und fragt sich bitter, warum ihn so viele Leute hassen, ihn, der keinem jemals etwas zuleide tut . . . Kein Mond am Himmel, der Wind weht, das Land ist ganz dunkel . . . Der Schmetterling hat Angst, er friert; doch er tröstet sich bei dem Gedanken, daß sein Kamerad in Sicherheit ist, in einem warmen guten Bettchen liegt. Da sieht man in der Dunkelheit undeutlich große Nachtvögel lautlos über die Bühne fliegen. Etwas blitzt auf. Böse Tiere, die unter Steinen auf der Lauer liegen, zeigen einander den Schmetterling. ›Den haben wir!‹ sagen sie. Und während der Unglückliche voller Schrecken ängstlich hin- und herflattert, spießt ihn im Vorüberfliegen eine Distel mit einem kräftigen Schwerthieb auf, ein Skorpion schlitzt ihm mit seinen Zangen den Bauch auf, eine dicke behaarte Spinne reißt ihm einen Zipfel seines blauen Satinmantels ab, und zum Schluß bricht ihm eine Fledermaus mit dem Schlag ihres Flügels das Rückgrat. Der Schmetterling fällt tödlich getroffen zu Boden ... Während er im Gras verröchelt, freuen sich die Brennesseln, und die Frösche sagen: ›Das geschieht ihm recht!‹

Im Morgengrauen finden die Ameisen, die mit ihren kleinen Beuteln und ihren Feldflaschen zur Arbeit gehen, den Leichnam am Wegrand. Sie schauen ihn kaum an und entfernen sich, ohne ihn begraben zu wollen. Die Ameisen arbeiten nicht unentgeltlich ... Zum Glück kommt eine Brüderschaft von Totengräbern vorbei. Wie ihr wißt, sind das kleine schwarze Aaskäfer, die gelobt haben, die Toten zu begraben. Gottesfürchtig spannen sie sich vor den toten Schmetterling und ziehen ihn auf den Friedhof. Eine neugierige Menge drängt sich am Weg, und ein jeder stellt laut Betrachtungen an ... Die kleinen braunen Grillen, die in der Sonne vor ihren Türen sitzen, sagen ernst: ›Er hat die Blumen zu sehr geliebt!‹ — ›Er trieb sich nachts zuviel herum!‹ fügen die Schnecken hinzu, und die dickbäuchigen Mistkäfer wackeln in ihren Goldröcken hin und her und brummen vor sich hin: ›Zu leichtfertig! Zu leichtfertig!‹ Aus der großen Menge hört man nicht ein Wort des Bedauerns für den armen Toten; nur in den Ebenen rundum haben die großen Lilien ihre Blüten geschlossen, und die Grillen singen nicht.

Die letzte Szene spielt auf dem Friedhof der Schmetterlinge. Nachdem die Totengräber ihr Werk verrichtet haben, tritt ein feierlicher Maikäfer an die Gruft, legt sich auf den Rücken und beginnt, die Leichenrede für den Verstorbenen zu halten. Leider hat er kein Gedächtnis; er bleibt dort liegen, die Beinchen in die Luft gestreckt, fuchtelt wild herum und verstrickt sich in seinen Worten ... Als der Redner fertig ist, zieht sich ein jeder zurück; und nun sieht man auf dem verlassenen Friedhof den Marienkäfer der ersten Szenen hinter einem Grab hervorkommen. In Tränen aufgelöst, kniet er auf der frischen Erde des Grabhügels nieder und spricht ein rührendes Gebet für seinen armen kleinen Kameraden, der dort unten ruht.

IX *Du wirst Prozellan verkaufen*

Beim letzten Vers meines Gedichts sprang Jacques begeistert auf und wollte Bravo rufen; doch er hielt plötzlich inne, als er die bestürzten Gesichter dieser guten Leute sah.

Fürwahr, ich glaube, wäre das Feuerpferd der Apokalypse in diesen kleinen gelben Salon hereingestürmt gekommen, es hätte dort nicht mehr Verwirrung angestiftet als mein blauer Schmetterling. Die Passajons, die Fougeroux, ganz verstört durch das soeben Gehörte, schauten mich aus großen runden Augen an; die beiden Ferrouillats machten sich Zeichen. Keiner gab einen Laut von sich. Ihr könnt euch denken, wie mir zumute war ...

Mitten in das Schweigen und die allgemeine Bestürzung platzte plötzlich eine Stimme — und was für eine Stimme — ausdruckslos, matt, kalt, ohne Ton, eine Geisterstimme, die aus der Ecke am Klavier kam und mich auf meinem Stuhl erzittern ließ. Es war das erstemal seit zehn Jahren, daß man den Mann mit dem Vogelkopf, den verehrten Lalouette, sprechen hörte: »Ich bin sehr froh, daß sie den Schmetterling getötet haben«, sagte der merkwürdige Alte und knabberte mit grimmigem Gesicht an seinem Zukker. »Ich kann Schmetterlinge nicht leiden! ...«

Alle mußten lachen, und die Diskussion über mein Stück begann.

Das Mitglied des Clubs Caveau fand das Werk etwas zu lang und ermunterte mich, es auf ein oder zwei ganz typisch französische kleine Lieder zusammenzustreichen. Der Schüler von Alfort, ein Naturforscher, gab mir zu bedenken, daß Marienkäfer Flügel haben, was dem Handlungsablauf jede Wahrscheinlichkeit nehme. Ferrouillat behauptete, das irgendwo schon einmal gelesen zu haben. »Hör nicht auf sie«, sagte Jacques leise zu mir, »es ist ein Meisterwerk.« Pierrotte sagte gar nichts; irgend etwas schien ihn zu beschäftigen; vielleicht hatte der gute Mann, der neben seiner Tochter saß, während der Lesung die ganze Zeit in seiner Hand eine kleine allzu empfindsame Hand zittern fühlen oder zufällig einen leuchtenden schwarzen Blick aufgefangen; fest steht, daß Pierrotte an diesem Tag — das kann man wohl sagen — einen ganz seltsamen Ausdruck hatte, den ganzen Abend nicht von der Seite seiner Tochter wich, ich nicht ein Wort mit den schwarzen Augen sprechen konnte und ich mich sehr früh verabschiedete, ohne mir noch ein neues Liedchen des Mitglieds aus dem Caveau-Club anzuhören, was dieser mir nie verziehen hat.

Zwei Tage nach dieser denkwürdigen Lesung erhielt ich einen ebenso kurzen wie beredten Brief von Mademoiselle Pierrotte. ›Kommen Sie rasch, mein Vater weiß alles.‹ Und etwas weiter unten hatten meine schwarzen Augen unterschrieben: ›Ich liebe Sie.‹

Ich muß zugeben, ich war etwas verwirrt durch diese gewichtige Neuigkeit. Seit zwei Tagen lief ich mit meinem Manuskript von Verleger zu Verleger, und ich kümmerte mich weniger um die schwarzen Augen als um mein Gedicht. Und der Gedanke an eine Aussprache mit diesem derben Cevenner Pierrotte lockte mich nicht sonderlich ... So kehrte ich denn trotz des dringenden Rufs der schwarzen Augen einige Zeit nicht *dorthin* zurück und beruhigte mich selbst hinsichtlich meiner Absichten mit dem Gedanken: Wenn ich mein Gedicht verkauft haben werde ... Unglücklicherweise verkaufte ich es nicht.

Zu jener Zeit — ich weiß nicht, ob es heute noch so ist — waren die Herren Verleger sehr gütig, sehr höflich, sehr großzügig, sehr entgegenkommend; doch sie hatten einen grundsätzlichen Fehler: man traf sie nie an. Wie bestimmte ganz winzige Sterne, die sich nur den großen Fernrohren des Observatoriums zu erkennen geben, waren diese Herren für die Menge nicht sichtbar. Zu welcher Tageszeit man auch bei ihnen vorsprach, es hieß immer, man solle wiederkommen ...

Mein Gott! Wie viele solcher Läden habe ich abgeklappert! Wie viele Türknöpfe an Glastüren habe ich gedreht! Wie oft habe ich vor den Auslagen der Buchhandlungen gestanden und mich mit klopfendem Herzen gefragt: ›Gehe ich rein? Gehe ich nicht rein?‹ Drinnen war es warm. Es roch nach frisch gedrucktem Buch. Es wimmelte von kleinen kahlköpfigen, sehr beschäftigten Männern, die einem hinter dem Ladentisch von einer Ausziehleiter herunter antworteten. Der Verleger aber blieb unsichtbar ... Jeden Abend kehrte ich nach Hause zurück, traurig, müde, nervös. »Nur Mut«, sagte Jacques zu mir, »morgen hast du bestimmt mehr Glück.« Und am nächsten Tag machte ich mich wieder ans Werk, mit meinem Manuskript bewaffnet. Von Tag zu Tag fühlte ich es schwerer, lästiger werden. Zuerst trug ich es stolz unter dem Arm wie einen neuen Regenschirm; doch zum Schluß schämte ich mich seiner, steckte es in meine Brusttasche und knöpfte meinen Gehrock sorgfältig zu.

So vergingen acht Tage. Der Sonntag kam. Jacques ging wie gewöhnlich zu Pierrotte essen; doch er ging allein. Ich war so müde von meiner Jagd nach unsichtbaren Sternen, daß ich den ganzen Tag liegenblieb.

Am Abend, als Jacques nach Hause kam, setzte er sich auf den Rand meines Betts und schimpfte behutsam mit mir: »Hör mal, Daniel! Es ist nicht richtig, daß du nicht *dorthin* gehst. Die schwarzen Augen weinen, sind sehr traurig; sie sterben vor Kummer, dich nicht zu sehen. Wir haben den ganzen Abend von dir gesprochen . . . Ach, du Schelm, sie liebt dich ja so sehr!« Die arme Mutter Jacques hatte Tränen in den Augen, als er das sagte.
»Und Pierrotte?« fragte ich zaghaft. »Pierrotte, was sagt der?«
»Nichts! Er schien nur sehr erstaunt, dich nicht zu sehen . . . Du mußt hingehen, Daniel; du gehst doch, nicht wahr?« — »Gleich morgen, Jacques, ich verspreche es dir.«
Während wir miteinander sprachen, stimmte Coucou-Blanc, die gerade nach Hause gekommen war, ihr endloses Lied an: ›Tolocototignan! Tolocototignan!‹ Jacques mußte lachen: »Weißt du eigentlich«, sagte er leise zu mir, »daß die schwarzen Augen auf unsere Nachbarin eifersüchtig sind? Sie glauben, sie sei ihre Rivalin. Was ich auch sagte, man wollte mich nicht verstehen . . . Die schwarzen Augen sind eifersüchtig auf Coucou-Blanc! Das ist doch zu komisch, nicht wahr?« Ich tat so, als lachte ich darüber wie er; doch in meinem Innern schämte ich mich, als ich daran dachte, daß es wohl meine Schuld war, wenn die schwarzen Augen auf Coucou-Blanc eifersüchtig waren.
Am andern Tag begab ich mich nachmittags zur Passage du Saumon. Am liebsten wäre ich gleich in den vierten Stock hinaufgegangen, um mit den schwarzen Augen zu sprechen, ehe ich mit Pierrotte zusammentraf. Doch das war nicht möglich. Ich mußte in das Geschäft gehen und mich neben ihn hinter den Ladentisch setzen. Von Zeit zu Zeit klang eine kleine Flötenweise unaufdringlich aus dem hinteren Raum zu uns herüber.
»Monsieur Daniel«, sagte der Mann aus den Cevennen zu mir mit einer Sicherheit der Sprache und einer Leichtigkeit des Ausdrucks, die ich an ihm nie erlebt hatte, »was ich von Ihnen wissen möchte, ist sehr einfach, und ich werde kurzen Prozeß machen. Das kann man wohl sagen . . . die Kleine liebt Sie sehr . . . Lieben Sie sie wirklich, Sie auch?«
»Mit meiner ganzen Seele, Monsieur Pierrotte.«
»Dann ist alles gut. Hören Sie, was ich Ihnen vorzuschlagen habe . . . Sie sind zu jung und die Kleine auch, um in den nächsten drei Jahren ans Heiraten zu denken. Sie haben also drei Jahre Zeit, sich eine Stellung zu schaffen. Ich weiß nicht, ob Sie vorhaben, für immer im Geschäft der blauen Schmetterlinge zu bleiben; aber ich weiß sehr genau, was ich an Ihrer Stelle tun

würde ... Das kann man wohl sagen ... Ich würde meine Geschichtchen stehen und liegen lassen und in das *Ehemalige Haus Lalouette* eintreten, ich würde mich mit dem täglichen Einerlei der Porzellanwarenbranche vertraut machen und es so einrichten, daß Pierrotte in drei Jahren, wenn er älter geworden ist, in mir einen tüchtigen Teilhaber und Schwiegersohn zugleich findet ... Nun? Was sagen Sie dazu, mein Lieber?«

Darauf versetzte mir Pierrotte einen kräftigen Stoß mit dem Ellenbogen und fing an zu lachen, zu lachen ... Natürlich glaubte der arme Mann, mich überglücklich zu machen, wenn er mir anbot, ich könne an seiner Seite Porzellan verkaufen. Ich hatte nicht den Mut, mich zu erzürnen, nicht einmal den, ihm zu antworten; ich war wie erschlagen ...

Die Teller, die farbigen Gläser, die Alabasterglocken, alles tanzte um mich herum. Hirten und Hirtinnen aus zartfarbenem unglasiertem Porzellan, die auf einem Regal gegenüber dem Ladentisch standen, schauten mich mit spöttischer Miene an und schwenkten ihre Hirtenstäbe: ›Du wirst Porzellan verkaufen!‹ Etwas weiter weg wiegten die chinesischen Porzellanfiguren in violetten Kleidern ihre ehrwürdigen Dickköpfe, so, als wollten sie dem zustimmen, was die Hirten gerade gesagt hatten: ›Ja ... ja ... Du wirst Porzellan verkaufen!‹ Und aus dem hinteren Raum pfiff die ironische und tückische Flöte leise vor sich hin: ›Du wirst Porzellan verkaufen ... Du wirst Porzellan verkaufen!‹

Es war zum Verrücktwerden.

Pierrotte glaubte, die Erschütterung und die Freude hätten mir die Sprache verschlagen.

»Wir werden heute abend darüber sprechen«, sagte er mir und wollte mir Zeit lassen, mich zu fangen. »Gehen Sie jetzt zur Kleinen hinauf ... Das kann man wohl sagen ... die Zeit wird ihr lang vorkommen.«

Ich ging zur Kleinen hinauf, die ich im gelben Salon antraf, wo sie in Gesellschaft der sehr verdienstvollen Dame an ihren ewigen Pantoffeln stickte ... Meine geliebte Camille möge mir vergeben! Nie schien mir Mademoiselle Pierrotte so sehr Pierrotte zu sein wie an jenem Tag; nie hat mich ihre ruhige Art und Weise, die Nadel mit dem Faden durch den Stoff zu ziehen und laut die Stiche zu zählen, so irritiert. Mit ihren kleinen roten Fingern, ihren geröteten Wangen, dem friedlichen Ausdruck auf dem Gesicht sah sie aus wie eine dieser Schäferinnen aus bemaltem unglasiertem Porzellan, die mir vorhin so dreist zugerufen hatten: ›Du wirst Porzellan verkaufen!‹ Zum Glück waren auch die schwarzen Augen da, ein wenig verschleiert, etwas melancholisch, doch so aufrichtig froh, mich wiederzusehen, daß ich ganz gerührt war. Das dauerte nicht lange. Gleich nach mir kam Pierrotte herein. Zweifellos hatte er nicht mehr gar zu viel Vertrauen zur sehr verdienstvollen Dame.

In diesem Augenblick verschwanden die schwarzen Augen, und das Porzellan siegte auf der ganzen Linie. Pierrotte war sehr heiter, sehr gesprächig, unerträglich. Ein wahrer Landregen von ›Das kann man wohl sagen‹ ging nieder. Lautes Abendessen, viel zu lang ... Nach Tisch nahm mich Pierrotte beiseite, um mich an seinen Vorschlag zu erinnern. Ich hatte Zeit gehabt, mich zu fassen, und ich sagte ihm ziemlich gelassen, die Sache bedürfe der Überlegung, ich wolle ihm in einem Monat Bescheid geben.

Sicher war der Mann aus den Cevennen sehr erstaunt, wie wenig Eifer ich zeigte, sein Angebot anzunehmen, doch er war feinfühlig genug, sich nichts anmerken zu lassen.

»Abgemacht«, sagte er zu mir, »in einem Monat!« Und es war nicht mehr die Rede davon ... Gleichwohl hatte es mich sehr getroffen. Den ganzen Abend ging mir das ›Du wirst Porzellan verkaufen‹ nicht wieder aus den Ohren. Ich hörte es im Knabbern des Vogelkopfes, der gerade mit Madame Lalouette hereingekommen war und sich in die Ecke neben dem Klavier gesetzt hatte; ich hörte es in den Trillern des Flötenspielers, in den ›Träumereien von Rosellen‹, die Mademoiselle Pierrotte selbstverständlich wieder spielen mußte; ich las es aus den Bewegungen all dieser bürgerlichen

Marionetten, aus dem Zuschnitt ihrer Kleider, aus dem Muster der Tapete, aus der Allegorie der Wanduhr — Venus pflückt eine Rose, der ein Amor mit abgeblätterter Vergoldung entfliegt —, aus der Form der Möbel, aus den kleinsten Details dieses abscheulichen gelben Salons heraus, in dem die gleichen Menschen jeden Abend die gleichen Dinge sagten, das gleiche Klavier jeden Abend die gleiche Träumerei spielte, und den die Gleichförmigkeit seiner Abende zu einem lebenden Bild machte. Der gelbe Salon ein lebendes Bild! . . . Wo hieltet Ihr Euch verborgen, schöne schwarze Augen? . . .

Als ich von diesem langweiligen Abend nach Hause kam, erzählte ich meiner Mutter Jacques die Vorschläge Pierrottes; er war noch entrüsteter als ich: »Daniel Eyssette, Porzellanwarenhändler! . . . Nein! Das wollen wir erst mal sehen!« sagte der gute Junge, rot vor Zorn . . . »Das ist so, als würde man Lamartine vorschlagen, Streichhölzer zu verkaufen, oder Sainte-Beuve, kleine Handbesen zu vertreiben. Du alter Dummkopf, Pierrotte! . . . Schließlich darf man es ihm nicht übelnehmen; er weiß es nicht besser, der arme Mann. Wenn er den Erfolg deines Buches sieht und alle Zeitungen voll von dir sind, wird er ganz schnell einen anderen Ton anstimmen.«

»Ganz sicher, Jacques; doch damit die Zeitungen über mich schreiben, muß mein Buch erst einmal erscheinen, und ich sehe schon, es wird nicht erscheinen. Warum? Aber mein Lieber, weil ich keinen Verleger zu fassen bekomme und weil diese Leute für die Dichter nie zu Hause sind. Sogar der große Baghavat ist gezwungen, seine Verse auf eigene Kosten zu drucken.«

»Gut, dann machen wir es eben wie er«, sagte Jacques und schlug mit der Faust auf den Tisch. »Wir werden auf eigene Kosten drucken.«

Ich schaute ihn ganz verblüfft an: »Auf eigene Kosten? . . .«

»Ja, mein Kleiner, auf eigene Kosten . . . Genau! Der Marquis läßt augenblicklich den ersten Band seiner Memoiren drucken. Ich sehe seinen Drucker jeden Tag. Er ist ein Elsässer, der eine rote Nase hat und gutmütig aussieht. Ich bin sicher, er gibt uns Kredit . . . Fürwahr! Wir werden ihn nach und nach bezahlen, je nachdem wie sich dein Buch verkauft . . . So, das ist abgemacht; gleich morgen spreche ich mit meinem Mann.«

Jacques geht tatsächlich am nächsten Tag zu dem Drucker und kommt begeistert zurück: »Alles klar«, sagt er zu mir, »morgen geht dein Buch in Druck. Das kostet uns neunhundert Francs, eine Kleinigkeit. Ich werde Wechsel à dreihundert Francs ausstellen, zahlbar jeweils nach drei Monaten. Jetzt hör mir gut zu. Wir verkaufen den Band zu drei Francs, wir drucken in einer Auflage von tausend Exemplaren; also muß dein Buch uns dreitausend Francs einbringen ..., verstehst du, dreitausend Francs. Davon bezahlen wir den Drucker und noch je einen Franc pro Exemplar für die Buchhändler, die dein Werk verkaufen, einschließlich der Sendung an die Journalisten. Es bleibt uns ein Gewinn von elfhundert Francs, klar wie Felswasser. Nun? Ganz schön für den Anfang ...«

Und ob das schön war, das will ich meinen! ... Keine Jagd auf unsichtbare Sterne mehr, kein demütigendes Stehenbleiben vor den Türen der Buchhandlungen und obendrein noch elfhundert Francs, die man auf die hohe Kante legen könnte für den Wiederaufbau des Heims ... Das war eine Freude an jenem Tag im Glockenturm von Saint-Germain! Was für Pläne, was für Träume! Und wie viele kleine Wonnen habe ich an den folgenden Tagen tropfenweise ausgekostet: in die Druckerei gehen, die Fahnen korrigieren, die Farbe des Einbands besprechen, das Papier noch ganz feucht aus der Presse kommen sehen und darauf gedruckt meine Gedanken, zwei-, dreimal zum Binder gehen und zuletzt mit dem ersten Exemplar wiederkommen, das man mit zitternden Fingern öffnet ... Sagt, kann es etwas Köstlicheres in der Welt geben.

Ihr könnt euch denken, daß das erste Exemplar der ›Schäferkomödie‹ natürlich den schwarzen Augen zustand. Ich brachte es ihnen noch am selben Abend in Begleitung von Mutter Jacques, der meinen Triumph genießen wollte. Wir betraten den gelben Salon, stolz und strahlend. Alle waren da. »Monsieur Pierrotte«, sagte ich zu dem Mann aus den Cevennen, »erlauben Sie mir, Camille mein erstes Werk zu überreichen.« Und ich legte mein Buch in eine geliebte kleine Hand, die vor Freude zitterte. Oh! Hättet ihr das reizende ›Danke‹ sehen können, das die schwarzen Augen mir schenkten, und wie sie strahlten, als sie meinen Namen auf dem Einband lasen.

Pierrotte war weniger begeistert. Ich hörte, wie er Jacques fragte, wieviel mir ein solcher Band einbringen könne: »Elfhundert Francs«, antwortete Jacques völlig sicher.

Darauf unterhielten sie sich lange mit leiser Stimme, aber ich hörte ihnen nicht zu. Ich gab mich ganz der Freude hin, die schwarzen Augen zu sehen, die ihre langen seidenen Wimpern auf die Seiten meines Buches herabsenkten und voller Bewunderung wieder zu mir aufblickten ... Mein Buch! Die schwarzen Augen! Zwei Wonnen, die ich meiner Mutter Jacques verdankte ...

Ehe wir an jenem Abend wieder nach Hause gingen, durchstreiften wir lange die Passagen des Odéon, um zu sehen, wie sich die ›Schäferkomödie‹ in den Schaufenstern der Buchhandlungen ausnahm.

»Warte auf mich«, sagte Jacques zu mir; »Ich will fragen, wieviele verkauft worden sind.«
Ich wartete, ging auf und ab und schielte immer wieder verstohlen auf einen bestimmten grünen Einband mit schwarzen Netzen, der mitten in der Auslage glänzte. Nach einer Weile kam Jacques zurück; er war blaß vor Erregung.
»Mein Lieber«, sagte er zu mir, »eins ist schon verkauft. Ein gutes Omen ...«
Ich drückte ihm schweigend die Hand. Ich war zu bewegt, um zu sprechen; doch bei mir selbst dachte ich: ›Es gibt jemanden in Paris, der drei Francs aus seiner Börse genommen hat, um dieses Erzeugnis deines Gehirns zu kaufen, jemanden, der dich liest, dich kritisiert ... Wer ist dieser jemand? Ich möchte ihn gern kennen.‹ Ach! Zu meinem Unglück sollte ich ihn bald kennenlernen, diesen schrecklichen Jemand.
Am Tag nach dem Erscheinen meines Buches war ich im Begriff, am Stammtisch neben dem grausamen Denker zu Mittag zu essen, als Jacques, völlig außer Atem, hereingestürzt kam: »Große Neuigkeit!« sagte er zu mir und zog mich nach draußen. »Ich reise heute abend um sieben Uhr mit dem Marquis ab. Wir fahren nach Nizza zu seiner Schwester, die im Sterben liegt. Vielleicht bleiben wir lange weg ... Mach dir keine Sorgen wegen deines Lebensunterhalts. Der Marquis verdoppelt meine Bezüge. Ich kann dir hundert Francs monatlich schicken ... Was hast du denn? Du bist ja ganz blaß geworden. Ich bitte dich, Daniel, sei kein Kind. Geh jetzt wieder hinein, iß schnell und trinke eine halbe Flasche Bordeaux, damit du wieder Mut bekommst. Ich laufe inzwischen rasch zu Pierrotte, um Lebewohl zu sagen, benachrichtige den Drucker, lasse die Exemplare an die Journalisten verteilen ... Ich habe keine Minute Zeit zu verlieren. Um fünf Uhr treffen wir uns zu Hause.«
Ich sah ihm nach, wie er die Rue Saint-Benoît mit großen Schritten hinunterlief, dann ging ich ins Restaurant zurück; doch ich konnte weder essen noch trinken, und der Denker leerte die halbe Flasche Bordeaux allein. Der Gedanke, daß meine Mutter Jacques in wenigen Stunden nicht mehr da sein würde, schnürte mir das Herz zusammen. So viel ich auch an mein Buch dachte, an die schwarzen Augen, nichts konnte mich von dem Gedanken ablenken, daß Jacques abreisen und ich allein, ganz allein in Paris zurückbleiben, mein eigener Herr und für alle meine Handlungen selbst verantwortlich sein würde.
Wir trafen uns zur angegebenen Zeit. Obwohl er auch sehr bewegt war,

täuschte er bis zum letzten Augenblick größte Heiterkeit vor. Und bis zum letzten Augenblick zeigte er mir den Edelmut seines Herzens und die wunderbare Inbrunst, mit der er mich liebte. Er dachte nur an mich, an mein Wohlbefinden.

Unter dem Vorwand, er packe seinen Koffer, sah er meine Wäsche, meine Kleider durch: »Deine Hemden liegen in dieser Ecke, siehst du, Daniel ... deine Taschentücher daneben, dahinter die Krawatten.«

Und ich sagte zu ihm: »Du packst nicht deinen Koffer, Jacques, du räumst meinen Schrank auf ...«

Als alles fertig war, Schrank und Koffer, holten wir einen Wagen und fuhren an den Bahnhof. Unterwegs gab mir Jacques alle möglichen Ratschläge und Ermahnungen: »Schreib mir oft ... Schicke mir alle Artikel, die über dein Buch erscheinen, vor allem den von Gustave Planche. Ich werde ein dickes Heft binden und sie alle hineinkleben. Das wird das goldene Buch der Familie Eyssette sein ... Noch eins, du weißt, die Wäscherei kommt dienstags ... Laß dich vor allem nicht durch den Erfolg blenden ... Es ist klar, daß du einen sehr großen haben wirst, und die Erfolge in Paris sind sehr gefährlich. Zum Glück ist Camille da, um dich vor Versuchungen zu bewahren ... Worum ich dich aber vor allem bitte, Daniel, geh sehr oft *dorthin,* und bringe die schwarzen Augen nicht zum Weinen.«

In diesem Augenblick fuhren wir am Jardin des Plantes vorbei. Jacques lachte.

»Weißt du noch«, sagte er zu mir, »daß wir hier eines Nachts vorbeigegangen sind, das ist vier oder fünf Monate her? ... Nun? ... Was für ein Unterschied zwischen dem Daniel von damals und dem von heute! O ja, du hast ein schönes Stück Weg geschafft in vier Monaten! ...«

Der gute Jacques glaubte wirklich, ich wäre viel erwachsener geworden, und ich selbst war auch davon überzeugt, ich armer Tor!

Wir gelangten an den Bahnhof. Der Marquis war schon da. Von weitem sah ich den wunderlichen kleinen Mann mit seinem weißen Igelkopf in einem Wartesaal mit hüpfenden Schritten auf- und abgehen.

»Schnell, schnell, adieu!« sagte Jacques zu mir. Er nahm meinen Kopf in seine großen Hände, küßte mich drei- oder viermal mit aller Kraft und eilte dann zu seinem Henker.

Als er meinen Augen entschwand, hatte ich ein sonderbares Gefühl.

Mir war, als sei ich plötzlich wieder kleiner, schmächtiger, schüchterner, kindlicher, als habe mein Bruder das Mark meiner Knochen, meine Kraft, meine Kühnheit und die Hälfte meines Wuchses mit fortgenommen. Die Menschenmenge machte mir Angst. Ich war wieder der kleine Dingsda geworden ...

Die Dunkelheit brach herein. Langsam, auf dem längsten Weg über die einsamsten Quais kehrte der kleine Dingsda in seinen Glockenturm zurück. Der Gedanke, gleich in dem leeren Zimmer allein zu sein, machte ihn entsetzlich traurig. Er wäre am liebsten bis zum Morgen auf der Straße geblieben, doch er mußte nach Hause gehen. Als er an der Pförtnerwohnung vorbeikam, rief der Hausmeister ihm zu: »Monsieur Eyssette, ein Brief!«

Es war ein kleines elegantes, parfümiertes, seidig glänzendes Briefchen; eine weibliche Schrift, doch feiner, katzenartiger als die der schwarzen Augen ... Von wem konnte der Brief nur sein? Rasch brach ich das Siegel und las auf der Treppe im Schein der Gaslampe:

›Lieber Herr Nachbar!

Seit gestern liegt die ›Schäferkomödie‹ auf meinem Schreibtisch, allein es fehlt noch eine Widmung. Es wäre sehr liebenswürdig, Sie würden sie mir heute abend bei einer Tasse Tee in das Buch schreiben ... Sie verstehen! Ganz unter Künstlern. *Irma Borel.*‹

Und etwas weiter unten: *›Die Dame vom ersten Stock.‹*

Die Dame vom ersten Stock! ... Als der kleine Dingsda diese Unterschrift las, lief ihm ein heftiger Schauer über den ganzen Körper. Er sah sie wieder vor sich, so, wie sie ihm eines Morgens erschienen war, als sie in einem Wirbel von Samt schön, kalt, stattlich, mit ihrer kleinen weißen Narbe am Mundwinkel die Treppe hinuntergegangen war. Und bei dem Gedanken, eine solche Frau habe sein Buch gekauft, hüpfte sein Herz vor Stolz.

Er blieb einen Augenblick auf der Treppe stehen, hielt den Brief in der Hand und überlegte, ob er in sein Zimmer hinaufgehen oder gleich im ersten Stock Halt machen sollte. Dann fiel ihm plötzlich die Ermahnung von Jacques wieder ein: ›Vor allem, Daniel, bring die schwarzen Augen nicht zum Weinen!‹ Eine heimliche Ahnung warnte ihn, die schwarzen Augen könnten weinen, wenn er zu der Dame vom ersten Stock ginge, und Jacques würde es bestimmt wehtun.

Da steckte der kleine Dingsda den Brief entschlossen in seine Tasche und sagte zu sich: ›Ich werde nicht hingehen!‹

X *Irma Borel*

Coucou-Blanc öffnete ihm die Türe. — Denn, unnötig es euch zu sagen, fünf Minuten nachdem er sich geschworen hatte, er werde nicht hingehen, klingelte dieser eingebildete kleine Dingsda bei Irma Borel. — Als die entsetzliche Negerin ihn sah, lächelte sie gezwungen wie eine gutgelaunte Menschenfresserin und machte ihm mit ihrer dicken, glänzenden und schwarzen Hand ein Zeichen: »Kommen Sie!« Nachdem sie zwei oder drei sehr prunkvolle Salons durchquert hatten, blieben sie vor einer kleinen geheimnisvollen Türe stehen, durch die — von dickem Tapetenstoff halb erstickt — heisere Schreie, Schluchzen, Verwünschungen, krampfhaftes Lachen zu hören waren. Die Negerin klopfte, und, ohne eine Antwort abzuwarten, führte sie den kleinen Dingsda hinein.

Allein, in einem kostbaren, mit malvenfarbiger Seide ausgeschlagenen Boudoir, das in funkelndes Licht getaucht war, ging Irma Borel mit großen Schritten auf und ab und deklamierte. Ein weiter himmelblauer Morgenrock, ganz mit Spitzenstickerei bedeckt, hüllte sie ein wie eine Wolke. Einer der Ärmel des Morgenrocks war bis zur Schulter zurückgestreift und ließ einen schneeweißen Arm von unvergleichlicher Makellosigkeit sehen, der anstelle eines Dolches einen Brieföffner schwenkte. Die andere Hand, in die Spitzenstickerei vergraben, hielt ein offenes Buch . . .

Der kleine Dingsda blieb geblendet stehen. Noch nie war ihm die Dame vom ersten Stock so schön erschienen. Vor allem war sie weniger blaß als bei ihrer ersten Begegnung; im Gegenteil, sie war frisch und rosig, wenn auch von einem leicht gedämpften Rosa; an jenem Tag sah sie aus wie eine schöne Mandelblüte, und die kleine weiße Narbe am Mundwinkel trat nur um so weißer hervor. Ihr Haar, das er beim erstenmal nicht hatte sehen können, verschönte sie noch und milderte ihre etwas zu stolzen, ja fast harten Gesichtszüge. Ihre Haare waren blond, aschblond, graublond, ganz dicht und so fein, daß sie sich wie ein Goldnebel um ihren Kopf legten.

Als die Dame den kleinen Dingsda erblickte, unterbrach sie sogleich das Deklamieren. Sie warf ihren perlmuttenen Brieföffner hinter sich auf den Diwan, streifte mit einer bezaubernden Bewegung den Ärmel ihres Morgenrocks herunter, ging auf ihren Besucher zu und reichte ihm lässig die Hand.

»Guten Tag, mein lieber Nachbar!« sagte sie mit artigem Lächeln zu ihm.

»Sie überraschen mich mitten in tragischen Ausbrüchen! Ich lerne die Rolle der Klytämnestra ... Das ist einfach ergreifend.«
Sie ließ ihn auf einem Diwan neben sich Platz nehmen, und das Gespräch begann.
»Sie befassen sich mit der Schauspielkunst, Madame?« (›Meine liebe Nachbarin‹ wagte er nicht zu sagen.)
»Ach, wissen Sie, eine Laune — so wie ich mich schon mit Bildhauerei und Musik beschäftigt habe. Doch ich glaube, diesmal hat es mich schwer gepackt! Ich werde wohl im Théâtre-Français zum erstenmal öffentlich auftreten ...«

In diesem Augenblick ließ sich ein riesiger Vogel mit gelber Haube, heftig mit den Flügeln schlagend, auf dem lockigen Haar des kleinen Dingsda nieder.
»Sie brauchen keine Angst zu haben«, sagte die Dame und lachte über sein fassungsloses Gesicht, »das ist mein Kakadu ... ein gutes Tier, das ich von den Marquesasinseln mitgebracht habe.«
Sie nahm den Vogel, streichelte ihn, sagte zwei oder drei spanische Worte zu ihm und trug ihn zurück auf eine vergoldete Vogelstange am anderen Ende des Salons. Der kleine Dingsda machte große Augen. Die Negerin, der Kakadu, das Théâtre-Français, die Marquesasinseln ...
Was für eine sonderbare Frau!, dachte er voller Bewunderung bei sich.
Die Dame setzte sich wieder neben ihn, und die Unterhaltung wurde fortgesetzt. Zunächst bestritt die ›Schäferkomödie‹ das ganze Gespräch. Die Dame hatte sie gelesen und seit gestern noch einige Male gelesen; sie konnte ganze Verse auswendig und sagte sie begeistert auf. So etwas hatte die Eitelkeit des kleinen Dingsda noch nie auskosten dürfen. Man wollte wissen, wie alt er sei, wo er herkomme, wo er lebe, ob er ausgehe, ob er verliebt sei ... Auf alle diese Fragen antwortete er mit der größten Unbefangenheit, so daß die Dame vom ersten Stock nach einer Stunde genau Mutter Jacques kannte und die Geschichte des Hauses Eyssette mitsamt des armen Heims, das die Kinder, wie sie geschworen hatten, wieder aufbauen wollten. Wohlgemerkt, kein Wort von Mademoiselle Pierrotte. Es war da nur die Rede von einer jungen Person aus der großen Gesellschaft, die sich in Liebe für den kleinen Dingsda verzehrte, und von einem grausamen Vater — armer Pierrotte! — der ihrer Leidenschaft im Wege stand.
Mitten in diesen vertrauten Gesprächen kam jemand in den Salon. Es war ein alter Bildhauer mit weißer Mähne; er hatte der Dame, als sie noch bildhauerte, Stunden gegeben.
»Ich wette«, sagte er halblaut, während er den kleinen Dingsda mit recht spöttischen Blicken musterte, »ich wette, das ist Ihr neapolitanischer Korallenfischer.«
»Genau«, erwiderte sie lachend; dann wandte sie sich an den Korallenfischer, der höchst erstaunt zu sein schien, daß man ihm diesen Namen gab. »Erinnern Sie sich nicht mehr«, sagte sie zu ihm, »an den Morgen, an dem wir uns begegnet sind? ... Sie hatten nichts um den Hals, das Hemd stand offen, die Haare waren ungekämmt, in der Hand trugen Sie Ihren Steingutkrug ... Ich glaubte, einen jener kleinen Korallenfischer wiederzusehen,

wie man sie in der Bucht von Neapel antrifft. Und am Abend erzählte ich das meinen Freunden; doch damals hatten wir keine Ahnung, daß der kleine Korallenfischer ein großer Dichter ist, und daß auf dem Grund jenes Steingutkrugs ›Die Schäferkomödie‹ ruhte.«

Wen nimmt es wunder, daß der kleine Dingsda entzückt war, mit solch respektvoller Bewunderung behandelt zu werden! Während er sich verneigte und bescheiden lächelte, führte Coucou-Blanc einen neuen Besucher herein, der kein anderer war als der große Baghavat, der indische Dichter vom Stammtisch. Baghavat ging geradewegs auf die Dame zu und reichte ihr ein Buch mit grünem Einband.

»Ich bringe Ihnen Ihre Schmetterlinge zurück«, sagte er. »Ein merkwürdiges Zeug! ...«

Eine Geste der Dame unterbrach ihn. Er verstand, daß der Verfasser anwesend war, und lächelte nun seinerseits etwas gezwungen. Schweigen und Verlegenheit — bis die Ankunft eines dritten Besuchers allem wieder eine glückliche Wendung gab. Das war der Schauspiellehrer, ein häßlicher kleiner Buckliger, bleicher Kopf, rötliche Perücke, breites Lachen über verfaulten Zähnen. Ohne Buckel wäre dieser Bucklige angeblich der größte Schauspieler seiner Zeit geworden; doch da ihm sein Körperfehler nicht erlaubte, die Bretter zu besteigen, tröstete er sich damit, Schüler zu unterrichten und über alle Schauspieler der Welt Schlechtes zu sagen.

Sobald er eintrat, rief ihm die Dame zu: »Haben Sie die Israelitin gesehen? Wie war sie heute abend?«

Die Israelitin, das war die große Tragödin Rachel, die damals auf der Höhe ihres Ruhms stand.

»Sie wird von Mal zu Mal schlechter«, sagte der Schauspiellehrer achselzuckend, »dieses Mädchen empfindet nichts. Sie ist eine Schnepfe, eine richtige Schnepfe ...«

»Eine richtige Schnepfe«, fügte die Schülerin hinzu, und die beiden anderen wiederholten voller Überzeugung: »Eine richtige Schnepfe ...«

Kurz darauf bat man die Dame, etwas vorzutragen.

Ohne sich bitten zu lassen, stand sie auf, ergriff den Brieföffner aus Perlmutt, schlug den Ärmel ihres Morgenrocks zurück und begann zu deklamieren.

Gut oder schlecht? Der kleine Dingsda wäre in großer Verlegenheit gewesen, hätte er das sagen sollen. Geblendet von diesem schönen schneeweißen Arm, verzaubert von diesem goldblonden Haar, das wild hin und her flog, schaute er nur und hörte nicht zu. Als die Dame geendet hatte, klatschte er lauter als die anderen und erklärte seinerseits, Rachel sei eine Schnepfe, eine richtige Schnepfe.

Er träumte die ganze Nacht von diesem schneeweißen Arm und diesem Goldnebel. Und als er sich dann am anderen Morgen vor seine Reimwerkbank setzen wollte, kam dieser Zauberarm wieder und zupfte ihn am Ärmel. Da er nicht reimen konnte und nicht ausgehen wollte, schrieb er an Jacques und erzählte ihm von der Dame im ersten Stock.

»O mein Freund, was für eine Frau! Sie weiß alles, sie kennt alles. Sie hat Sonaten geschrieben, sie hat Bilder gemalt. Auf dem Kamin steht eine hübsche Kolumbine aus gebranntem Ton, die ihr Werk ist. Seit drei Monaten spielt sie Theater, und sie spielt viel besser als die berühmte Rachel. Diese Rachel scheint wirklich nur eine Schnepfe zu sein. — Kurz, mein Lieber, eine Frau, wie Du sie Dir nicht hättest träumen lassen. Sie hat alles gesehen, sie ist überall gewesen. Plötzlich sagt sie: ›Als ich in Sankt Petersburg war . . .‹. Nach einer Weile erklärte sie, sie ziehe die Reede von Rio der von Neapel vor. Sie besitzt einen Kakadu, den sie von den Marquesasinseln mitgebracht, eine Negerin, die sie beiläufig in Port-au-Prince aufgelesen hat . . . Doch ihre Negerin kennst Du ja, das ist unsere Nachbarin Coucou-Blanc. Trotz ihres wilden Aussehens ist diese Coucou-Blanc ein vortreffliches Mädchen, leise, zurückhaltend, ergeben; sie spricht immer nur in Sprichwörtern wie der gute Sancho. Wenn die Leute im Haus ihr die Würmer aus der Nase ziehen wollen über ihre Herrin, ob sie verheiratet ist, ob es irgendwo einen Monsieur Borel gibt, ob sie wirklich so reich ist, wie man sagt, antwortet Coucou-Blanc in ihrem Kauderwelsch: ›Was ich nicht weiß, macht mich nicht heiß!‹ oder aber ›Der Schuh allein weiß, ob die Strümpfe Löcher haben.‹ Sie hat hunderte solcher Redensarten auf Lager, und die Neugierigen haben bei ihr nie das letzte Wort . . . Weißt Du übrigens, wen ich bei der Dame vom ersten Stock getroffen habe? . . . Den indischen Dichter vom Stammtisch, den großen Baghavat persönlich. Er scheint sehr verliebt zu sein und macht für sie schöne Gedichte, in denen er sie abwechselnd mit einem Kondor, einer Lotosblume oder einem Büffel vergleicht; doch die Dame legt keinen großen Wert auf diese Huldigungen. Außerdem muß sie an so etwas gewöhnt sein; alle Künstler, die zu ihr kommen — und darunter bestimmt sehr berühmte — sind in sie verliebt.

Sie ist so schön, auf so seltsame Weise schön! . . . Wirklich, ich müßte für mein Herz fürchten, wäre es nicht schon vergeben. Zum Glück sind die schwarzen Augen da und verteidigen mich. Geliebte schwarze Augen! Heute will ich den Abend mit ihnen verbringen, und wir werden die ganze Zeit von Dir sprechen, meine Mutter Jacques.«

Als der kleine Dingsda diesen Brief gerade beendet hatte, klopfte es leise an die Türe. Es war die Dame vom ersten Stock, die ihm durch Coucou-Blanc eine Einladung schickte, mit ihr ins Théâtre-Français zu gehen und sich in ihrer Loge die Schnepfe anzusehen. Er hätte nur zu gern angenommen, doch da fiel ihm ein, daß er keinen Anzug besaß, und deshalb mußte er absagen. Das verdarb ihm gründlich die Laune. ›Jacques hätte mir einen Anzug machen lassen müssen‹, sagte er zu sich. ›Das ist unerläßlich ... Wenn die Besprechungen erscheinen, muß ich mich persönlich bei den Journalisten bedanken. Wie soll ich das ohne Anzug machen?‹ Am Abend ging er in die Passage du Saumon; doch dieser Besuch heiterte ihn kaum auf. Der Mann aus den Cevennen lachte zu viel und zu laut; Mademoiselle Pierrotte war zu braun. Die schwarzen Augen mochten ihm zuwinken und ihm in der geheimnisvollen Sprache der Sterne sanft zurufen ›Liebt mich!‹ — der Undankbare wollte nichts hören. Nach dem Essen setzte er sich traurig und verdrießlich in eine Ecke, und während das lebende Bild seine kleinen Weisen spielte, stellte er sich Irma Borel vor, wie sie in ihrer offenen Loge thronte, wie die schneeweißen Arme mit dem Fächer wedelten, der Goldnebel in der Lichterfülle des Saales glänzte. Ich würde mich schämen, könnte sie mich hier sehen, dachte er bei sich.

Mehrere Tage vergingen ohne neue Begebenheiten. Irma Borel gab kein Lebenszeichen mehr. Zwischen dem ersten und dem fünften Stock schienen die Verbindungen unterbrochen zu sein. Jeden Abend, wenn der kleine Dingsda an seiner Werkbank saß, hörte er den Wagen der Dame kommen, und ohne daß er besonders darauf achtete, ließen ihn das dumpfe Rollen der Kutsche und das »Bitte öffnen« des Kutschers erzittern. Er konnte nicht einmal ohne besondere Erregung die Negerin in ihr Zimmer kommen hören; wenn er den Mut gehabt hätte, wäre er zu ihr gegangen und hätte sich nach ihrer Herrin erkundigt. Trotz allem aber herrschten hier noch die schwarzen Augen. Der kleine Dingsda verbrachte viele Stunden in ihrer Nähe. Die übrige Zeit schloß er sich in seinem Zimmer ein, um Reime zu suchen, zum größten Erstaunen der Spatzen, die von allen Dächern rundum kamen und ihn besuchten, denn die Spatzen des Quartier Latin sind wie die sehr verdienstvolle Dame und haben eine merkwürdige Vorstellung von den Dachkammern der Studenten. Die Glocken von Saint-Germain

dagegen — die armen dem Herrn geweihten Glocken, die ihr ganzes Leben wie Karmeliterinnen eingesperrt sind — freuten sich, ihren Freund, den kleinen Dingsda, unentwegt vor seinem Tisch sitzen zu sehen, und um ihn zu ermutigen, musizierten sie für ihn, so schön sie nur konnten.
Mittlerweile kamen Nachrichten von Jacques. Er saß in Nizza und schilderte mit vielen Einzelheiten seine Wohnung: ›Wie würden Dich das schöne Land und das Meer unter meinen Fenstern inspirieren, mein lieber Daniel! Ich kann es kaum genießen! Ich komme nie raus ... Der Marquis diktiert den ganzen Tag. Dieser verdammte Kerl! Manchmal blicke ich zwischen zwei Sätzen kurz auf, dann entdecke ich ein kleines rotes Segel am Horizont, und rasch stecke ich wieder die Nase in mein Papier. Mademoiselle von Hacqueville ist immer noch sehr krank. Ich höre sie über uns husten und husten ... Ich selbst habe gleich nach unserer Ankunft einen heftigen Schnupfen erwischt, der nicht wieder weggehen will ...‹
Etwas weiter schrieb Jacques dann über die Dame vom ersten Stock: ›... Glaube mir, Du solltest nicht wieder zu dieser Frau gehen. Sie ist zu kompliziert für Dich; und soll ich Dir noch etwas sagen, ich wittere in ihr sogar eine Abenteuerin ... Schau! Gestern habe ich in den Hafen eine holländische Brigg einlaufen sehen, die gerade eine Reise um die Welt gemacht hatte und ankam mit japanischen Masten, Sparren aus Chile, einer Besatzung, so bunt wie eine Landkarte ... Wohlan, mein Lieber, ich finde, Deine Irma Borel gleicht diesem Schiff. Für eine Brigg ist es in Ordnung, daß sie viel unterwegs ist, aber bei einer Frau sieht das anders aus. Wer viel gereist ist und viele Länder gesehen hat, der macht im allgemeinen anderen viel zu schaffen ... Sei auf der Hut, Daniel, sei auf der Hut! Und bringe vor allem die schwarzen Augen nicht zum Weinen, ich beschwöre Dich! ...‹
Diese letzten Worte nahm sich der kleine Dingsda sehr zu Herzen. Die Beharrlichkeit, mit der Jacques über das Glück derjenigen wachte, die ihn nicht hatte lieben wollen, dünkte ihn bewundernswert. »O nein, Jacques! Du brauchst nichts zu fürchten; ich bringe sie nicht zum Weinen«, sagte er und faßte sogleich den festen Entschluß, nicht mehr zur Dame vom ersten Stock zu gehen ... Verlaßt euch nur auf den kleinen Dingsda, was die festen Entschlüsse anlangt!
Als an jenem Abend die Kutsche durchs Tor fuhr, achtete er kaum darauf. Auch das Lied der Negerin vermochte ihn nicht abzulenken. Es war eine Septembernacht, schwül und gewittrig ... Er arbeitete, die Tür war angelehnt. Plötzlich meinte er, die Holztreppe, die zu seinem Zimmer hinauf-

führte, knarren zu hören. Bald konnte er deutlich leise Schritte und das Rascheln eines Kleides ausmachen. Jemand kam herauf, das war sicher ... aber wer?

Coucou-Blanc war schon lange oben. Vielleicht wollte die Dame vom ersten Stock ihrer Negerin etwas sagen ...

Bei diesem Gedanken fühlte der kleine Dingsda sein Herz heftig klopfen; doch er hatte die Kraft, an seinem Tisch sitzen zu bleiben ... Die Schritte kamen immer näher. Auf dem Treppenflur blieben sie stehen. Einen Augenblick war es ganz still; dann wurde leise an die Türe der Negerin geklopft, die nicht antwortete.

Sie ist es, dachte er bei sich und rührte sich nicht vom Fleck. Plötzlich verbreitete sich duftendes Licht im ganzen Zimmer. Die Tür knarrte, jemand kam herein.

Nun fragte der kleine Dingsda, ohne sich umzudrehen, mit zitternder Stimme: »Wer da?«

XI *Das Zuckerherz*

Jacques ist nun schon zwei Monate weg, und vorläufig kommt er auch noch nicht zurück. Mademoiselle von Hacqueville ist tot. In Begleitung seines Sekretärs führt der Marquis seine Trauer durch ganz Italien spazieren, ohne auch nur für einen einzigen Tag das entsetzliche Diktat seiner Memoiren zu unterbrechen. Jacques ist überarbeitet und findet kaum die Zeit, seinem Bruder ein paar Zeilen aus Rom, Neapel, Pisa, Palermo zu schreiben. Doch wenn auch die Marken dieser Briefe häufig wechseln, so ist der Text fast immer der gleiche: ›Arbeitest Du? ... Wie geht es den schwarzen Augen? ... Ist die Besprechung von Gustave Planche schon erschienen? ... Bist du wieder bei Irma Borel gewesen?‹ Auf diese Fragen, immer dieselben, antwortet der kleine Dingsda immer wieder unverändert, er arbeite viel, der Verkauf des Buches sei sehr gut, den schwarzen Augen gehe es auch gut; Irma Borel habe er nicht wiedergesehen und auch von Gustave Planchard nichts gehört.
Was ist wahr an alledem? Ein letzter Brief, den der kleine Dingsda in einer Fieber- und Sturmnacht geschrieben hat, soll es euch vermelden.

An Monsieur Jacques Eyssette in Pisa

Sonntagabend, 10 Uhr.

›Jacques, ich habe Dich belogen. Seit zwei Monaten lüge ich nur noch. Ich schreibe Dir, ich würde arbeiten, dabei ist mein Schreibzeug seit zwei Monaten trocken. Ich schreibe Dir, der Verkauf meines Buches gehe gut, dabei ist seit zwei Monaten nicht ein einziges Exemplar verkauft worden. Ich schreibe Dir, ich würde Irma Borel nicht mehr sehen, dabei habe ich sie seit zwei Monaten nicht mehr verlassen. Und was die schwarzen Augen anlangt, weh mir! ... O Jacques, Jacques, warum habe ich nicht auf Deinen Rat gehört? Warum bin ich wieder zu dieser Frau gegangen?
Du hattest recht, sie ist eine Abenteuerin, weiter nichts. Zuerst hielt ich sie für klug. Das stimmt nicht, alles was sie sagt, hat sie von anderen. Sie hat kein Gehirn, kein Herz. Sie ist hinterhältig und zynisch, sie ist böse. Ich habe gesehen, wie sie in ihren Wutanfällen ihre Negerin mit der Reitpeitsche verprügelt, sie auf den Boden wirft, auf ihr herumtrampelt. Bei alledem ist sie Freidenkerin, sie glaubt weder an Gott noch an den Teufel, wohl aber blindlings an die Weisungen der Somnambulen und des Kaffeesatzes. Und

was ihre Begabung als Schauspielerin anlangt, so mag sie noch so viele Stunden bei einer buckligen Mißgeburt nehmen und zu Hause den ganzen Tag mit elastischen Kugeln im Mund herumlaufen, ich bin sicher, kein Theater wird sie haben wollen. Im privaten Leben dagegen ist sie eine stolze Komödiantin.

Wie konnte ich nur dieser Kreatur in die Klauen fallen, ich, der ich gerade das Gute und das Schlichte so liebe; ich weiß es wirklich nicht, mein armer Jacques; doch eins kann ich Dir schwören, ich bin ihr entflohen, und jetzt ist Schluß, es ist aus, aus, aus . . . Wenn Du wüßtest, wie feige und schwach ich war und was sie aus mir gemacht hat! . . . Ich hatte ihr meine ganze Geschichte erzählt: Ich sprach von Dir, von unserer Mutter, den schwarzen Augen. Ich möchte vor Scham vergehen, sage ich Dir . . . Ich habe ihr mein ganzes Herz geschenkt, ich habe ihr mein ganzes Leben enthüllt; doch von ihrem eigenen Leben hat sie mir niemals etwas preisgeben wollen. Ich weiß nicht, wer sie ist, ich weiß nicht, woher sie kommt. Eines Tages habe ich sie gefragt, ob sie verheiratet gewesen sei, da hat sie angefangen zu lachen. Du weißt doch noch, die kleine Narbe, die sie an der Lippe hat, die stammt von einem Messerstich, den man ihr dort drüben in ihrer Heimat, in Kuba, verpaßt hat. Ich wollte wissen, wer ihr das angetan hat. Sie hat mir ganz schlicht geantwortet: ›Ein Spanier namens Pacheco‹ — und kein Wort mehr. Das ist dumm, nicht wahr: Wie soll ich denn diesen Pacheco kennen? Hätte sie mir nicht ein paar Erklärungen geben müssen? . . . Ein Messerstich, zum Teufel, das ist doch nicht natürlich! Doch so ist das . . . Den Künstlern, die immer um sie herum sind, verdankt sie den Ruf, eine seltsame und eigenartige Frau zu sein, und sie legt Wert auf diesen Ruf . . . Oh, diese Künstler, mein Lieber, wie ich sie verabscheue. Weißt Du, diese Leute, die immer mit Statuen und Bildern leben, glauben zum Schluß, es gebe nur noch das auf der Welt. Sie sprechen ständig von Form, Linie, Farbe, griechischer Kunst, vom Parthenon, von Flachreliefs usw. Sie mustern Deine Nase, Deinen Arm, Dein Kinn. Sie stellen fest, ob man einen bestimmten Typ hat, ein Profil, Charakter; doch um das, was in unserer Brust schlägt, um unsere Leidenschaften, unsere Tränen, unsere Ängste kümmern sie sich so wenig wie um eine tote Ziege. Bei mir haben diese Leute herausgefunden, mein Kopf habe Charakter, meine Poesie jedoch überhaupt nicht. Die haben mich ganz schön ermutigt, nicht wahr?

Im Anfang unseres Verhältnisses hatte diese Frau geglaubt, sie könne ihre Hand auf ein Wunderkind legen, einen großen Dachstubendichter — sie ist mir so auf die Nerven gegangen mit ihrer Mansarde! Später, als ihr literarischer Kreis ihr bewiesen hatte, daß ich nur ein Dummkopf sei, hat sie mich behalten um meines charakteristischen Kopfes willen. Dieser Charakter, mußt Du wissen, änderte sich je nach den Leuten. Einer der Maler, der mich für einen italienischen Typ hielt, hat mich als Pifferaro Modell stehen lassen, ein anderer als algerischer Veilchenverkäufer, ein anderer ... was weiß ich! Meistens stand ich bei ihr Modell, und um ihr zu gefallen, mußte ich den ganzen Tag meinen Flitterkram anbehalten und in ihrem Salon neben dem Kakadu meine Rolle spielen. So haben wir viele Stunden verbracht; ich, als Türke, rauchte lange Pfeifen in einer Ecke ihrer Chaiselongue, sie saß am anderen Ende und deklamierte mit ihren elastischen Kugeln im Mund. Von Zeit zu Zeit unterbrach sie sich, um mir zu sagen: ›Was für einen Charakterkopf du hast, mein lieber Dani-Dan!‹ Wenn ich als Türke verkleidet war, nannte sie mich Dani-Dan; war ich ein Italiener, hieß ich Danielo, doch nie Daniel ... Übrigens habe ich die Ehre, in diesen beiden Gestalten bei der nächsten Malereiausstellung vertreten zu sein: im Kata-

log wird zu lesen sein ›Junger Pifferaro‹ (Madame Irma Borel) und ›Junger Fellache‹ (Madame Irma Borel). Und das bin ich ... so eine Schande!
Ich unterbreche einen Augenblick, Jacques. Ich will das Fenster aufmachen und ein wenig Nachtluft einatmen. Ich ersticke ... ich kann nichts mehr sehen.

Elf Uhr.

Die Luft tut mir gut. Wenn ich das Fenster auflasse, kann ich weiterschreiben. Es regnet, es ist sehr dunkel, die Glocken läuten. Wie trostlos dieses Zimmer ist! ... Liebes kleines Zimmer! Und früher hatte ich dich so gern; jetzt langweile ich mich hier. *Sie* war es, die dich mir vergällt hat; sie ist zu oft hier oben gewesen. Verstehst Du, sie hatte mich hier griffbereit, sozusagen im Haus; das war bequem. O nein, es war kein Arbeitszimmer mehr ...
Ob ich zu Hause war oder nicht, sie kam zu jeder Uhrzeit hier herein und stöberte überall herum. Eines Abends fand ich sie in einer Schublade wühlend, wo ich das verschließe, was mir das Kostbarste auf der Welt ist, die Briefe unserer Mutter, Deine, diejenigen der schwarzen Augen. Als ich eintrat, hatte Irma Borel gerade dieses Kästchen gefunden und wollte es öffnen. Ich konnte gerade noch hinzustürzen und es ihr aus den Händen reißen.
›Was tut Ihr da?‹ schrie ich sie empört an ...
Sie setzte ihre tragischste Miene auf: ›Ich habe die Briefe Eurer Mutter respektiert; doch diese hier gehören mir, ich will sie haben ... Gebt mir dieses Kästchen zurück!‹ — ›Was wollt Ihr damit machen?‹ — ›Die Briefe lesen, die es enthält ...‹
›Niemals‹, erwiderte ich, ›ich weiß nichts aus Eurem Leben, Ihr aber kennt alles aus dem meinen.‹
›Ach, Dani-Dan!‹ — Es war der Tag des Türken. — ›Ach, Dani-Dan, ist es möglich, daß Ihr mir das zum Vorwurf macht? Geht Ihr bei mir nicht ein und aus, wann Ihr wollt? Kennt Ihr nicht alle, die zu mir kommen?‹
Während sie sprach, und das mit ihrer schmeichlerischsten Stimme, versuchte sie, mir das Kästchen zu entwinden.
›Na schön!‹ sagte ich zu ihr, ›da dem so ist, erlaube ich Euch, es zu öffnen, doch unter einer Bedingung ...‹ — ›Welche?‹ — ›Ihr sagt mir, wo Ihr jeden Morgen von acht bis zehn Uhr hingeht?‹
Sie erbleichte und schaute mir fest in die Augen ... Darüber hatte ich noch nie ein Wort zu ihr gesagt. Nicht etwa, daß ich nicht darauf gebrannt hätte, es zu wissen. Dieses geheimnisvolle allmorgendliche Ausgehen machte mich neugierig, beunruhigte mich, genau wie die Narbe, wie dieser Pacheco und

die ganze Art und Weise dieser seltsamen Existenz. Ich hätte es gern gewußt, doch gleichzeitig hatte ich Angst, es zu erfahren. Ich fühlte, daß sich dahinter irgendein schändliches Geheimnis verbarg, das mich gezwungen hätte zu fliehen ... An jenem Tag jedoch wagte ich es, sie danach zu fragen, wie Du siehst. Sie war sehr überrascht.
Sie zögerte einen Augenblick, dann sagte sie mit Anstrengung und einer dumpfen Stimme: ›Gebt mir das Kästchen, und Ihr sollt alles wissen.‹
Da gab ich ihr das Kästchen; es ist schändlich, Jacques, nicht wahr? Sie öffnete es, vor Vergnügen zitternd, und las sämtliche Briefe — es waren an die zwanzig — langsam, halblaut, ohne eine Zeile auszulassen. Diese Liebesgeschichte, frisch und keusch, schien sie sehr zu interessieren. Ich hatte sie ihr schon erzählt, doch auf meine Art, indem ich die schwarzen Augen als ein Mädchen des höchsten Adels ausgab, das seine Eltern nicht mit diesem kleinen Plebejer Daniel Eyssette verheiraten wollten; darin erkennst Du wieder meine lächerliche Eitelkeit.
Ab und zu unterbrach sie ihre Lektüre, um zu sagen: ›Sieh mal an, das ist ja hübsch!‹ oder aber: ›Oh, oh, für ein adliges Mädchen ...‹ Und jedesmal, wenn sie einen gelesen hatte, hielt sie ihn an die Kerze und sah mit bösem Lachen zu, wie er verbrannte. Ich ließ sie gewähren; ich wollte wissen, wohin sie jeden Morgen von acht bis zehn Uhr ging ...
Nun, unter den Briefen war einer, der auf Geschäftspapier des Hauses Pierrotte geschrieben war, auf einen Bogen mit Briefkopf, oben die drei kleinen grünen Teller und darunter: *Porzellan und Kristall. Pierrotte, Lalouette Nachfolger* ... Ihr armen schwarzen Augen! Sicher hatte es sie eines Tages im Laden verlangt, an mich zu schreiben, und den ersten besten Briefbogen hatten sie für gut befunden ... Du kannst Dir vorstellen, welche Entdekkung das für die Tragödin war!
Bis dahin hatte sie meine Geschichte von dem adligen Mädchen und den standesherrlichen Eltern geglaubt; doch als sie an diesen Brief gelangte, begriff sie alles und brach in schallendes Gelächter aus: ›Das also ist die junge Patrizierin, diese Perle des Adels ... sie heißt Pierrotte und verkauft Porzellan in der Passage du Saumon ... Oh! Jetzt verstehe ich, warum Ihr mir das Kästchen nicht geben wolltet‹ — und sie lachte, sie lachte ...
Mein Lieber, ich weiß nicht, was in mich fuhr; die Scham, der Ärger, die Wut ... Ich sah rot. Ich stürzte mich auf sie, um ihr die Briefe zu entreißen. Sie bekam Angst, wich einen Schritt zurück, verstrickte sich in ihre Schleppe und stürzte mit einem lauten Schrei zu Boden. Ihre abscheuliche Negerin

hörte das vom Nebenzimmer aus und lief herbei, nackt, schwarz, abscheulich, mit zerzaustem Haar. Ich wollte sie daran hindern, ins Zimmer zu kommen, doch mit dem Rücken ihrer dicken schmierigen Hand drückte sie mich gegen die Wand und pflanzte sich zwischen ihrer Herrin und mir auf. Inzwischen war die andere wieder aufgestanden und weinte oder tat wenigstens so. Und heulend wühlte sie immer noch in dem Kästchen! ›Du weißt ja nicht‹, sagte sie zu ihrer Negerin, ›du ahnst ja nicht, warum er mich schlagen wollte? . . . Weil ich herausbekommen habe, daß sein adliges Fräulein überhaupt nicht adlig ist und Teller in einer Passage verkauft . . .‹

›Es ist nicht alles Gold, was glänzt‹, sagte die Alte, und es klang wie ein Richterspruch.

›Hier, schau‹, sagte die Schauspielerin, ›sieh mal, Liebespfänder, die ihm seine Krämerin geschenkt hat . . . Vier Strähnen aus ihren Knoten und ein Veilchensträußchen für einen Sou . . . Reich mir mal die Lampe, Coucou-Blanc!‹

Die Negerin hielt die Lampe näher; die Haare und die Blumen knisterten und brannten lichterloh. Ich ließ es geschehen; ich war wie erschlagen.

›Sieh mal! Was ist das denn?‹ fuhr die Schauspielerin fort und faltete ein Seidenpapier auseinander. ›Ein Zahn? . . . Nein! Das sieht aus wie Zucker . . . Ja, tatsächlich, das ist allegorisches Zuckerwerk . . . ein kleines Herz aus Zucker.‹

Ach! Eines Tages hatten die schwarzen Augen dieses Zuckerherz auf dem Markt von Prés-Saint-Gervais gekauft und mir geschenkt mit den Worten: ›Ich schenke Ihnen mein Herz.‹

Die Negerin sah es verlangend an.

›Willst du es, Coucou‹, schrie die Herrin. ›Schön, schnapp!‹

Und sie warf es ihr in den Mund, wie einem Hund . . . Vielleicht ist das albern, doch als ich den Zucker unter dem Gebiß der Negerin krachen hörte, erschauerte ich vom Kopf bis zu den Füßen. Mir war, als wäre es das lebendige Herz der schwarzen Augen, das dieses Ungeheuer so fröhlich verschlang. Du glaubst vielleicht, mein armer Jacques, nach alledem sei es ausgewesen zwischen uns? Eben nicht, mein Lieber. Wärst Du am nächsten Tag zu Irma Borel gekommen, dann hättest Du sie dort angetroffen, wie sie mit ihrem Buckligen die Rolle der Hermione einstudierte, und in einer Ecke auf einer Matte neben dem Kakadu hättest Du einen jungen Türken hocken sehen mit einer langen Pfeife, die dreimal um seinen Körper ging . . . Was für einen schönen Charakterkopf Ihr habt, mein Dani-Dan!

Aber als Preis für Deine Niederträchtigkeit, so wirst Du sagen, hast du doch wenigstens erfahren, was Du wissen wolltest, und was *sie* jeden Morgen von acht bis zehn trieb? Ja, Jacques, ich hab es erfahren, doch erst heute morgen nach einer entsetzlichen Szene, der letzten, ganz bestimmt —, die ich Dir schildern werde ... Doch pst! ... Jemand kommt die Treppe herauf ... Sollte sie es sein, sollte sie mich wieder quälen? Dazu ist sie durchaus fähig, auch nach dem, was vorgefallen ist. Warte! ... Ich will die Tür zweimal abschließen! ... Sie kommt nicht herein, Du brauchst keine Angst zu haben ...
Sie darf nicht hereinkommen.

Mitternacht.

Sie ist es nicht; es war ihre Negerin. Das hätte mich auch gewundert; ich habe ihren Wagen nicht zurückkehren hören. Coucou-Blanc hat sich schlafen gelegt. Durch die Wand höre ich das Glucksen der Flasche und den schrecklichen Refrain: ›Tolocototignan‹. Jetzt schnarcht sie; man könnte meinen, es klingt wie der Pendel einer großen Wanduhr.
Und nun höre, wie unsere traurige Liebschaft endete!
Vor ungefähr drei Wochen erklärte ihr der Bucklige, der ihr Stunden gibt, sie sei nun reif für die großen Erfolge auf der Bühne und er wolle sie zusammen mit ein paar anderen Schülern vorspielen lassen.
War meine Tragödin entzückt! ... Da man kein Theater zur Hand hat, kommt man überein, das Atelier eines dieser Herren in einen Vorführsaal umzuwandeln und an alle Theaterdirektoren Einladungen zu verschicken ... Nach langen Diskussionen entscheidet man sich für ›Athalie‹ als erstes Stück. Von allen Stücken, die auf dem Repertoire standen, war es dasjenige, das die Schüler des Buckligen am besten konnten. Um es auf die Beine zu stellen, bedurfte es nur noch einiger Verbesserungen und gemeinsamer Proben.
Also, auf mit ›Athalie‹ ... Da Irma Borel eine zu vornehme Dame war, um sich außer Hauses zu begeben, fanden die Proben bei ihr statt. Jeden Tag brachte der Bucklige seine Schüler mit, vier oder fünf große magere und feierliche Mädchen in französische Kaschmirschals zu dreizehn Francs fünfzig das Stück gehüllt, und drei oder vier andere arme Teufel in schwarz gefärbten Papieranzügen mit Köpfen wie Schiffsbrüchige ... Jeden Tag wurde geprobt, außer zwischen acht und zehn; denn trotz der Vorbereitungen für die Aufführung waren die geheimnisvollen Ausfahrten nicht eingestellt worden. Irma, der Bucklige, die Schüler, alle arbeiteten wie ra-

send. Zwei Tage lang vergaß man, den Kakadu zu füttern. Auch um den jungen Dani-Dan kümmerte man sich nicht ... Kurz, alles lief gut; man hatte das Atelier schön hergerichtet, die Bühne gebaut, die Kostüme waren fertig, die Einladungen verschickt. Da erkrankte drei oder vier Tage vor der Aufführung der junge Eliacin — ein kleines zehnjähriges Mädchen, die Nichte des Buckligen ... Was tun? Wo einen Eliacin finden, ein Kind, das in der Lage wäre, diese Rolle in drei Tagen zu lernen? ... Allgemeine Bestürzung.

Plötzlich dreht sich Irma Borel nach mir um: ›Dani-Dan, warum übernehmt Ihr die Rolle eigentlich nicht?‹ — ›Ich, Ihr scherzt wohl ... In meinem Alter!‹ — ›Sollte man etwa meinen, ein Mann ... Aber mein Kleiner, Ihr seht doch aus wie fünfzehn, auf der Bühne, im Kostüm, geschminkt, erscheint Ihr wie zwölf ... Außerdem paßt die Rolle sehr gut zum Charakter Eures Kopfes.‹

Mein lieber Freund, ich mochte mich noch so sehr sträuben, ich mußte tun, was sie wollte, wie immer. Ich bin so schwach.

Die Aufführung fand statt ... Ach! Wäre mir doch zum Lachen zumute, wieviel Vergnügen könnte ich Dir mit dem Bericht über diesen Tag bereiten ... Man hatte mit den Direktoren des Lustspieltheaters Gymnase und des Théâtre-Français gerechnet; doch offenbar hatten diese Herren anderwärts zu tun, und wir begnügten uns mit einem Direktor aus der Vorstadt, der im letzten Augenblick angeschleppt wurde. Alles in allem ging diese Familienvorstellung nicht allzu sehr daneben. Irma Borel erntete viel Beifall ... Für meinen Geschmack war diese ›Athalie‹ aus Kuba zu bombastisch, es fehlte ihr an Ausdruck, und sie sprach Französisch wie eine ... spanische Grasmücke; doch ihre Freunde, die Künstler, nahmen das nicht so genau. Das Kostüm war authentisch, der Knöchel schlank, der Hals gut gewachsen ... Mehr verlangten sie nicht. Was mich anlangt, so trug mir mein Charakterkopf auch einen sehr schönen Erfolg ein, doch war er natürlich weniger groß als der von Coucou-Blanc in der stummen Rolle der Amme. Es stimmt, daß der Kopf der Negerin noch mehr Charakter hatte als meiner. Und als sie im fünften Akt auftrat mit dem riesigen Kakadu auf der Faust — die Tragödin hatte gewünscht, wir sollten alle, ihr Türke, ihre Negerin, ihr Kakadu, in dem Stück mitwirken — und erstaunt ihre großen weißen, ganz wilden Augen verdrehte, brach der Saal in laute Bravorufe aus. ›Was für ein Erfolg!‹ meinte Athalie strahlend ...

Jacques! ... Jacques! Ich höre ihren Wagen zurückkommen. Ach! Diese elende Frau! Wo kommt sie so spät her? Sie hat unseren furchtbaren Vormittag wohl vergessen; ich zittere noch im Gedanken daran!

Die Tür ist wieder zugeschlossen ... Wenn sie bloß nicht heraufkommt! Siehst Du, die Nachbarschaft einer Frau, die man verflucht, ist ganz entsetzlich.

Ein Uhr.

Die Aufführung, die ich Dir oben geschildert habe, hat vor drei Tagen stattgefunden.

In diesen drei Tagen war sie heiter, sanft, liebevoll, charmant. Sie hat ihre Negerin nicht ein einziges Mal verprügelt. Mehrmals hat sie sich nach Dir erkundigt, ob Du immer noch hustest; und dabei mag sie Dich weiß Gott nicht ... Ich hätte etwas ahnen müssen.

Heute morgen betritt sie mein Zimmer, als es neun Uhr schlägt. Neun Uhr! ... Noch nie hatte ich sie um diese Uhrzeit gesehen! Sie kommt auf mich zu und sagt lächelnd: ›Es ist neun Uhr!‹

Dann wird sie plötzlich feierlich: ›Mein Freund‹, sagt sie zu mir, ›ich habe Euch betrogen. Als wir uns begegneten, war ich nicht frei. Es gab bereits einen Mann in meinem Leben, als Ihr auftauchtet; einen Mann, dem ich den Luxus, meine Liebhabereien, kurz, alles verdanke, was ich habe.‹

Ich habe Dir ja gleich gesagt, Jacques, daß sich hinter diesem Geheimnis irgendeine Niederträchtigkeit verbarg.

›Von dem Tag an, da ich Euch kennenlernte, war mir dieses Verhältnis verhaßt ... Wenn ich Euch nichts davon gesagt habe, so deshalb, weil ich wußte, daß Ihr zu stolz seid, um mich mit einem anderen zu teilen. Wenn ich nicht gebrochen habe, so deshalb, weil es mir schwerfiel, auf dieses sorglose und luxuriöse Leben zu verzichten, für das ich nun einmal geschaffen bin ... Heute kann ich nicht mehr so leben. Diese Lüge belastet mich, dieser tägliche Verrat macht mich wahnsinnig. Und wenn Ihr mich nicht verschmäht nach dem Geständnis, das ich Euch soeben gemacht habe, dann bin ich bereit, an irgend einem Ort mit Euch zu leben, wo Ihr wollt ...‹

Diese letzten Worte ›wo Ihr wollt‹ sagte sie mit leiser Stimme, ganz dicht bei mir, fast an meinen Lippen, um mich trunken zu machen ...

Ich hatte jedoch den Mut, ihr zu antworten — und sogar sehr kühl zu sagen —, ich sei arm, ich verdiente meinen Lebensunterhalt nicht selbst und ich könne sie nicht von meinem Bruder Jacques ernähren lassen.

Auf diese Antwort hin legte sie den Kopf mit triumphierender Miene zurück: ›Und wenn ich nun für uns beide einen ehrenhaften und sicheren Weg gefunden hätte, unser Leben zu verdienen, ohne daß wir auseinandergehen müssen, was würdet Ihr dann sagen?‹

Daraufhin zog sie aus einer ihrer Taschen ein geheimnisvolles Papier, das mit Stempeln versehen war, und fing an, es mir vorzulesen ... Es war ein Engagement für uns beide an einem Pariser Vorstadttheater; sie zum Preis von hundert Francs im Monat; ich zum Preis von fünfzig. Alles war vorbereitet, wir brauchten nur noch zu unterschreiben.

Ich sah sie entsetzt an. Ich fühlte, daß sie mich in einen Abgrund zerrte, und einen Augenblick hatte ich Angst, ich könnte nicht die Kraft haben, mich zur Wehr zu setzen ... Nachdem sie das Zauberpapier vorgelesen hatte, begann sie, ohne mir Zeit für eine Antwort zu lassen, von den Herrlichkeiten der Theaterlaufbahn zu schwärmen und von dem ruhmreichen Leben, das wir dort führen würden, frei, stolz, fern der Gesellschaft, ganz unserer Kunst und unserer Liebe hingegeben.

Sie sprach zu viel; das war ein Fehler. Ich hatte Zeit, mich zu fassen, in meinem Herzen meine Mutter Jacques anzurufen, und als sie mit ihrem Wortschwall fertig war, konnte ich ihr sehr kalt sagen: ›Ich will nicht Schauspieler werden!‹

Natürlich ließ sie nicht locker und fing mit ihren schönen Tiraden von vorne an.

Vergeblich ... Auf alles, was sie mir sagte, antwortete ich immer wieder nur: ›Ich will nicht Schauspieler werden!‹

Allmählich verlor sie die Geduld.

Sie wurde blaß und erklärte: ›Also ist es Euch lieber, ich gehe wieder von acht bis zehn dorthin, und es bleibt alles beim alten ...‹

Darauf antwortete ich etwas weniger kalt: ›Mir ist gar nichts lieber ... Ich finde es sehr ehrenwert von Euch, daß Ihr Euer Leben selbst verdienen und nicht mehr von der Großzügigkeit eines Herrn zwischen acht und zehn Uhr morgens abhängig sein wollt. Ich wiederhole nur, daß ich nicht die geringste Berufung für die Bühne in mir fühle und ich nicht Schauspieler werden will.‹

Nun ging sie in die Luft.

›Ach! Du willst nicht Schauspieler werden? Was willst du denn werden? Solltest du dich etwa für einen Dichter halten? Er hält sich für einen Dichter! ... Dazu fehlt dir aber auch alles, was man braucht, armer Irrer! Du glaubst, du seist ein Dichter, nur weil du ein schlechtes Buch hast drucken lassen, von dem keiner etwas wissen will, ich bitte dich! ... Unglücklicher, dein Buch ist doch Blödsinn, alle Leute sagen das. Seit zwei Monaten ist es

nun schon im Verkauf, und man hat ein einziges Exemplar verkauft, nämlich meins ... Du und ein Dichter, ich bitte dich! ... Nur dein Bruder glaubt an dieses dumme törichte Zeug. Das ist mir auch noch so ein netter naiver Tor! ... Und er schreibt so schöne Briefe! Er ist zum Totlachen mit seinem Artikel von Gustave Planche ... Unterdessen arbeitet er sich tot, damit du leben kannst; und du, was hast du eigentlich in dieser ganzen Zeit gemacht? Weißt du es wenigstens? Dir genügt es schon, daß dein Kopf einen gewissen Charakter hat; du ziehst dich als Türke an, und du glaubst, damit sei alles getan! ... Laß dir zunächst einmal gesagt sein, daß der Charakter deines Kopfes seit einiger Zeit nachläßt ... Du bist häßlich, sehr häßlich. Sieh dich doch bloß an! Ich bin sicher, wenn du zu deiner Puppe Pierrotte zurückgingest, sie würde dich nicht mehr haben wollen ... Und doch paßt ihr so richtig zusammen ... Ihr seid beide dazu geboren, Porzellan in der Passage du Saumon zu verkaufen. Das steht dir besser an, als Schauspieler zu werden ...‹

Sie geiferte, sie erstickte fast. So einen Irrsinn hast du noch nie gesehen. Und ich schaute sie wortlos an.

Als sie ausgeredet hatte, trat ich auf sie zu — ich zitterte am ganzen Körper — und sagte ganz ruhig: ›Ich will nicht Schauspieler werden!‹ Mit diesen Worten ging ich zur Tür, öffnete und wies sie aus meinem Zimmer.

›Ich soll gehen‹, lachte sie höhnisch ... ›O nein, noch nicht. Ich habe Euch noch viel zu sagen.‹

Diesmal konnte ich es nicht mehr ertragen. Das Blut schoß mir ins Gesicht. Ich ergriff einen der Feuerböcke vom Kamin und stürzte mich auf sie ... Sie hat gemacht, daß sie wegkam, das kann ich Dir sagen ... Mein Lieber, in diesem Augenblick habe ich den Spanier Pacheco verstanden.

Als sie weg war, habe ich meinen Hut genommen und bin auf die Straße gegangen. Den ganzen Tag bin ich herumgelaufen, nach rechts, nach links, wie ein Betrunkener ... Ach, wärst Du dagewesen ... Einen Augenblick habe ich daran gedacht, zu Pierrotte zu gehen, mich ihm zu Füßen zu werfen, und die schwarzen Augen um Verzeihung zu bitten. Ich war schon an der Tür des Geschäftes, doch ich wagte nicht einzutreten ... Zwei Monate war ich nun nicht mehr dort. Man hat mir geschrieben, keine Antwort. Man hat mich besucht, ich habe mich versteckt. Wie könnte man mir vergeben? Pierrotte saß hinter seinem Ladentisch. Er sah traurig aus ... Ich habe eine Weile vor dem Schaufenster gestanden und habe ihn angeschaut; dann bin ich weinend davongelaufen.

Als es dunkel wurde, bin ich nach Hause gegangen. Ich habe lange am Fenster geweint; und dann habe ich angefangen, an Dich zu schreiben. Ich werde die ganze Nacht hindurch an Dich schreiben. Mir ist, als seist Du da, als spräche ich mit Dir, und das tut mir gut.

Was für ein Scheusal, diese Frau! Wie sicher sie meiner war! Sie hielt mich für ein Spielzeug, ihr Eigentum! ... Begreifst Du? Mich in die Vorstadt schleppen und dort Theater spielen lassen! ... Hilf mir, Jacques, ich habe Sehnsucht, ich leide. Sie hat mir sehr weh getan, siehst Du! Ich glaube nicht mehr an mich, ich zweifle, ich habe Angst ... Was soll ich machen? ... Arbeiten? ... Weh mir! Sie hat recht, ich bin kein Dichter, mein Buch ist nicht verkauft worden ... Und was wirst Du nun tun, um den Drucker zu bezahlen?

Mein ganzes Leben ist verpfuscht. Ich sehe keinen Weg, ich weiß nicht weiter. Alles ist dunkel ... Es gibt Namen, die sind irgendwie bezeichnend. Sie heißt Irma Borel. Bei uns heißt Borel so viel wie ›bourreau‹, Henker. Irma Bourreau! ... Wie gut der Name zu ihr paßt! Ich möchte die Wohnung wechseln. Dieses Zimmer ist mir verhaßt. Außerdem laufe ich Gefahr, ihr auf der Treppe zu begegnen ... Übrigens kannst Du ganz ruhig sein, sollte sie jemals wieder heraufkommen ... Doch sie wird nicht wieder heraufkommen. Sie hat mich vergessen. Die Künstler sind ja da, um sie zu trösten ...

Ach, mein Gott! Was höre ich? ... Jacques, mein Bruder. Da ist sie. Ich sage Dir doch, da ist sie. Sie kommt hierher; ich habe ihren Schritt erkannt. Sie ist da, ganz nahe ... Ich höre ihren Atem ... Ihr Auge schaut mich an durch das Schlüsselloch, verbrennt mich ...‹

Dieser Brief wurde nicht abgeschickt.

XII *Tolocototignan*

Jetzt komme ich zu den dunkelsten Seiten meiner Geschichte, zu den Tagen der Not und der Schande; Daniel Eyssette lebt an der Seite dieser Frau als Schauspieler in der Pariser Vorstadt. Eigenartig! Diese Zeit meines Lebens, sehr bewegt, betäubend, laut, verworren, hat in mir Gewissensbisse zurückgelassen, kaum Erinnerungen. Dieser Teil meiner Erinnerung ist verwischt und unklar, ich sehe nichts, nichts ...

Doch, halt! ... Ich brauche nur die Augen zu schließen und zwei- oder dreimal diesen eigenartigen und melancholischen Refrain: ›Tolocototignan! Tolocototignan!‹ zu summen, und schon erwachen wie durch einen Zauber meine schlummernden Erinnerungen, tote Stunden stehen aus ihren Gräbern auf, und ich finde den kleinen Dingsda wieder, wie er damals war, in einem großen neuen Haus am Boulevard Montparnasse zwischen Irma Borel, die ihre Rollen probte, und Coucou-Blanc, die unaufhörlich sang: »Tolocototignan! Tolocototignan!«

Pfui Teufel! Was für ein scheußliches Haus! Jetzt sehe ich es, mit seinen tausend Fenstern, dem grünen und schmierigen Geländer, seinen gähnenden Ausgüssen, seinen numerierten Türen, den langen weißen Fluren, die nach frischer Farbe rochen ... ganz neu und schon verdreckt! In diesem Haus gab es einhundertundacht Zimmer; in jedem Zimmer lebte eine Familie. Und was für Familien! ... Den ganzen Tag hörte man Gezeter, Geschrei, Gepolter, Schlägereien; nachts Kindergeplärre, nackte Füße auf dem Fußboden, dann das gleichmäßige und schwere Schaukeln der Wiegen. Von Zeit zu Zeit zur Abwechslung Polizeibesuch.

Dort in dieser möblierten siebenstöckigen Spelunke hatten Irma Borel und Daniel Eyssette eine Zuflucht für ihre Liebe gefunden. Trostlose Behausung, und doch wie geschaffen für einen solchen Gast! ... Sie hatten sie genommen, weil sie in der Nähe ihres Theaters lag, und weil sie, wie in allen neuen Häusern, nicht viel bezahlten. Für vierzig Francs — der Preis für den, der die Wohnung trocken wohnt — hatten sie zwei Zimmer im zweiten Stock mit einem schmalen Balkon zum Boulevard, die schönste Wohnung des Hotels. Jeden Abend nach der Vorstellung kamen sie gegen Mitternacht nach Hause. Es war grausig, durch diese menschenleeren Straßen zurückzukommen, wo schweigsamer Pöbel, barhäuptige Mädchen und die langen Überzieher der grauen Patrouillen herumstrichen.

Sie gingen rasch, mitten auf der Straße. Zu Hause fanden sie etwas kaltes Fleisch an einem Ende des Tischs und die Negerin Coucou-Blanc, die auf sie wartete — denn Irma Borel hatte Coucou-Blanc behalten. Der Herr von Acht-bis-Zehn hatte seinen Kutscher, seine Möbel, sein Geschirr, seinen Wagen zurückgenommen. Irma Borel hatte ihre Negerin, ihren Kakadu, ein paar Schmuckstücke und ihre sämtlichen Kleider behalten. Selbstverständlich konnte sie diese nur noch auf der Bühne tragen, da die Samt- und Moiréschleppen nicht dafür gemacht waren, die Außenboulevards zu fegen ... Die Kleider allein nahmen eins der beiden Zimmer ein. Sie hingen dort überall herum an Kleiderständern aus Stahl, und mit ihren schweren seidenen Falten und ihren leuchtenden Farben bildeten sie einen eigenartigen Gegensatz zu dem verwaschenen Rot der Fliesen und dem verblichenen Mobiliar. In diesem Zimmer schlief die Negerin.

Dort hatte sie ihren Strohsack, ihr Hufeisen und ihre Schnapsflasche untergebracht. Aus Angst vor Feuer gab man ihr aber kein Licht. Und wenn sie nachts nach Hause kamen, kauerte Coucou-Blanc im Mondschein auf ihrem Strohsack und nahm sich zwischen den geheimnisvollen Kleidern aus wie eine alte Zauberin, die Blaubart zur Bewachung der sieben Gehängten dorthin gesetzt haben mochte. Das andere kleinere Zimmer war für sie beide und den Kakadu. Es bot gerade Platz genug für ein Bett, drei Stühle, einen Tisch und die große vergoldete Vogelstange.

So trostlos und so eng ihre Wohnung auch war, sie gingen nie aus. Die Zeit, die ihnen das Theater noch ließ, verbrachten sie zu Hause und lernten ihre Rollen, und dann, ich schwöre euch, herrschte fürchterliches Durcheinander. Von einem Ende des Hauses zum anderen hörte man ihr dramatisches Gebrüll: »Meine Tochter, gebt mir meine Tochter zurück!« — »Hier entlang, Gaspard!« — »Ihren Namen, ihren Namen, Elender!« Und obendrein noch die gellenden Schreie des Kakadus und die schrille Stimme von Coucou-Blanc, die unaufhörlich »Tolocototignan! . . . Tolocototignan!« vor sich hinsang.

Irma Borel war glücklich. Dieses Leben gefiel ihr; es machte ihr Spaß, die arme Künstlerfamilie zu spielen. »Ich bedaure nichts«, sagte sie oft. Was hätte sie bedauern sollen? An dem Tag, da die Not sie langweilen und sie es müde sein würde, den billigen Literwein zu trinken und diese gräßlichen Portionen mit brauner Sauce zu essen, die ihnen aus der Spelunke heraufgebracht wurden, an dem Tag, an dem sie die Schauspielerei in der Vorstadt satt haben sollte, an diesem Tag, das wußte sie, würde sie ihr früheres Leben weiterführen, und sie brauchte nur mit dem Finger zu winken und würde alles Verlorene wiederhaben.

Dieser Hintergedanke aber gab ihr Mut und ließ sie sagen: »Ich bedaure nichts.« Sie bedauerte nichts, nein; aber er? . . .

Sie waren zuerst beide in ›Gaspardo le Pêcheur‹ aufgetreten, einem der schönsten Rührstücke. Sie erntete sehr viel Beifall, bestimmt nicht für ihr Talent — schlechte Stimme, lächerliche Gesten —, sondern für die schneeweißen Arme, für ihre Samtkleider. Das Publikum dort ist eine solche Ausstattung mit blendend weißem Fleisch und prahlerischen Kleidern zu vierzig Francs der Meter Stoff nicht gewöhnt. Im Saal flüsterte man: »Das ist eine Herzogin!« und die staunenden Straßenjungen klatschten aus Leibeskräften . . .

Er dagegen hatte nicht einen solchen Erfolg. Man fand ihn zu klein; und dann hatte er auch Angst, er schämte sich. Er sprach leise, wie bei der Beichte: »Lauter! lauter!« rief man ihm zu. Doch seine Kehle schnürte sich zusammen und erstickte die Worte im Entstehen. Er wurde ausgepfiffen ... Das ist eben so! Was Irma auch sagen mochte, die Berufung fehlte. Und weil man ein schlechter Dichter ist, braucht man noch lange kein guter Schauspieler zu sein.

Die Kreolin tröstete ihn, so gut sie konnte. »Sie haben das Charakteristische deines Kopfes nicht begriffen«, sagte sie häufig. Der Direktor aber täuschte sich nicht über das Charakteristische seines Kopfes. Nach zwei tumultartigen Vorstellungen ließ er ihn in sein Büro kommen und sagte zu ihm: »Mein Kleiner, das Drama ist nicht deine Stärke. Wir sind auf dem Holzweg. Versuchen wir es mit dem Vaudeville. Ich glaube, das Lustspiel liegt dir besser.« Und vom nächsten Tag an probierte man es mit dem Vaudeville. Er spielte die jungen komischen Liebhaber, die verblüfften Stutzer, denen man Limonade anstelle von Sekt zu trinken gibt und die über die Bühne laufen und sich dabei den Bauch halten, die Dummköpfe mit rötlicher Perücke, die wie Schloßhunde heulen, »huh! ... huh! ... huh!!«, die Liebhaber vom Lande, die blöd die Augen verdrehen und sagen: »Fröllein, ich lieben Sie ... hoppla, ich lieben Sie so voll und ganz!«

Er spielte den Hanswurst, den Hasenfuß, alle jene, die häßlich sind, alle, über die man lachen muß, und um der Wahrheit willen muß ich sagen, er machte seine Sache gar nicht schlecht. Der Unglückliche hatte Erfolg; er brachte die Leute zum Lachen!

Wer kann das erklären? Wenn er auf der Bühne stand, geschminkt, zurechtgemacht, mit Flitterkram behängt, dann dachte der kleine Dingsda an Jacques und an die schwarzen Augen. Mitten in einer Fratze, in einer dummen Pose stand plötzlich das Bild aller dieser geliebten Wesen vor ihm, die er so feige verraten hatte.

Fast jeden Abend passierte es ihm, und die Straßenjungen des Viertels werden das bestätigen, daß er mitten in einer Rede aufhörte und wie erstarrt stehen blieb, kein Wort mehr sagte und mit offenem Mund in den Saal stierte ... In diesen Augenblicken entwich seine Seele, sprang über die Rampe, sprengte mit einem Schlag ihres Flügels die Decke des Theaters und flog davon, weit, weit weg, um Jacques, Madame Eyssette einen Kuß zu geben, die schwarzen Augen um Gnade zu bitten und sich bitterlich über das traurige Gewerbe zu beklagen, das er betreiben mußte.

»Hoppla, ich lieben Sie voll und ganz«, sagte da plötzlich die Stimme des Souffleurs, und dann schaute sich der kleine Dingsda, aus seinem Traum gerissen, vom Himmel gefallen, mit großen staunenden Augen um, die ein so natürliches, so komisches Erschrecken widerspiegelten, daß der ganze Saal in schallendes Gelächter ausbrach. In der Theatersprache nennt man das einen Effekt. Ohne es zu wollen, hatte er seinen Effekt gefunden.

Die Truppe, zu der er gehörte, bespielte mehrere Gemeinden. Es war eine Art fahrende Truppe, die mal in Grenelle, in Montparnasse, in Sèvres, in Sceaux und mal in Saint-Cloud spielte. Um von einem Ort zum anderen zu gelangen, pferchte man sich im Theaterwagen zusammen — einer alten milchkaffeefarbenen Kutsche, die von einem schwindsüchtigen Pferd gezogen wurde. Unterwegs sang man, spielte Karten. Wer seine Rolle nicht konnte, setzte sich nach hinten und ging den Text noch einmal durch. Das war sein Stammplatz.

Dort saß er, wortkarg und traurig, wie alle großen Komiker nun mal sind, taub für alle Gemeinplätze, die um ihn herumschwirrten. Wenn er auch sehr tief gefallen war, diese fahrende Schmierentruppe war noch weit unter ihm. Er schämte sich, in solcher Gesellschaft zu sein. Die Frauen, von früher noch anspruchsvoll, waren welk, geschminkt, geziert, anmaßend; die Männer dagegen gewöhnlich, ohne Ideal, ungebildet, Söhne von Friseuren oder Frittenverkäuferinnen, die Komödianten geworden waren, weil sie keine Beschäftigung hatten, aus Faulheit, aus Liebe zum Tand, zum Kostüm, um sich in zartfarbenen enganliegenden Hosen und Gehröcken nach russischer Art zu zeigen, Wüstlinge der Vorstadt, die immer nur um ihren Anzug besorgt waren, ihre Gagen für Locken ausgaben und ganz überzeugt sagen konnten: ›Heute habe ich gut gearbeitet‹, wenn sie fünf Stunden damit zugebracht hatten, sich ein Paar Stiefel Louis XV. aus zwei Metern Glanzpapier anfertigen zu lassen . . . Wahrlich, es hatte sich gelohnt, den Musiksalon von Pierrotte zu verhöhnen, um hier in diesem Rumpelkasten zu stranden!

Wegen seines mürrischen Gesichts und seines stolzen Schweigens mochten ihn seine Kollegen nicht. Von ihm hieß es: ›Der ist verschlossen.‹ Die Kreolin dagegen hatte es verstanden, sich alle Herzen zu erobern. Sie thronte im Wagen wie eine gefeierte Prinzessin, lachte viel und laut, warf den Kopf zurück, um ihren feinen Hals zu zeigen, duzte jeden, nannte die Männer ›alter Freund‹, die Frauen ›Kleine‹ und zwang so die Griesgrämigsten unter ihnen, von ihr zu sagen: ›Das ist ein feines Mädchen!‹ Ein feines Mädchen, welcher Hohn! . . .

Fahrend, lachend, derbe Witze reißend, erreichte man den Ort der Vorstellung. Am Ende der Aufführung zog man sich eilig um, stieg rasch wieder in den Wagen, um nach Paris zurückzufahren. Nun war es finster. Man plauderte leise und suchte sich im Dunkeln mit den Knien. Ab und an ein unterdrücktes Lachen . . . Am Stadtzoll Faubourg du Maine hielt der Wagen und wurde untergestellt. Alle stiegen aus, und eine große Schar begleitete Irma Borel bis an die Tür des großen Elendsquartiers, wo Coucou-Blanc, halb betrunken, sie mit ihrem traurigen Lied erwartete: ›Tolocototignan! Tolocototignan!‹

Wenn man sie so aneinander gefesselt sah, hätte man glauben können, sie liebten sich. Nein! Sie liebten sich nicht. Dafür kannten sie sich viel zu gut. Er wußte, daß sie verlogen, kalt, herzlos war. Sie wußte, daß er schwach und nachgiebig bis zur Feigheit war. Sie sagte sich: ›Eines schönen Morgens wird sein Bruder kommen und ihn mir entführen, um ihn seiner Porzellanverkäuferin zurückzugeben.‹ Er sagte sich: ›Demnächst wird sie das Leben, das sie führt, satt haben, sie wird mit einem Herrn von Acht-bis-Zehn auf- und davonfliegen, und ich werde allein bleiben in diesem Morast . . .‹ Diese beständige Angst, einander zu verlieren, das war ihre eigentliche Liebe. Sie liebten sich nicht, und waren gleichwohl eifersüchtig.

Merkwürdig, nicht wahr, daß es dort, wo keine Liebe ist, doch Eifersucht geben kann. Aber so ist das nun mal . . . Wenn sie mit jemandem vom Theater vertraulich sprach, wurde er bleich. Wenn er einen Brief bekam, stürzte sie sich darauf und entsiegelte ihn mit zitternden Händen. Meistens war es ein Brief von Jacques. Sie las ihn grinsend bis zum Schluß und warf ihn dann auf irgendein Möbelstück: »Immer dasselbe«, sagte sie verächtlich. Ja doch, immer dasselbe, das heißt Aufopferung, Großmut, Selbstverleugnung. Eben deshalb haßte sie den Bruder so sehr . . .

Der gute Jacques aber ahnte das nicht. Er ahnte gar nichts. Man schrieb ihm, alles gehe gut, die ›Schäferkomödie‹ sei zu drei Viertel verkauft, und bei Fälligwerden der Wechsel liege bei den Buchhändlern das Geld bereit, sie einzulösen. Vertrauensvoll wie immer schickte er weiter die hundert Francs im Monat an die Rue Bonaparte, wo Coucou-Blanc sie abholen ging. Mit den hundert Francs von Jacques und den Theatergagen hatten sie sicher das Nötige zum Leben, vor allem in diesem Viertel der armen Teufel. Doch weder der eine noch der andere wußte, wie man so sagt, was Geld ist: er nicht, weil er nie welches gehabt hatte; sie nicht, weil sie immer zu viel gehabt hatte. Und welche Verschwendung! Schon am fünften des Monats war die Kasse — ein kleiner javanischer Pantoffel aus Maisstroh — leer. Da war zunächst einmal der Kakadu, dessen Ernährung allein schon so viel kostete wie die einer erwachsenen Person von normaler Größe. Dann mußten die verschiedenen Schminken, der Puder, die gestutzten Backenbärte, kurz, die ganzen Utensilien für die Theateraufmachung gekauft werden. Und die Texthefte des Theaters waren zu alt, zu zerschlissen; Madame wollte neue Hefte haben. Sie brauchte auch Blumen, viele Blumen. Lieber hätte sie nichts gegessen, als ihre Blumentischchen leer zu sehen.

In zwei Monaten war das Haus bis über die Ohren verschuldet. Im Hotel, im Restaurant, beim Portier des Theaters stand man in der Kreide. Ab und zu wurde ein Lieferant ungehalten und schlug am Morgen großen Lärm. An diesen Tagen lief man voller Verzweiflung rasch zum Drucker der ›Schäferkomödie‹ und lieh sich von ihm ein paar Louisdors auf den

Namen von Jacques. Der Drucker, der den zweiten Band der berühmten Memoiren erhalten hatte und wußte, daß Jacques immer noch Sekretär von Monsieur de Hacqueville war, öffnete völlig arglos seinen Geldbeutel. Von Louisdors zu Louisdors war man schon bei vierhundert Francs angelangt, so daß sich die Schulden von Jacques zusammen mit den neunhundert Francs für die ›Schäferkomödie‹ auf dreizehnhundert Francs beliefen.

Arme Mutter Jacques! Was für Schwierigkeiten erwarteten ihn bei seiner Rückkehr! Daniel verschwunden, die schwarzen Augen in Tränen aufgelöst, nicht *ein* Exemplar verkauft und dreizehnhundert Francs Schulden. Wie würde er das schaffen? ... Die Kreolin kümmerte das wenig. Doch dem kleinen Dingsda ließ der Gedanke daran keine Ruhe mehr. Es war eine Zwangsvorstellung, eine ständige Angst. So sehr er auch versuchte, sich zu betäuben, wie ein Sträfling zu arbeiten — und was für Arbeit, gerechter Gott! — neue Possen zu lernen, vor dem Spiegel neue Grimassen einzustudieren, der Spiegel warf stets das Bild von Jacques zurück und nicht das seine; und zwischen den Zeilen seiner Rolle fand er immer nur den Namen von Jacques an Stelle von Langlumeau, Josias und anderen Vaudevillefiguren. Jacques, Jacques, immer nur Jacques!

Jeden Morgen schaute er voller Entsetzen in den Kalender, zählte die Tage bis zum Fälligwerden des ersten Wechsels und sagte zitternd zu sich selbst: »Nur noch einen Monat, nur noch drei Wochen!« Denn er wußte sehr genau, daß, wenn der erste Wechsel zu Protest ging, alles herauskommen und an diesem Tag das Martyrium seines Bruders beginnen würde. Dieser Gedanke verfolgte ihn bis in seine Träume. Manchmal fuhr er jäh aus dem Schlaf mit beklommenem Herzen, tränenüberströmt und der undeutlichen Erinnerung an einen furchtbaren und seltsamen Traum, den er gerade gehabt hatte.

Dieser Traum, stets der gleiche, kam fast jede Nacht wieder. Er spielte in einem unbekannten Zimmer, wo ein großer Schrank mit alten rankenden Eisenbeschlägen stand. Jacques war da, bleich, entsetzlich bleich, und lag auf einem Sofa; er war soeben gestorben. Camille Pierrotte war auch da; sie stand vor dem Schrank, den sie zu öffnen suchte, um ein Totenhemd herauszunehmen. Doch es wollte ihr nicht gelingen; und während sie mit dem Schlüssel das Schlüsselloch suchte und tastete, hörte man sie mit jammervoller Stimme sagen: »Ich kann nicht aufschließen ... Ich habe zu viel geweint ... ich sehe nichts mehr ...«

Wenn er sich auch dagegen wehren wollte, dieser Traum beeindruckte ihn doch übermäßig stark. Sobald er die Augen zumachte, sah er wieder Jacques auf dem Sofa liegen und die blinde Camille vor dem Schrank ... Alle diese Gewissensbisse, diese Ängste ließen ihn von Tag zu Tag düsterer und reizbarer werden. Die Kreolin ihrerseits war nicht gerade geduldig. Außerdem fühlte sie undeutlich, daß er ihr entglitt — ohne daß sie gewußt hätte, wie und wieso —, und das brachte sie zur Verzweiflung. Alle Augenblicke kam es zu entsetzlichen Szenen, Geschrei, Beschimpfungen, und man hätte meinen können, man sei auf einem Waschboot.

Sie sagte zu ihm: »Scher dich weg mit deiner Pierrotte, laß dir Zuckerherzen schenken!«

Und er sofort: »Geh doch wieder zu deinem Pacheco und laß dir die Lippe aufschlitzen.«

Sie schimpfte ihn: »Bürger!«

Er konterte: »Schurkin!«

Dann brachen sie in Tränen aus und vergaben sich alles großzügig, um am nächsten Tag von vorne zu beginnen.

So lebten sie, nein! so verkamen sie zusammen, an ein- und diesselbe Kette gefesselt, und lagen in der gleichen Gosse ... Dieses schmutzige Leben, diese erbärmlichen Stunden ziehen an meinen Augen vorüber, wenn ich den seltsamen und melancholischen Refrain der Negerin vor mich hinsumme: »Tolocototignan! ... Tolocototignan!«

XIII *Die Entführung*

Es war eines Abends gegen neun Uhr im Theater Montparnasse. Der kleine Dingsda, der im ersten Stück spielte, war gerade fertig und stieg in seine Garderobe hinauf. Unterwegs begegnete er Irma Borel, die zu ihrem Auftritt ging. Sie war strahlend, ganz in Samt und Gipürenspitze, in der Hand den Fächer wie Célimène.

»Komm in den Saal«, sagte sie im Vorbeigehen, »ich bin dran . . . ich werde sehr schön sein.«

Er beeilte sich, in seine Garderobe zu kommen, und kleidete sich sehr rasch um. Diese Garderobe, die er sich mit zwei Kollegen teilte, war ein fensterloser Raum mit niedriger Decke, der schlecht beleuchtet war. An der Wand hingen Spiegelscherben, zerzauste Perücken, blitzender Plunderkram, verschossener Samt, matte, glanzlose Vergoldungen; am Boden in einer Ecke standen Töpfe ohne Deckel mit roter Schminke, und daneben lagen federlose Puderquasten.

Der kleine Dingsda war schon eine Weile damit beschäftigt sich abzuschminken, als er hörte, daß einer der Maschinisten ihn von unten rief: »Monsieur Daniel! Monsieur Daniel!«; er trat aus der Garderobe, beugte sich über das feuchte hölzerne Treppengeländer und fragte: »Was ist los?« Als er dann sah, daß niemand antwortete, ging er hinunter, so wie er war, kaum bekleidet, weiß und rot beschmiert, mit seiner großen gelben Perücke, die ihm über die Augen rutschte.

Am Fuß der Treppe stieß er gegen jemanden.

»Jacques!« rief er aus und wich zurück.

Es war Jacques . . . Sie schauten sich eine Weile an, ohne zu sprechen. Schließlich faltete Jacques die Hände und murmelte mit sanfter, tränenerstickter Stimme: »O Daniel!« Das genügte. Der kleine Dingsda, bis in sein Herz aufgewühlt und erschüttert, schaute sich um wie ein ängstliches Kind und sagte ganz leise, so leise, daß sein Bruder ihn kaum verstehen konnte: »Bring mich hier weg, Jacques!«

Jacques erschrak und zitterte; er nahm ihn bei der Hand und zog ihn nach draußen. Vor der Türe wartete eine Pferdedroschke; sie stiegen ein. »Rue des Dames, aux Batignolles!« rief Mutter Jacques. »Das ist mein Bezirk«, antwortete der Kutscher fröhlich, und der Wagen setzte sich in Bewegung.

Jacques war seit zwei Tagen in Paris. Er kam aus Palermo, wo ein Brief von Pierrotte — der ihm schon drei Monate nachlief — ihn endlich entdeckt hatte. Dieser kurze knappe Brief teilte ihm das Verschwinden von Daniel mit.

Als Jacques ihn las, ahnte er alles. Er sagte sich: ›Das Kind macht Dummheiten ... Ich muß hinfahren!‹ Und unverzüglich bat er den Marquis um Urlaub.

»Urlaub!« meinte der gute Mann und hüpfte herum ... »Sind Sie verrückt? ... Und meine Memoiren?«

»Nur acht Tage, Monsieur le Marquis, gerade so lange wie ich zur Hin- und Rückreise brauche; es geht um das Leben meines Bruders.« — »Ich pfeife auf Ihren Bruder! Habe ich Sie nicht gewarnt, als Sie bei mir eintraten? Haben Sie unsere Abmachungen vergessen?« — »Nein, Monsieur le Marquis, aber ...« — »Hier gibt es kein Aber. Ihnen wird es gehen wie den anderen. Wenn Sie Ihre Stelle für acht Tage verlassen, werden Sie sie nicht wieder antreten, niemals. Überlegen Sie sich das, bitte ... Und während Sie ihre Überlegungen anstellen, setzen Sie sich dorthin. Ich diktiere.« — »Es ist alles überlegt, Herr Marquis. Ich gehe.« — »Gehen Sie zum Teufel!«

Damit ergriff der unausstehliche Greis seinen Hut und begab sich zum französischen Konsulat, um sich nach einem neuen Sekretär zu erkundigen.

Jacques reiste noch am selben Abend ab.

Als er nach Paris kam, lief er sofort in die Rue Bonaparte. »Ist mein Bruder oben?« rief er dem Pförtner zu, der im Hof, rittlings auf dem Brunnenrand sitzend, seine Pfeife rauchte. Der Pförtner fing an zu lachen: »Der treibt sich schon lange herum«, sagte er höhnisch.

Er wollte den Verschwiegenen spielen, doch ein 100-Sous-Stück brachte ihn zum Reden. Da erzählte er, daß der Kleine aus dem fünften und die Dame aus dem ersten Stock schon lange verschwunden seien; sie hielten sich an einem unbekannten Ort versteckt, irgendwo in Paris, aber ganz bestimmt zusammen, denn die Negerin Coucou-Blanc komme jeden Monat anfragen, ob irgend etwas für sie angekommen sei. Er fügte hinzu, Monsieur Daniel habe beim Weggehen vergessen, ihm zu kündigen, und man schulde ihm die Miete für die letzten vier Monate, ganz zu schweigen von anderen kleinen Schulden.

»Es ist gut«, sagte Jacques, »das wird alles erledigt.« Und ohne eine Minute Zeit zu verlieren, ja ohne auch nur den Reisestaub abzuschütteln, machte er sich auf die Suche nach seinem Kind.

Zuerst ging er zum Drucker, da er mit Recht annahm, bei ihm befinde sich das Depot für die ›Schäferkomödie‹, und folglich müsse Daniel öfters dorthin kommen.

»Ich wollte Ihnen schreiben«, sagte der Drucker zu ihm, als er ihn eintreten sah. »Sie wissen, daß der erste Wechsel seit vier Tagen fällig ist.«

Ohne sich aufzuregen, sagte Jacques: »Ich habe daran gedacht ... Gleich morgen werde ich die Runde bei den Buchhändlern machen. Sie müssen mir Geld abliefern. Der Verkauf war sehr gut.«

Der Drucker riß seine großen blauen Elsässer-Augen übermäßig weit auf. »Wie bitte? ... Der Verkauf war sehr gut!? Wer hat Ihnen das denn gesagt?«

Jacques wurde bleich und ahnte eine Katastrophe.

»Schauen Sie doch dort in die Ecke«, fuhr der Elsässer fort, »sehen Sie alle diese aufgestapelten Bände? Das ist die ›Schäferkomödie‹. Sie ist jetzt fünf Monate im Handel, und es wurde nur ein einziges Exemplar verkauft. Zum Schluß hatten die Buchhändler es satt und haben mir die Bände, die sie auf Lager hatten, zurückgeschickt. Heute kann man das Zeug nur noch nach Papiergewicht verkaufen. Es ist schade drum; es war so gut gedruckt.«

Jedes Wort dieses Mannes traf Jacques' Kopf wie ein Hieb mit einem bleibeschlagenen Stock, doch als er erfahren mußte, daß sich Daniel auf seinen Namen Geld von dem Drucker geliehen hatte, gab ihm das den Rest.

»Gestern erst«, sagte der unerbittliche Elsässer, »hat er eine abscheuliche Negerin zu mir geschickt, um mich um zweihundert Louisdors zu bitten; doch ich habe strikt abgelehnt. Einmal, weil diese geheimnisvolle Beauftragte mit dem Schornsteinfegerkopf mir kein Vertrauen einflößte; und zum anderen, Monsieur Eyssette, das werden Sie verstehen, weil ich nicht reich bin, und es sind schon über vierhundert Francs, die ich Ihrem Bruder vorgestreckt habe.«

»Ich weiß«, antwortete die Mutter Jacques stolz, »seien Sie unbesorgt, Sie sollen dieses Geld bald zurückbekommen.«

Dann ging er sehr rasch hinaus, aus Angst, seine Erregung zu zeigen. Auf der Straße mußte er sich auf einen Prellstein setzen. Die Beine versagten ihm den Dienst. Sein Kind auf der Flucht, seine Stellung verloren, das Geld des Druckers, das zurückgezahlt werden mußte, das Geld für das Zimmer, den Pförtner, der übermorgen fällige Wechsel — das alles schwirrte und wirbelte ihm durch den Kopf ...

Plötzlich stand er auf: ›Zuerst die Schulden‹, sagte er sich, ›das ist das dringendste.‹ Und obschon sich sein Bruder gegen die Pierrottes so feige, so schlecht benommen hatte, wandte er sich ohne Zögern an sie.

Als er den Laden des *Ehemaligen Hauses Lalouette* betrat, entdeckte Jacques hinter dem Ladentisch ein dickes gelbliches und aufgedunsenes Gesicht, das er nicht gleich erkannte; doch beim Geräusch der Tür schaute das dicke Gesicht auf, und als es sah, wer da hereinkam, rief es schallend: »Das kann man wohl sagen«, so daß kein Irrtum mehr möglich war ... Armer Pierrotte! Der Kummer seiner Tochter hatte ihn verwandelt. Der Pierrotte von früher, munter und mit rotem Gesicht, existierte nicht mehr. Die Tränen, die seine Kleine seit fünf Monaten vergoß, hatten seine Augen gerötet, seine Wangen aufgeschwemmt. Auf seinen farblosen Lippen stand anstelle des strahlenden Lachens früherer Tage jetzt ein kaltes stummes Lächeln, das Lächeln von Witwen und verlassenen Geliebten. Das war nicht mehr Pierrotte, das war Ariadne, das war Nina.

Sonst hatte sich im Geschäft des *Ehemaligen Hauses Lalouette* nichts verändert. Die bemalten Schäferinnen, die Chinesen mit violettem Schmerbauch lächelten immer noch einfältig und töricht in den hohen Regalen zwischen den böhmischen Gläsern und den großblumigen Tellern. Die dickbäuchigen Suppenschüsseln, die Carcellampen aus buntem Porzellan glänzten noch immer an ihren Plätzen hinter den gleichen Schaukästen, und im hinteren Raum trällerte noch immer leise dieselbe Flöte.

»Ich bin's, Pierrotte«, sagte die Mutter Jacques und versuchte mit fester Stimme zu sprechen. »Ich komme, Sie um einen großen Dienst zu bitten. Können Sie mir fünfzehnhundert Francs leihen?«

Ohne zu antworten, öffnete Pierrotte seine Kasse, zählte ein paar Taler nach, dann stieß er die Schublade wieder zu und stand sehr ruhig auf.

»Ich habe sie nicht hier, Monsieur Jacques. Warten Sie auf mich, ich will sie dort oben holen.« Ehe er hinausging, fügte er mit verkrampftem Gesicht hinzu: »Ich bitte Sie nicht mit hinauf; das würde ihr zu weh tun.«

Jacques seufzte.

»Sie haben recht, Pierrotte; es ist besser, ich gehe nicht hinauf.«

Nach fünf Minuten kam der Cevenner wieder mit zwei Scheinen zu tausend Francs, die er Jacques in die Hand drückte. Jacques wollte sie nicht annehmen. »Ich brauche nur fünfzehnhundert«, sagte er.

Aber der Cevenner bestand darauf: »Ich bitte Sie, Monsieur Jacques, behalten Sie alles. Ich lege Wert auf diese Zahl von zweitausend Francs. So viel hat Mademoiselle mir damals geliehen, damit ich mir einen Ersatzmann

kaufen konnte. Wenn Sie das ablehnen, das kann man wohl sagen, wäre ich tödlich beleidigt.« Jacques wagte nicht, das abzulehnen; er steckte das Geld in seine Tasche, reichte dem Cevenner die Hand und sagte sehr schlicht zu ihm: »Adieu, Pierrotte, und danke!« Pierrotte hielt seine Hand fest.
So standen sie sich eine Weile gegenüber, bewegt und schweigend.
Beide hatten sie den Namen von Daniel auf den Lippen, doch sie wagten nicht, ihn auszusprechen, aus dem gleichen Feingefühl heraus ... Dieser Vater und diese Mutter verstanden sich so gut! Jacques löste als erster behutsam seine Hand. Er fühlte Tränen aufsteigen; er hatte Eile hinauszukommen. Der Cevenner begleitete ihn bis in die Passage. Dort konnte der arme Mann die Bitterkeit, deren sein Herz voll war, nicht länger zurückhalten, und mit vorwurfsvoller Miene begann er: »Ach! Monsieur Jacques ... Monsieur Jacques ... das kann man wohl sagen! ...« Doch er war zu bewegt, um seine Übersetzung zu beenden und vermochte nur zweimal hintereinander zu wiederholen: »Das kann man wohl sagen ... das kann man wohl sagen ...«

Ja, ja, das konnte man wohl sagen! . . .

Als Jacques Pierrotte verließ, kehrte er sofort zu dem Drucker zurück. Obwohl der Elsässer heftig protestierte, wollte er ihm unverzüglich die vierhundert Francs zurückgeben, die er Daniel geliehen hatte. Außerdem ließ er ihm das Geld für die drei Wechsel da, damit er sich darüber keine Sorgen mehr zu machen brauche; danach war ihm leichter ums Herz, und er sagte zu sich: ›Suchen wir das Kind!‹ Leider war die Zeit schon zu sehr fortgeschritten, um sich noch am selben Tag auf Jagd zu begeben; außerdem hatten die Anstrengungen der Reise, die Aufregung, der leichte trockene anhaltende Husten, der seit langem an ihm zehrte, Mutter Jacques so mitgenommen, daß er erst einmal in die Rue Bonaparte zurückkehren mußte, um sich etwas auszuruhen.

Ach! Als er das kleine Zimmer betrat und im letzten Schein einer alten Oktobersonne alle diese Gegenstände wiedersah, die von seinem Kind erzählten — die Reimwerkbank vor dem Fenster, sein Glas, sein Tintenfaß, seine Pfeifen mit kurzem Mundstück wie die von Abbé Germane, als er die guten Glocken von Saint-Germain etwas heiser im Nebel läuten hörte, als der Abendangelus — dieser melancholische Angelus, den Daniel so liebte — mit dem Flügel an die feuchten Scheiben schlug, wie groß war da das Leid von Mutter Jacques — nur eine Mutter vermöchte das zu sagen . . .

Er ging zwei- oder dreimal im Zimmer herum, schaute überall nach, öffnete die Schränke in der Hoffnung, irgend etwas zu finden, das ihn auf die Spuren des Flüchtigen setzen könnte. Doch ach! Die Schränke waren leer. Nur alte Wäsche, Lumpen waren zurückgeblieben. Das ganze Zimmer roch nach großem Unglück und Verlassenheit. Man war von dannen gegangen, man war entflohen. In einer Ecke stand auf dem Boden ein Kerzenhalter, und im Kamin lag unter einem Stück verbranntem Papier ein weißes Kästchen mit Goldfäden. Dieses Kästchen erkannte er wieder. Dort hinein legte man die Briefe der schwarzen Augen. Welcher Frevel!

Als er seine Suche fortsetzte, entdeckte er in einer Schublade der Werkbank ein paar Blätter, die mit einer unregelmäßigen, fiebrigen Schrift bedeckt waren, Daniels Schrift, wenn er inspiriert war.

›Das ist bestimmt ein Gedicht‹, sagte sich Mutter Jacques, als er ans Fenster trat, um zu lesen.

Es war in der Tat ein Gedicht, ein grausiges Gedicht, das folgendermaßen anfing: ›Jacques, ich habe Dich belogen. Seit zwei Monaten lüge ich nur noch.‹ Dieser Brief war nicht abgegangen; doch, wie man sieht, erreichte er dennoch seinen Empfänger. Diesmal hatte der Schutzengel den Postdienst übernommen.

Jacques las den Brief von einem Ende bis zum anderen. Als er an den Absatz kam, wo der Brief von einem Engagement in Montparnasse sprach, das mit so großer Eindringlichkeit gefordert und solcher Entschlossenheit abgelehnt wurde, machte er einen Freudensprung: »Ich weiß, wo er ist«, rief er; dann steckte er den Brief in seine Tasche und legte sich beruhigter hin; doch obwohl er vor Müdigkeit völlig zerschlagen war, konnte er nicht schlafen. Immer dieser verfluchte Husten ... Beim Gruß des Morgenrots, eines herbstlichen Morgenrots, träge und kalt, stand er hurtig auf. Sein Plan stand fest.

Er suchte die alten Sachen zusammen, legte sie in seinen Koffer, vergaß auch nicht das kleine Kästchen mit den Goldfäden, sagte dem alten Turm von Saint-Germain ein letztes Lebewohl und ging dann weg; er ließ alles offen, die Türe, das Fenster, die Schränke, damit nichts von ihrem schönen Leben in diesem Zimmer zurückbliebe, das künftig andere bewohnen würden. Unten kündigte er, bezahlte die rückständigen Mieten; und ohne auf die hinterhältigen Fragen des Pförtners zu antworten, winkte er einen Wagen herbei, der gerade vorbeifuhr, und ließ sich ins Hotel Pilois, Rue des Dames, im Viertel von Les Batigonelles bringen.

Dieses Hotel wurde von einem Bruder des alten Pilois geführt, der Koch beim Marquis war. Dort wohnten nur empfohlene Mieter und stets für drei Monate. Im Viertel erfreute sich das Haus eines besonders guten Rufs; im Hotel Pilois wohnen, das war Ausweis für guten Lebenswandel und anständige Sitten. Jacques hatte sich das Vertrauen des Kochs im Hause von Hacqueville erworben und brachte in dessen Namen einen Korb mit Marsalawein mit.

Diese Empfehlung genügte, und als er bescheiden bat, zu den Mietern zählen zu dürfen, gab man ihm ohne Zögern ein schönes Zimmer im Erdgeschoß mit zwei Fenstern, die zum Garten des Hotels hinausgingen — ich hätte beinahe ›des Klosters‹ gesagt. Dieser Garten war nicht groß: drei oder vier Akazien, ein Geviert mit kümmerlichem Grün — das Grün der Batigonelles —, ein Feigenbaum ohne Feigen, ein kranker Weinstock und ein paar Herbstastern — das war alles; doch das genügte, um das etwas trostlose und an sich feuchte Zimmer zu beleben ...

Ohne eine Minute Zeit zu verlieren, richtete Jacques sich ein, schlug ein paar Nägel in die Wand, räumte seine Wäsche ein, brachte ein Gestell für

Daniels Pfeifen an, hing das Porträt von Madame Eyssette über dem Bett auf, tat sein Bestes, um diese fade Luft zu vertreiben, die alle möblierten Räume verpestet. Als er dann die Wohnung richtig in Besitz genommen hatte, frühstückte er rasch im Stehen und ging dann aus. Im Vorbeigehen teilte er Monsieur Pilois mit, er werde vielleicht heute abend ausnahmsweise etwas spät nach Hause kommen, und bat ihn, auf seinem Zimmer ein nettes Abendessen mit zwei Gedecken und altem Wein anrichten zu lassen. Statt sich über diese Sondereinnahme zu freuen, errötete der gute Monsieur Pilois bis zu den Ohrenspitzen wie ein Vikar im ersten Jahr.

»Die Sache ist die«, sagte er verlegen, »ich weiß nicht ... die Hausordnung des Hotels verbietet ... wir haben Geistliche, die ...«

Jacques lächelte: »Natürlich, ich verstehe ... die beiden Gedecke erschrekken Sie ... Beruhigen Sie sich, Monsieur Pilois, es ist keine Frau.« Und bei sich selbst dachte er, während er zum Montparnasse hinunterging: ›Und eigentlich ist es doch eine Frau, eine schwache Frau, ein unvernünftiges Kind, das man nie wieder allein lassen darf.‹

Sagt mir doch, warum Mutter Jacques so sicher war, mich in Montparnasse zu finden? Ich hätte ebenso gut längst das Theater verlassen haben können, so lange war es her, daß ich diesen Brief, der nie abgeschickt wurde, geschrieben hatte; ich hätte ja auch gar nicht dort einzutreten brauchen ... Aber nein! Der mütterliche Instinkt leitete ihn. Er war fest überzeugt, mich dort zu finden und mich noch am gleichen Abend mitzunehmen. Und er überlegte ganz richtig: Um ihn zu entführen, muß er allein sein, diese Frau darf nichts merken. Das veranlaßte ihn, nicht sofort zum Theater zu gehen und sich dort nach mir zu erkundigen. Kulissen sind schwatzhaft; ein Wort konnte aufmerksam machen ... Er wollte sich lieber ganz einfach auf die Anschläge verlassen und beeilte sich, sie zu studieren.

Die Pläne der Vorstadttheater hängen an den Türen der Weinhandlungen im Viertel hinter einem Gitter, ungefähr so wie die Heiratsaufgebote in den Dörfern des Elsaß. Beim Lesen stieß Jacques einen Freundenruf aus.

Das Theater Montparnasse gab an jenem Abend ›Marie-Jeanne‹, Drama in fünf Akten, gespielt von Madame Irma Borel, Désirée Levrault, Guigne und anderen.

Davor: ›Amour et Pruneaux‹, Vaudevillestück in einem Akt, gespielt von den Herren Daniel, Antonin und Mademoiselle Léontine.

›Alles geht klar‹, sagte er zu sich. ›Sie spielen nicht im selben Stück; da kann nichts schiefgehen.‹

Er setzte sich in ein Café am Luxembourg, um die Stunde der Entführung abzuwarten.

Als es Abend war, begab er sich zum Theater. Die Vorstellung hatte schon begonnen. Er ging ungefähr eine Stunde mit den Stadtpolizisten vor der Tür des Zuschauerraums spazieren.

Ab und zu drang das Klatschen im Innern bis zu ihm hinaus wie das Geräusch von fernem Hagel, und das Herz zog sich ihm zusammen bei dem Gedanken, daß die Leute womöglich die Grimassen seines Kindes so beklatschten ... Gegen neun Uhr kam ein Strom von Menschen lärmend auf die Straße gestürzt. Das Vaudevillestück war zu Ende; einige Leute lachten noch. Man pfiff, man rief sich zu: »Hallo! ... Pilouitt! ... Lalaitou!« — all das Geschrei der Pariser Menagerie ... Sicher! Er stand nicht vor dem Theater am Boulevard des Italiens!

Er wartete noch einen Augenblick, ganz verloren in dem Gewühl; als dann gegen Ende der Pause alle wieder hineinströmten, schlüpfte er in einen dunklen und klebrigen Gang neben dem Theater — den Künstlereingang — und bat, Madame Irma Borel sprechen zu können.

»Unmöglich«, sagte man ihm, »sie ist auf der Bühne ...«

Er war ganz schön durchtrieben, diese Mutter Jacques! Mit dem friedlichsten Gesicht der Welt antwortete er: »Da ich Madame Irma Borel nicht sprechen kann, rufen Sie doch bitte Monsieur Daniel; er kann ihr alles ausrichten.«

Eine Minute später hatte Mutter Jacques ihr Kind zurückerobert und brachte es ganz rasch ans andere Ende von Paris.

XIV *Der Traum*

»Schau mal, Daniel«, sagte Mutter Jacques zu mir, als wir das Zimmer des Hotel Pilois betraten: »Es ist genau wie in der Nacht deiner Ankunft in Paris!«

In der Tat, genau wie in jener Nacht damals erwartete uns ein feiner nächtlicher Schmaus auf einem köstlich weißen Tischtuch: Die Pastete duftete gut, der Wein sah ehrwürdig aus, der helle Schein der Kerzen lachte auf dem Grund der Gläser ... Und doch, und doch, es war nicht das gleiche! Es gibt Glückseligkeiten, die man nicht wiederholen kann. Der nächtliche Schmaus war der gleiche; doch es fehlte der Glanz unserer Tischgenossen von damals, die schöne Begeisterung der Ankunft, die Arbeitspläne, die Träume von Ruhm und Erfolg, dieses heilige Vertrauen, das uns lachen läßt und hungrig macht. Nicht einer, ach, nicht einer dieser nächtlichen Gäste von damals hatte mit zu Monsieur Pilois kommen wollen. Sie waren alle im Glockenturm von Saint-Germain geblieben; auch die Mitteilsamkeit der Herzen, die uns fest versprochen hatte dabeizusein, ließ uns im letzten Augenblick sagen, sie werde nicht kommen.

Ach nein, es war nicht mehr dasselbe. Ich begriff das so gut, daß mir die Bemerkung von Jacques, statt mich aufzuheitern, eine Tränenflut in die Augen trieb. Ich bin sicher, im Grunde seines Herzens hätte er am liebsten geweint, auch er; doch er brachte es fertig sich zusammenzunehmen und sagte zu mir in leichtem, munterem Ton: »Hör auf, Daniel, genug geweint! Seit einer Stunde tust du nichts anderes.« Schon im Wagen hatte ich, während er zu mir sprach, unaufhörlich an seiner Schulter geschluchzt. »Das ist mir ein merkwürdiger Empfang. Du erinnerst mich wahrlich an die schlimmsten Tage meiner eigenen Jugend, an die Tage der Leimtöpfe und der ›Jacques, du bist ein Esel!‹ Wohlan, trocknen Sie ihre Tränen, junger Büßer, und schauen Sie sich im Spiegel an, Sie werden lachen müssen.«

Ich schaute in den Spiegel, doch ich lachte nicht. Ich schämte mich meiner ... Meine gelbe Perücke hing mir tief in die Stirn, auf den Backen überall rote und weiße Schminke vermischt mit Schweiß und Tränen ... Es war gräßlich. Mit einer Geste des Abscheus riß ich meine Perücke herunter! Doch im Augenblick, da ich sie wegwerfen wollte, überlegte ich und hing sie mitten an die Wand.

Jacques schaute mir sehr erstaunt zu: »Warum tust du sie dorthin, Daniel?

Diese Indianertrophäe ist sehr häßlich ... Es sieht so aus, als hätten wir Polichinelle skalpiert.«

Ich darauf sehr ernst: »Nein, Jacques, das ist keine Trophäe. Das sind meine Gewissensbisse, meine Gewissensbisse, handgreiflich und sichtbar, die ich immer vor Augen haben will.«

Auf den Lippen von Jacques lag der Schatten eines bitteren Lächelns, doch er setzte sogleich wieder seine heitere Miene auf: »Ach! Lassen wir das ruhen; nun du gesäubert bist und ich deine liebe Fratze wiedergefunden habe, laß uns zu Tisch gehen, ich vergehe vor Hunger.«

Das stimmte nicht; er hatte keinen Hunger, und ich auch nicht, großer Gott! So sehr ich mich bemühte, dem nächtlichen Schmaus zuzusprechen, alles was ich aß, blieb mir in der Kehle stecken, und trotz meines Bemühens, ruhig zu sein, begoß ich meine Pastete mit lautlosen Tränen. Jacques beobachtete mich heimlich und sagte nach einer Weile: »Warum weinst du? Tut es dir leid, hier zu sein? Bist du mir böse, daß ich dich entführt habe?«

Ich antwortete ihm traurig: »Das ist ein böses Wort, Jacques, aber ich habe dir das Recht gegeben, mir alles zu sagen.«

Wir aßen noch eine Zeit weiter, oder besser, wir taten so, als ob wir äßen. Verärgert über die Komödie, die wir uns gegenseitig vorspielten, schob Jacques schließlich den Teller zurück und stand auf. »Der nächtliche Schmaus gelingt entschieden nicht; wir sollten besser schlafengehen.«

Bei uns gibt es ein Sprichwort, das sagt: ›Der Kummer und der Schlaf sind keine Bettgenossen.‹ In jener Nacht sollte ich das erfahren. Mein Kummer bestand darin, an all das Gute zu denken, das meine Mutter Jacques für mich getan hatte, und an all das Böse, das ich ihm zurückgezahlt hatte, mein Leben mit dem seinen zu vergleichen, meinen Egoismus mit seiner Aufopferung, diese feige und schwache Kinderseele mit dieser Heldenseele, deren Leitspruch war: ›Es gibt nur ein Glück auf der Welt, das Glück der anderen.‹ Ich sagte mir auch: Nun ist mein Leben verpfuscht. Ich habe das Vertrauen von Jacques verloren, die Liebe der schwarzen Augen, die Achtung vor mir selbst ... Was soll aus mir werden?

Dieser entsetzliche Kummer hielt mich wach bis zum Morgen ... Jacques schlief auch nicht. Ich hörte, wie er sich auf seinem Kopfkissen von links nach rechts wälzte und hüstelte, ein kleiner trockener Husten, der in den Augen biß. Einmal fragte ich ihn sehr sanft: »Du hustest, Jacques. Bist du krank?« Er antwortete mir: »Das ist nichts, schlaf! ...« Und an seinem Ton merkte ich, daß er mir mehr zürnte, als er selbst wahrhaben wollte. Dieser Gedanke verdoppelte meinen Kummer, und ich fing wieder an zu weinen, allein unter meiner Decke, so lange, bis ich zuletzt einschlief. Wenn der Kummer den Schlaf vertreibt, dann sind die Tränen ein Betäubungsmittel.

Als ich aufwachte, war es heller Tag. Jacques lag nicht mehr neben mir. Ich glaubte, er sei ausgegangen; doch als ich die Vorhänge aufzog, entdeckte ich ihn am anderen Ende des Zimmers; er lag auf einem Sofa, so bleich, o so bleich ... Ich weiß nicht, welch fürchterlicher Gedanke mir durch den Kopf ging. »Jacques«, rief ich aus und stürzte zu ihm. Er schlief, mein Ruf weckte ihn nicht. Eigenartig, im Schlaf hatte sein Gesicht einen leidenden, traurigen Ausdruck, den ich nie an ihm gesehen hatte und der mir doch nicht neu war. Seine abgemagerten Züge, sein langgezogenes Gesicht, die Blässe seiner Backen, die kränkliche Durchsichtigkeit seiner Hände, das alles schmerzte mich, aber ich hatte diesen Schmerz schon einmal empfunden. Jacques war jedoch nie krank gewesen. Noch nie hatte er solche bläulichen Halbringe unter den Augen gehabt, dieses abgezehrte Gesicht ... In welcher früheren Welt hatte ich diese Vision der Dinge schon gehabt?... Plötzlich kam mir die Erinnerung an meinen Traum. Ja! richtig, das ist der Jacques des Traums, blaß, entsetzlich blaß, auf einem Sofa liegend, er ist soeben gestorben. Daniel Eyssette, Ihr seid es, der ihn getötet hat ... In diesem Augenblick fällt zaghaft ein grauer Sonnenstrahl durchs Fenster und huscht wie eine Eidechse über dieses blasse leblose Gesicht. O süßes Glück! Der Tote erwacht, reibt sich die Augen und sagt, als er mich da stehen sieht, mit heiterem Lächeln zu mir: »Guten Morgen, Daniel! Hast du gut geschlafen? Ich habe zu viel gehustet. Ich bin aufs Sofa gegangen, um dich nicht zu wecken.«

Und während er in aller Ruhe mit mir spricht, fühle ich meine Beine zittern nach der entsetzlichen Vision, die ich soeben hatte, und ich sage in meinem Herzen: »Ewiger Gott, erhalte mir meine Mutter Jacques!«

Trotz dieses traurigen Erwachens war der Morgen ziemlich heiter. Es gelang uns sogar, ein Echo des alten guten Lachens wiederzufinden, als ich beim Anziehen feststellte, daß ich als einziges Kleidungsstück eine kurze Barchenthose und eine rote Weste mit langen Rockschößen besaß, Theaterplunder, den ich im Augenblick der Entführung am Leib gehabt hatte.

»Fürwahr! Mein Lieber, man kann nicht an alles denken. Nur die Don Juans ohne Zartgefühl haben die Mitgift im Sinn, wenn sie eine Schöne entführen. Du brauchst keine Angst zu haben. Wir werden dich neu einkleiden lassen ... Auch das wird so sein wie bei deiner Ankunft in Paris.«

Das sagte er, um mir Freude zu machen, denn er fühlte genau wie ich, daß es nicht mehr dasselbe war.

»Aber Daniel«, fuhr mein guter Jacques fort, als er meine nachdenkliche Miene sah, »denken wir nicht mehr an die Vergangenheit. Vor uns tut sich ein neues Leben auf; beginnen wir es ohne Gewissensbisse, ohne Mißtrauen! Nur wollen wir versuchen, daß es uns nicht wieder dieselben Streiche spielt wie das alte ... Was du in Zukunft tun willst, mein Bruder, das frage ich dich nicht, doch scheint mir, falls du ein neues Gedicht in Angriff nehmen möchtest, dies wäre ein guter Ort zum Arbeiten. Das Zimmer ist ruhig, im Garten singen Vögel. Du stellst die Reimwerkbank vors Fenster ...«

Ich unterbrach ihn lebhaft: »Nein, Jacques! Keine Gedichte, keine Reime mehr. Das sind Phantasien, die zu teuer sind für dich. Was ich jetzt will, ist arbeiten, es so machen wie du, mein Leben verdienen und dir mit allen meinen Kräften helfen, das Heim wieder aufzubauen.«
Und er meinte lächelnd und ruhig: »Das sind mir schöne Pläne, mein blauer Schmetterling; doch das wird nicht von Ihnen erwartet. Es gilt nicht, Ihr Leben zu verdienen, aber wenn Sie versprechen würden ... Doch Schluß damit! Darüber sprechen wir später einmal ... Gehen wir dir Kleider kaufen.«
Um auszugehen, mußte ich einen dieser Gehröcke anziehen, der mir bis zu den Fersen reichte und in dem ich aussah wie ein Musiker aus dem Piemont; mir fehlte nur noch eine Harfe. Vor einigen Monaten wäre ich noch vor Scham gestorben, hätte ich in einem solchen Aufzug durch die Straßen laufen müssen; doch im Augenblick bedrückte mich viel schwerwiegendere Scham, und die Augen der Frauen mochten lachen, wenn sie an mir vorbeigingen, es war nicht mehr so wie zur Zeit meiner Gummischuhe ... O nein! Es war nicht mehr dasselbe.
»Nun du wieder menschlich aussiehst«, sagte Mutter Jacques zu mir, als wir aus dem Trödlerladen kamen, »will ich dich ins Hotel Pilois zurückbringen; dann werde ich zu dem Eisenhändler gehen, dem ich vor meiner Abreise die Buchführung gemacht habe, und sehen, ob er mir noch Arbeit geben kann ... Das Geld von Pierrotte reicht nicht ewig; ich muß an unsere Fleischtöpfe denken.«
Ich hätte gern zu ihm gesagt: »Gut, Jacques, geh ruhig zu deinem Eisenhändler. Ich finde meinen Weg schon allein.« Doch er tat das — und ich spürte es —, um sicher zu sein, daß ich nicht zum Montparnasse zurückkehrte. Ach, hätte er doch in meiner Seele lesen können!
Um ihn zu beruhigen, ließ ich mich ins Hotel zurückbegleiten; doch kaum hatte er den Rücken gekehrt, flog ich wieder aus. Ich hatte auch einiges zu erledigen.
Als ich nach Hause kam, war es spät. Im Nebel des Gartens lief ein dunkler großer Schatten aufgeregt hin und her. Es war meine Mutter Jacques.
»Du tust gut daran, jetzt zu kommen«, sagte er zitternd vor Kälte. »Ich wollte gerade zum Montparnasse gehen.«
Ich war aufgebracht: »Du zweifelst zu sehr an mir, Jacques, das ist nicht großmütig ... Wird es immer so sein zwischen uns? Wirst du mir dein Vertrauen nie wieder schenken? Bei dem Teuersten, was ich auf der Welt habe,

schwöre ich dir, ich komme nicht von dort, wie du glaubst; diese Frau ist tot für mich, ich werde sie niemals wiedersehen; du hast mich ganz und gar zurückgewonnen, und für diese entsetzliche Vergangenheit, der mich deine Liebe entrissen hat, sind in mir nur noch Gewissensbisse, doch ich sehne mich nicht zurück ... Was soll ich dir noch sagen, um dich zu überzeugen? Ach ja, du Grausamer! Ich möchte dir meine Brust öffnen, damit du siehst, daß ich nicht lüge.«

Was er mir antwortete, weiß ich nicht mehr, doch erinnere ich mich, daß er im Dunkel traurig den Kopf schüttelte, als wollte er sagen: Weh mir! Ich möchte dir ja so gern glauben ... Ich war jedoch aufrichtig, als ich so zu ihm sprach. Sicher hätte ich allein nie die Kraft gehabt, mich von dieser Frau loszureißen, doch da nun die Kette zerbrochen war, fühlte ich eine unaussprechliche Erleichterung. So wie jene Menschen, die versuchen, sich durch Kohlendioxyd zu töten, und die es im letzten Moment bereuen, wenn es zu spät ist, und das Ersticken sie schon würgt und lähmt; und dann kommen plötzlich die Nachbarn, die Tür wird gesprengt, die rettende Luft strömt durch das Zimmer, und die armen Selbstmörder trinken sie gierig voller Wonne; glücklich noch zu leben, versprechen sie, es nie mehr wieder zu tun. Genauso schlürfte ich nach fünf Monate langem moralischem Ersticken in vollen Zügen die reine und kräftige Luft des anständigen Lebens, ich pumpte mir meine Lungen voll und verspürte, das schwöre ich bei Gott, keine Lust, wieder von vorne anzufangen ... Und das wollte Jacques nicht glauben, und alle Eide und Schwüre der Welt hätten ihn nicht von meiner Aufrichtigkeit überzeugen können ... Armer Jacques! Ich hatte ihm so viel angetan!

Diesen ersten Abend verbrachten wir zu Hause, wir saßen am Feuer wie im Winter, denn das Zimmer war feucht und der Nebel vom Garten drang uns bis ins Mark. Und wenn man traurig ist, tut es gut, wie ihr wißt, ein wenig in die Flammen zu schauen ... Jacques arbeitete, schrieb Zahlen. In seiner Abwesenheit hatte der Eisenhändler seine Bücher selbst führen wollen, und daraus war eine so schöne Kritzelei, ein solches Durcheinander von Soll und Haben entstanden, daß es jetzt einer angestrengten Arbeit von einem Monat bedurfte, um die Dinge wieder in Ordnung zu bringen. Ihr könnt euch denken, daß ich meiner Mutter Jacques bei diesem Werk nur zu gern geholfen hätte. Doch die blauen Schmetterlinge verstehen nichts von der Rechenkunst; und nachdem ich eine Stunde vor diesen dicken Geschäftsbüchern mit den roten Linien und den vielen seltsamen Hieroglyphen verbracht hatte, mußte ich wohl oder übel meine Feder unverrichteter Dinge wieder weglegen.

Jacques dagegen entledigte sich dieser trockenen Aufgabe glänzend. Mit gesenktem Kopf nahm er die schwierigsten Ziffern in Angriff und hatte auch vor den dicksten Reihen und Spalten keine Angst. Mitten in der Arbeit wandte er sich ab und zu an mich und sagte, etwas beunruhigt über meine schweigsame Träumerei: »Es geht uns gut, nicht wahr? Du langweilst dich doch nicht etwa?«

Ich langweilte mich nicht, doch ich war traurig, mitansehen zu müssen, wie er sich abmühte, und ich dachte bitter: Wozu bin ich auf der Welt? Mit meinen Händen schaffe ich nichts. Ich verdiene meinen Platz an der Sonne des Lebens nicht. Ich tauge nur, die Menschen zu quälen und die Augen, die mich lieben, zum Weinen zu bringen ... Und dabei dachte ich an die schwarzen Augen und schaute schmerzerfüllt auf das Kästchen mit den Goldfäden, das Jacques — vielleicht mit Absicht — auf den viereckigen Deckel der Pendeluhr gelegt hatte. An welche Erlebnisse erinnerte mich dieses Kästchen! Was für eindringliche Reden hielt es mir von seinem Bronzesockel herab! ›Die schwarzen Augen hatten dir ihr Herz geschenkt, was hast du damit gemacht?‹ sagte es zu mir. ›Du hast es den Tieren zum Fraß vorgeworfen! Coucou-Blanc hat es aufgegessen.‹

Ich aber bewahrte noch einen Funken Hoffnung in meinem Herzen und versuchte, allen diesen früheren Wonnen, die ich mit eigener Hand getötet hatte, wieder Leben einzuhauchen, sie mit meinem Atem aufs neue zu erwärmen. Ich dachte: ›Coucou-Blanc hat es aufgegessen! Coucou-Blanc hat es aufgegessen! ...‹

Dieser lange melancholische Abend, den wir mit Arbeit und Grübeleien am Feuer verbrachten, zeigt euch das neue Leben, das wir fortan führten. Alle Tage, die folgten, glichen diesem Abend ... Das heißt natürlich nicht, Jacques habe geträumt und gegrübelt. Er blieb an die zehn Stunden über seine dicken Bücher gebeugt sitzen und steckte bis zum Hals in seinen Ziffern. Die ganze Nacht stocherte ich im Feuer herum, und während ich im Feuer stocherte, sagte ich zu dem Kästchen mit den Goldfäden: ›Laß uns ein bißchen von den schwarzen Augen plaudern! Willst du? ...‹ Mit Jacques darüber zu sprechen, daran war gar nicht zu denken. Aus welchem Grund auch immer, jedenfalls vermied er sorgsam jede Unterhaltung über dieses Thema. Nicht einmal ein Wort über Pierrotte. Nichts ... Also rächte ich mich mit dem Kästchen, und unsere Gespräche nahmen kein Ende.

Gegen Mittag, wenn ich sah, daß meine Mutter schön im Zuge war mit seinen Büchern, schlich ich mich zur Tür und machte mich leise davon mit den Worten: »Bis gleich, Jacques!« Er fragte mich niemals, wo ich hinging; doch an seinem unglücklichen Gesicht, an dem besorgten Ton, mit dem er mir zurief: »Gehst du fort?« merkte ich, daß er kein großes Vertrauen zu mir hatte. Der Gedanke an diese Frau verfolgte ihn ständig. Er dachte: Wenn er sie wiedersieht, sind wir verloren!

Und wer weiß? Vielleicht hatte er recht. Wenn ich sie wiedergesehen hätte, die Zauberin, vielleicht wäre ich wieder dem Charme erlegen, den sie auf mich ausübte mit ihrer blaßblonden Mähne und ihrem weißen Mal an der Lippe ... Doch Gott sei Dank! Ich sah sie nicht wieder. Irgendein Monsieur von Acht-bis-Zehn ließ sie sicher ihren Dani-Dan vergessen, und ich habe nie wieder, nie wieder etwas von ihr gehört, und auch nicht von ihrer Negerin Coucou-Blanc.

Als ich eines Abends von einem meiner geheimnisvollen Gänge zurückkam, betrat ich das Zimmer mit einem Freudenruf: »Jacques! Jacques! Eine gute Nachricht. Ich habe eine Stelle gefunden ... Seit zehn Tagen bin ich, ohne dir etwas davon zu sagen, mit dieser Absicht überall herumgelaufen. Endlich ist es geschafft. Ich habe eine Stelle!! Gleich morgen fange ich als Oberaufseher am Institut Ouly in Montmartre an, ganz in unserer Nähe ... Ich muß von sieben Uhr morgens bis sieben Uhr abends dort sein ... Das ist eine lange Zeit, die ich nicht bei dir bin, doch ich verdiene wenigstens meinen Lebensunterhalt und kann dich ein wenig entlasten.«

Jacques schaute von seinen Ziffern auf und antwortete mir ziemlich kühl: »Wahrlich, mein Lieber. Du tust gut daran, mir zu Hilfe zu kommen. Der Haushalt wäre zu schwer für mich ganz allein ... Ich weiß nicht, was mit mir los ist, aber ich fühle mich recht klapprig.«

Ein heftiger Hustenanfall hinderte ihn am Weitersprechen. Er ließ seine Feder voller Traurigkeit sinken und warf sich auf das Sofa. Als ich ihn dort liegen sah, entsetzlich blaß, kehrte die fürchterliche Vision meines Traumes noch einmal wieder, doch es war nur wie ein Blitz ...

Gleich darauf stand Mutter Jacques wieder auf und fing an zu lachen, als er mein verstörtes Gesicht sah.

»Das ist weiter nichts, Dummrian! Nur etwas Müdigkeit. Ich habe in der letzten Zeit zu viel gearbeitet ... Nun du eine Stelle hast, werde ich mir etwas mehr Ruhe gönnen, und in acht Tagen bin ich wieder gesund.«

Er sagte das so natürlich, mit einem so lachenden Gesicht, daß meine traurigen Vorahnungen verflogen, und einen guten Monat hörte ich in meinem Hirn ihre dunklen Flügel nicht mehr schlagen ...

Am andern Tag trat ich im Institut Ouly meine Stelle an.

Trotz des pompösen Schilds war das Institut Ouly eine lächerlich kleine Schule, die eine alte Dame mit Schmachtlocken, von den Kindern ›Schätzchen‹ genannt, leitete. Dort waren an die zwanzig kleine Jungen, ihr wißt ja, die ganz Kleinen, die mit ihrem Frühstücksbrot im Korb zur Schule kommen und bei denen stets ein Hemdzipfel herausschaut.

Das waren unsere Schüler. Madame Ouly brachte ihnen Kirchenlieder bei; ich führte sie in die Geheimnisse des Alphabets ein. Außerdem oblag es mir, sie in den Pausen zu beaufsichtigen in einem Hof, auf dem Hühner und ein Truthahn herumliefen, vor dem die kleinen Herren große Angst hatten.

Manchmal, wenn ›Schätzchen‹ die Gicht plagte, mußte ich die Klasse fegen, eine Arbeit, die eines Oberaufsehers wenig würdig war, die ich aber ohne Abneigung erledigte, so glücklich war ich, meinen Lebensunterhalt verdienen zu können ... Wenn ich abends ins Hotel Pilois zurückkam, fand ich den Tisch gedeckt, das Essen bereitet, und Mutter Jacques wartete auf mich. Nach dem Essen gingen wir mit großen Schritten ein paarmal im Garten auf und ab, dann kam der lange Abend vor dem Feuer ... Das war unser ganzes Leben. Ab und zu kam ein Brief von Madame Eyssette; das waren die großen Ereignisse. Madame Eyssette lebte immer noch bei Onkel Baptist; Monsieur Eyssette reiste immer noch für die Weinbaugesellschaft. Die Geschäfte gingen recht ordentlich. Die Schulden in Lyon waren zu Dreiviertel bezahlt. In ein oder zwei Jahren würde alles beglichen sein, und wir könnten daran denken, wieder zusammenzuleben ...

Ich war der Meinung, wir sollten in der Zwischenzeit Madame Eyssette ins Hotel Pilois zu uns kommen lassen, doch Jacques wollte nicht. »Nein, noch nicht«, sagte er mit einem seltsamen Gesichtsausdruck, »noch nicht ... Warten wir noch!«

Und diese Antwort, stets die gleiche, brach mir das Herz.

Ich sagte mir: Er traut mir nicht ... Er befürchtet, ich könnte wieder eine Torheit begehen, wenn Madame Eyssette hier ist. Deshalb will er noch warten ... Ich irrte mich. Nicht aus diesem Grund sagte Jacques: »Warten wir noch!«

XV . . . .

Lieber Leser, wenn du einen starken Geist hast, wenn du über Träume lächelst, wenn dein Herz durch die Ahnung kommender Geschehnisse noch nie getroffen, bis zum Aufschrei getroffen wurde, wenn du ein nüchterner Mensch bist, einer jener harten und strengen Köpfe, die nur die Wirklichkeit zu beeindrucken vermag, die keinen Hauch von Aberglauben in ihren Hirnen dulden, wenn du um keinen Preis an das Übernatürliche glauben, das Unerklärliche anerkennen willst, so lies diese Memoiren nicht weiter. Was mir in diesen letzten Kapiteln noch zu sagen bleibt, ist so gewiß wie die ewige Wahrheit, doch du würdest es nicht glauben.

Es war am 4. Dezember . . .

Schneller als gewöhnlich kam ich vom Institut Ouly nach Hause. Als ich Jacques heute morgen verließ, klagte er über große Müdigkeit, und ich brannte darauf zu wissen, wie es ihm ging. Als ich durch den Garten eilte, lief ich Monsieur Pilois vor die Füße, er stand am Feigenbaum und sprach leise mit einem dicken, gedrungenen und großfüßigen Mann, der große Mühe zu haben schien, seine Handschuhe zuzuknöpfen.

Ich wollte mich entschuldigen und rasch vorbeigehen, doch der Hotelier hielt mich zurück: »Ein Wort, Monsieur Daniel!«

Dann wandte er sich an den anderen und fuhr fort: »Das ist der bewußte junge Mann. Ich glaube, Sie täten gut daran, ihn zu unterrichten . . .«

Sehr beunruhigt blieb ich stehen. Wovon sollte mich dieser dicke Mann da unterrichten? Daß seine Handschuhe viel zu eng waren für seine fetten Pfoten? Das sah ich selbst, bei Gott! . . .

Einen Augenblick herrschte Schweigen und Verlegenheit. Monsieur Pilois steckte die Nase in die Luft, schaute in seinen Feigenbaum, als wollte er dort Feigen suchen, die nicht da waren. Der Mann mit den Handschuhen nestelte immer an seinen Knopflöchern herum . . . Doch endlich entschloß er sich zu sprechen; wohlgemerkt, ohne seinen Knopf loszulassen, keine Angst!

»Monsieur«, sagte er zu mir, »seit zwanzig Jahren bin ich der Arzt des Hotels Pilois, und ich darf versichern . . .«

Ich ließ ihn nicht ausreden. Das Wort Arzt hatte mir alles gesagt.

»Sie kommen wegen meines Bruders«, fragte ich zitternd. »Er ist sehr krank, nicht wahr?«

Ich glaube nicht, daß dieser Arzt ein böser Mensch war, doch in diesem Augenblick beschäftigten ihn vor allem seine Handschuhe, und ohne zu bedenken, daß er mit dem Kind von Jacques sprach, ohne daß er den Schlag zu mildern suchte, antwortete er mir rücksichtslos: »Und ob er krank ist! Das will ich meinen . . . Er überlebt die Nacht nicht.«

Der Schlag saß, ihr könnt mir's glauben. Das Haus, der Garten, Monsieur Pilois, der Arzt, alles drehte sich. Ich mußte mich an den Feigenbaum lehnen. Er hatte eine harte Hand, der Arzt des Hotel Pilois! . . . Er bemerkte übrigens nichts und fuhr in aller Ruhe fort, während er weiter seine Handschuhe zuknöpfte: »Es ist ein schwerer Fall von galoppierender Schwindsucht . . . Da ist nichts zu machen, zumindest nichts Ernsthaftes. Außerdem hat man mich viel zu spät geholt, wie immer.«

»Das ist nicht meine Schuld«, erwiderte der gute Monsieur Pilois, der beharrlich mit größter Aufmerksamkeit Feigen suchte — auch ein Mittel, seine Tränen zu verbergen —, »es ist nicht meine Schuld. Ich wußte schon lange, daß er krank war, dieser arme Monsieur Eyssette, und ich habe ihm oft geraten, er solle jemanden kommen lassen; doch er wollte nicht. Sicher befürchtete er, seinen Bruder zu erschrecken. Sie hingen so aneinander, diese Kinder!«

Ein verzweifeltes Schluchzen quoll aus meinem Innern.

»Nur Mut, mein Junge, Mut!« sagte der Mann mit den Handschuhen in gütigem Ton zu mir. »Wer weiß? Die Wissenschaft hat das letzte Wort gesprochen, aber die Natur noch nicht . . . Ich werde morgen früh wiederkommen.«

Daraufhin drehte er sich um und entfernte sich mit einem Lächeln der Befriedigung; er hatte einen Handschuh zugeknöpft!

Ich blieb noch einen Augenblick draußen, um meine Tränen zu trocknen und mich ein bißchen zu beruhigen; dann nahm ich meinen ganzen Mut zusammen und betrat entschlossen unser Zimmer.

Was sich meinem Blick bot, als ich die Tür öffnete, erschreckte mich. Jacques hatte sich, bestimmt um mir das Bett zu geben, eine Matratze auf das Sofa legen lassen, und dort fand ich ihn, bleich, entsetzlich bleich, genau wie der Jacques in meinem Traum.

Mein erster Gedanke war, mich auf ihn zu stürzen, ihn in meine Arme zu schließen und auf sein Bett oder sonstwohin zu tragen, ihn nur von dort wegschaffen, mein Gott, von dort wegschaffen. Dann aber fiel mir sofort ein: Das kannst du nicht, er ist zu groß! Und nun ich meine Mutter Jacques unabänderlich an dem Ort liegen sah, an dem er, wie der Traum gesagt hatte, sterben mußte, verließ mich mein Mut; diese Maske erzwungener Heiterkeit, die man sich aufs Gesicht klebt, um die Sterbenden zu beruhigen, wollte auf meinen Wangen nicht halten; ich fiel vor dem Sofa auf die Knie und weinte bitterlich.

Jacques drehte sich mühsam zu mir um: »Du bist es, Daniel ... Du hast den Arzt getroffen, nicht wahr? Und ich hatte diesem Kerl doch so ans Herz gelegt, dich nicht zu erschrecken. Aber ich sehe dir an, daß er nichts von alledem getan hat und du alles weißt ... Gib mir deine Hand, Brüderchen! Wer zum Teufel hätte so etwas geahnt? Es gibt Leute, die fahren nach Nizza, um ihre Lungenkrankheit zu kurieren; ich aber bin hingefahren, um mir eine zu holen. Das ist fast einmalig! ... Ach, weißt du, wenn du so traurig bist, nimmst du mir meinen ganzen Mut; ich bin so schon nicht sehr tapfer ... Heute morgen, nachdem du weggegangen warst, habe ich gemerkt, daß es sich verschlimmerte. Ich habe nach dem Pfarrer von Saint-Pierre geschickt; er hat mich aufgesucht und wird gleich wiederkommen, um mir die Sterbesakramente zu bringen ... Das wird unserer Mutter Freude machen, verstehst du! Er ist ein guter Mann, dieser Pfarrer. Er heißt genauso wie dein Freund in Sarlande.«

Er konnte nicht länger sprechen, fiel auf sein Kopfkissen zurück und schloß die Augen. Ich glaubte, er werde sterben und fing an, ganz laut zu rufen: »Jacques! Jacques! Mein Freund! ...«

Ohne zu sprechen, bedeutete er mir mehrmals mit der Hand: »Pst! pst!«

In diesem Augenblick ging die Tür auf, Monsieur Pilois kam ins Zimmer mit einem dicken Mann, der wie eine Kugel zum Sofa rollte und rief: »Was höre ich da, Monsieur Jacques? ... Das kann man wohl sagen ...«

»Guten Tag, Pierrotte!« sagte Jacques und schlug die Augen wieder auf, »guten Tag, mein alter Freund! Ich wußte fest, daß Sie beim ersten Zeichen kommen würden ... Daniel soll sich dorthin setzen; wir beide haben miteinander zu sprechen.«

Pierrotte beugte seinen dicken Kopf bis zu den blassen Lippen des Sterbenden hinab, und sie unterhielten sich eine geraume Weile mit leiser Stimme ... Ich hatte meine Bücher noch unterm Arm. Monsieur Pilois nahm sie mir behutsam ab und sagte etwas zu mir, was ich gar nicht hörte. Dann zündete er die Kerzen an und legte ein großes weißes Tuch auf den Tisch. Bei mir selbst dachte ich: Warum deckt er den Tisch? ... Werden wir jetzt essen? ... Ich habe doch keinen Hunger!

Es wurde dunkel. Draußen im Garten schauten Leute aus dem Hotel auf unsere Fenster und machten sich Zeichen. Jacques und Pierrotte sprachen immer noch miteinander. Von Zeit zu Zeit hörte ich den Cevenner mit seiner derben, tränenerstickten Stimme sagen: »Ja, Monsieur Jacques ... Ja, Monsieur Jacques ...« Doch ich wagte nicht näherzutreten. Am Schluß rief mich Jacques dann, und ich mußte mich neben Pierrotte an das Kopfende seines Bettes setzen.

»Daniel, mein lieber Daniel«, sagte er zu mir und fuhr nach einer langen Pause fort, »ich bin sehr traurig, daß ich dich verlassen muß; doch eines tröstet mich: Ich lasse dich nicht allein im Leben zurück ... Dir bleibt Pierrotte, der gute Pierrotte, der dir vergibt und sich verpflichtet, mich bei dir zu ersetzen ...«

»Ja, ja! Monsieur Jacques, ich verpflichte mich ... das kann man wohl sagen ... ich verpflichte mich ...«

»Siehst du, mein armer Kleiner«, fuhr Mutter Jacques fort, »du allein wirst es nie schaffen, das Heim wieder aufzubauen ... Nicht um dir weh zu tun, sage ich das, aber du bist schlecht im Wiederaufbauen. Doch ich glaube, mit Hilfe von Pierrotte wird es dir gelingen, unseren Traum zu verwirklichen ... Ich bitte dich nicht, ein Mann zu werden; ich glaube, wie Abbé Germane, daß du dein ganzes Leben ein Kind sein wirst. Doch ich flehe dich an, immer ein gutes Kind, ein braves Kind zu sein und vor allem — komm etwas näher, damit ich dir das ins Ohr flüstere — vor allem die schwarzen Augen nicht zum Weinen zu bringen.«

An dieser Stelle ruhte sich mein armer geliebter Jacques noch einen Augenblick aus und fuhr dann fort: »Wenn alles vorbei ist, wirst du an Papa und Mama schreiben. Aber du mußt ihnen die Sache nach und nach beibringen ... In einem Mal würde es ihnen zu wehtun ... Verstehst du jetzt, warum ich Madame Eyssette nicht kommen lassen wollte? Ich wollte nicht, daß sie hier ist. Das sind zu schlimme Augenblicke für die Mütter ...«

Er unterbrach sich und schaute zur Tür hinüber.

»Da kommt der liebe Gott!« sagte er lächelnd. Und er bedeutete uns, wir sollten uns zurückziehen.

Man brachte ihm die Letzte Ölung. Auf das weiße Tischtuch zwischen den Kerzen wurden die Hostie und das heilige Öl gelegt. Dann trat der Priester an das Bett, und die Zeremonie begann.

Als sie zu Ende war — o wie lang mir die Zeit schien — als sie zu Ende war, rief mich Jacques leise zu sich.

»Küsse mich«, sagte er zu mir; und seine Stimme war so schwach, daß es

klang, als spreche er von sehr weither zu mir ... In der Tat, er mußte weit weg sein, nachdem die schreckliche galoppierende Schwindsucht ihn schon vor zwölf Stunden auf seinen mageren Rücken geworfen hatte und ihn im dreifachen Galopp dem Tod entgegentrug! ...

Als ich mich ihm näherte, um ihn zu küssen, traf meine Hand die seine, die liebe, vom Todeskampf ganz schweißbedeckte Hand. Ich bemächtigte mich ihrer und ließ sie nicht mehr los ... So verharrten wir, ich weiß nicht, wie lange; vielleicht eine Stunde, vielleicht eine Ewigkeit, ich weiß es nicht ... Er sah mich nicht mehr, er sprach nicht mehr zu mir. Nur seine Hand bewegte sich mehrmals in der meinen, als wollte sie mir sagen: Ich fühle, daß du da bist! Plötzlich durchfuhr ein langes heftiges Zucken seinen armen Körper von den Füßen bis zum Kopf. Ich sah, wie sich seine Augen öffneten und sich umschauten, um jemanden zu suchen, und als ich mich über ihn beugte, hörte ich ihn zweimal sehr leise sagen: »Jacques, du bist ein Esel ... Jacques, du bist ein Esel!« ... Dann nichts mehr ... Er war tot ...

Ach! Der Traum! ...

In jener Nacht tobte ein schwerer Wind. Der Dezember warf eine Handvoll Graupeln gegen das Fenster. Auf dem Tisch am anderen Ende des Zimmers schimmerte ein Christus zwischen zwei Kerzen. Ein Priester, den ich nicht kannte, kniete davor und betete mit kräftiger Stimme zum Tosen des Windes. Ich aber betete nicht; ich weinte auch nicht ... Ich hatte nur eine Idee, eine fixe Idee, ich wollte die Hand meines geliebten Jacques wärmen, die ich fest zwischen meine Hände preßte. Weh mir! Je näher der Morgen kam, um so schwerer und eisiger wurde diese Hand ...

Plötzlich stand der Priester auf, der dort vor dem Christus Latein rezitierte, und legte seine Hand auf meine Schulter.

»Versuche zu beten«, sagte er zu mir ... »Das wird dir guttun.«

Jetzt erst erkannte ich ihn ... Es war mein alter Freund vom Gymnasium in Sarlande, Abbé Germane persönlich, mit seinem schönen vernarbten Gesicht und seiner Dragonermiene in Sutane ... Der Schmerz hatte mich so niedergeschlagen, daß ich noch nicht einmal erstaunt war, ihn zu sehen. Das erschien mir alles ganz einfach ... Hört, wieso er hier war.

An dem Tag, an dem der kleine Dingsda das Gymnasium verließ, hatte Abbé Germane zu ihm gesagt: »Ich habe doch auch einen Bruder in Paris, er ist Priester, ein guter Mann ... Ach was! Wozu dir seine Adresse geben? ... Ich bin sicher, du würdest nicht hingehen.«

Nun hört, wie das Schicksal spielt! Dieser Bruder des Abbés war der Pfarrer an der Kirche von Saint-Pierre in Montmartre, und diesen hatte die arme Mutter Jacques an sein Sterbebett gerufen. Es traf sich, daß gerade in diesem Augenblick Abbé Germane auf Durchreise in Paris war und im Pfarrhaus wohnte ...

Am Abend des 4. Dezember sagte sein Bruder zu ihm, als er nach Hause kam: »Ich habe gerade einem armen jungen Mann, der hier ganz in der Nähe im Sterben liegt, die Letzte Ölung gebracht. Wir müssen für ihn beten, Abbé!«

Der Abbé antwortete: »Ich will morgen daran denken, wenn ich meine Messe lese. Wie heißt er?«

»Warte mal ... es ist ein Name aus dem Süden, ziemlich schwer zu behalten ... Jacques Eysset ... Ja, so heißt er ... Jacques Eyssette ...«

Dieser Name erinnerte den Abbé an einen kleinen Aufpasser, den er kannte; und unverzüglich eilte er ins Hotel Pilois. Als er eintrat, sah er mich dort, wie ich mich an die Hand von Jacques klammerte. Er wollte meinen Schmerz nicht stören, schickte alle Leute weg und sagte, er wolle mit mir wachen; dann kniete er nieder, und erst tief in der Nacht, als ihn meine

starre Bewegungslosigkeit erschreckte, legte er mir die Hand auf die Schulter und gab sich zu erkennen.
Von diesem Augenblick an weiß ich nicht mehr so genau, was geschah. An das Ende dieser furchtbaren Nacht, an den nächsten und den übernächsten Tag sowie an viele darauffolgende Tage habe ich nur ganz schwache und verworrene Erinnerungen. Da hat mein Gedächtnis ein großes Loch. Ich erinnere mich jedoch — aber wie an Dinge, die sich vor Jahrhunderten ereigneten — an einen langen endlosen Zug durch den Schmutz von Paris hinter dem schwarzen Wagen. Ich sehe mich noch barhäuptig zwischen Pierrotte und Abbé Germane gehen. Ein kalter, mit Hagel vermischter Regen peitschte uns ins Gesicht; Pierrotte hat seinen großen Regenschirm aufgespannt; doch er hält ihn so schlecht, und der Regen fällt so dicht, daß die Sutane von Abbé Germane triefend naß ist und glänzt! . . . Es regnet! Es regnet! Ach, wie es regnet!
Dicht bei uns, neben dem Wagen, geht ein langer Herr ganz in Schwarz, der einen Ebenholzstab trägt. Das ist der Zeremonienmeister, eine Art Kammerherr des Todes. Wie die Kammerherren trägt er einen seidenen Mantel, ein Schwert, eine kurze Hose und einen Klappzylinder . . . Ist es ein Trugbild meines Gehirns? Ich finde, dieser Herr ähnelt Monsieur Viot, dem Oberaufseher am Gymnasium von Sarlande. Er ist so lang wie er, neigt wie er den Kopf auf die Schulter, und jedesmal wenn er mich anschaut, hat er das falsche und eiskalte Lächeln, das dort über die Lippen des schrecklichen Schlüsselträgers huschte. Es ist nicht Monsieur Viot, doch vielleicht sein Schatten.
Der schwarze Wagen fährt immer noch weiter, aber so langsam, so langsam . . . Mir scheint, wir werden nie ankommen . . . Endlich sind wir in einem trostlosen Garten voll gelben Schlamms, wo man bis zu den Knöcheln versinkt. Am Rand einer großen Grube bleiben wir stehen. Männer in kurzen Mänteln tragen einen sehr schweren Kasten herbei, den sie dort hinunterlassen, was sehr schwierig ist. Die Seile, ganz steif vom Regen, gleiten nicht. Ich höre einen der Männer rufen: »Die Füße nach vorn! Die Füße nach vorn!« Auf der anderen Seite der Grube lächelt der Schatten von Monsieur Viot, den Kopf auf die Schulter geneigt, immer noch zu mir herüber. Lang, dünn, hager hebt er sich in seinen Trauerkleidern wie eine große schwarze, über und über nasse Heuschrecke vom grauen Himmel ab . . .
Jetzt bin ich allein mit Pierrotte. Wir gehen den Faubourg Montmartre hinunter . . . Pierrotte sucht einen Wagen, aber er findet keinen. Ich laufe ne-

ben ihm, meinen Hut in der Hand; mir ist, als folgte ich noch immer dem Leichenwagen. Längs des Faubourgs drehen sich die Leute um und schauen diesem starken weinenden Mann, der die Fiaker ruft, und diesem Kind nach, das ohne Hut durch den strömenden Regen geht ...

Wir laufen, wir laufen immer noch. Und ich bin müde, und mein Kopf ist so schwer ... Da ist endlich die Passage du Saumon, das *Ehemalige Haus Lalouette* mit seinen gestrichenen Fensterläden, an denen grünes Wasser herunterläuft. Ohne erst den Laden zu betreten, gehen wir zu Pierrotte hinauf. Im ersten Stock versagen mir die Kräfte. Ich setze mich auf eine Treppenstufe. Ich kann unmöglich weitergehen; mein Kopf ist zu schwer ... Da nimmt mich Pierrotte in seine Arme; und während er mich halbtot und schlotternd vor Fieber zu sich hinaufträgt, höre ich den Hagel, der gegen das Schaufenster der Passage prasselt, und das Wasser der Dachrinne, das laut in den Hof tropft ... Es regnet! Es regnet! Ach, wie es regnet!

XVI *Das Ende des Traums*

Der kleine Dingsda ist krank; der kleine Dingsda wird sterben . . . Vor der Passage du Saumon meldet ein breites Strohlager, das alle zwei Tage erneuert wird, den Leuten: Dort oben liegt ein alter reicher Kauz im Sterben . . . Das ist kein alter reicher Kauz, der sterben wird, es ist der kleine Dingsda . . . Alle Ärzte haben ihn aufgegeben. Zweimal Typhus in zwei Jahren, das ist zu viel für dieses kleine Kolibrigehirn! Los, rasch, spannt den schwarzen Wagen an! Die große Heuschrecke soll ihren Ebenholzstab und ihr trauriges Lächeln bereit halten! Der kleine Dingsda ist krank; der kleine Dingsda wird sterben.

Die Bestürzung im ehemaligen Hause Lalouette hättet ihr sehen sollen! Pierrotte schläft nicht mehr; die schwarzen Augen sind verzweifelt, die sehr verdienstvolle Dame blättert wie wahnsinnig in ihrem Medizinbuch von Raspail herum und fleht zum seligen Kampfer, er möge an dem geliebten Kranken ein neues Wunder tun . . . Der gelbe Salon ist geschlossen, das Klavier tot, die Flöte vernagelt. Doch das allertraurigste ist ein kleines schwarzes Kleid, das in einem Winkel des Hauses sitzt, von morgens bis abends strickt, ohne ein Wort zu sagen, und dicke Tränen weint.

Und während das ehemalige Haus Lalouette auf solche Weise Tag und Nacht wehklagt, liegt der kleine Dingsda ganz ruhig unter einem großen Federbett und ahnt nichts von den Tränen, die um ihn herum vergossen werden. Seine Augen sind geöffnet, doch er sieht nichts; die Gegenstände dringen nicht bis in seine Seele. Er hört auch nichts, nur ein dumpfes Summen, ein undeutliches Grollen, so, als habe er zwei Meeresmuscheln als Ohren, große Muscheln mit rosa Lippen, in denen man das Meer rauschen hört. Er spricht nicht, er denkt nicht; er sieht aus wie eine kranke Blume . . . Einen kalten Umschlag auf den Kopf und ein Stück Eis in den Mund — das ist alles, was er braucht. Wenn das Eis geschmolzen ist, wenn der Umschlag vom Feuer in seinem Schädel trocken geworden ist, stößt er ein Brummen aus: das ist seine ganze Sprache.

So vergehen mehrere Tage — Tage ohne Stunden, Tage des Chaos; dann hat der kleine Dingsda eines schönen Morgens plötzlich ein ganz eigenartiges Gefühl. Ihm ist, als habe man ihn gerade vom Grund des Meeres emporgezogen. Seine Augen sehen, seine Ohren hören. Er atmet; er kommt wieder zu sich . . . Die Denkmaschine, die mit ihrem Räderwerk, so fein

wie Feenhaar, in einer Ecke des Gehirns geschlafen hat, erwacht und setzt sich in Bewegung; zuerst noch langsam, dann etwas schneller und zuletzt mit wahnsinnigem Tempo — tick, tick, tick —, daß man meint, alles werde zerspringen. Man fühlt, diese hübsche Maschine ist nicht zum Schlafen gemacht, und sie will die verlorene Zeit wieder einholen . . .Tick! tick! tick! . . . Die Gedanken überkreuzen, verwickeln sich wie Seidenfäden.
»Wo bin ich, mein Gott? . . .Was ist das für ein großes Bett? . . . Und diese drei Damen dort am Fenster, was tun sie? . . . Dieses kleine schwarze Kleid, das mir den Rücken zudreht — kenne ich es nicht? . . . Man könnte meinen . . .«
Und um dieses schwarze Kleid, das er zu erkennen glaubt, besser sehen zu können, stützt sich der kleine Dingsda mühsam auf seine Ellenbogen und beugt sich aus dem Bett; dann wirft er sich gleich wieder voller Entsetzen zurück . . . Dort, vor ihm, mitten im Zimmer hat er einen Nußbaumschrank mit alten Eisenbeschlägen gesehen, die sich emporranken. Diesen Schrank erkennt er wieder; er hat ihn schon einmal im Traum gesehen, in einem furchtbaren Traum . . .Tick! tick! tick! . . . Die Denkmaschine läuft wie der Wind . . . Ach! Jetzt entsinnt sich der kleine Dingsda. Das Hotel Pilois, der Tod von Jacques, die Beerdigung, die Ankunft bei Pierrotte im Regen — er sieht alles wieder vor sich, er erinnert sich an alles. Ach! Nun das unglückliche Kind dem Leben wiedergeschenkt wird, belebt sich auch der Schmerz aufs neue; und sein erstes Wort ist ein Seufzen.
Dieses Seufzen läßt die drei Frauen, die dort am Fenster arbeiten, erzittern. Eine von ihnen, die jüngste, steht auf und ruft »Eis! Eis!« und rasch läuft sie zum Kamin, um ein Stück Eis zu holen, das sie dem kleinen Dingsda reicht; aber der kleine Dingsda will nicht . . . Sanft stößt er die Hand zurück, die seine Lippen sucht; es ist eine sehr zarte Hand für eine Krankenschwester! Auf jeden Fall ist es eine Hand, die zittert, und er sagt: »Guten Tag, Camille! . . .«
Camille Pierrotte ist so überrascht, den Sterbenden sprechen zu hören, daß sie ganz verwirrt stehen bleibt, mit ausgestrecktem Arm und einem Stück Eis in der Hand, das zwischen ihren vor Kälte roten Fingerspitzen zittert.
»Guten Tag, Camille!« wiederholte der kleine Dingsda. »Ich erkenne Sie sehr gut! . . . Ich habe meinen Kopf wieder beisammen. Und Sie? Sehen Sie mich? . . . Können Sie mich sehen?«
Camille macht ganz große Augen: »Ja, ich sehe Sie, Daniel . . . Natürlich sehe ich Sie!«

Bei dem Gedanken, daß der Schrank gelogen hat, daß Camille Pierrotte nicht blind ist, daß der Traum, dieser furchtbare Traum, sich nicht bis zum bitteren Ende erfüllt, schöpft der kleine Dingsda wieder Mut und wagt es, noch ein paar Fragen zu stellen.

»Ich bin wohl sehr krank gewesen, nicht wahr, Camille?«

»O ja! Daniel, sehr krank.«

»Liege ich schon lange im Bett?«

»Morgen sind es drei Wochen.«

»Lieber Gott, drei Wochen! ... Schon drei Wochen, daß meine arme Mutter Jacques ...« Er beendet seinen Satz nicht und verbirgt schluchzend seinen Kopf im Kissen.

In diesem Augenblick kommt Pierrotte in das Zimmer; er bringt einen neuen Arzt mit. Für den Fall, daß die Krankheit andauern sollte, wird die gesamte medizinische Akademie hier antreten. Dieser hier ist der berühmte Doktor Brum-Brum, ein Prachtskerl, der rasch ans Werk geht und sich nicht damit vergnügt, seine Handschuhe am Krankenbett zuzuknöpfen. Er geht zum kleinen Dingsda, fühlt ihm den Puls, guckt ihm in die Augen und sieht sich die Zunge an; dann dreht er sich zu Pierrotte um: »Was haben Sie mir denn da erzählt? Der Junge ist doch wieder gesund ...«

»Gesund!« sagt der gute Pierrotte und faltet die Hände.

»So gesund, daß Sie jetzt sofort dieses Eis zum Fenster hinauswerfen und Ihrem Kranken einen Hühnerflügel mit Saint-Émilion begossen bringen werden ... Nun, verzweifeln Sie mal nicht, mein kleines Fräulein; in acht Tagen ist dieses junge Stehaufmännchen wieder auf den Beinen, das verspreche ich Ihnen ... Bis dahin lassen Sie ihn schön ruhig im Bett liegen; vermeiden Sie jede Aufregung; jeden Schock; das ist das Wichtigste! Alles übrige lassen wir die Natur machen: Sie versteht sich besser aufs Pflegen als Sie und ich ...«

Nach diesen Worten gibt der berühmte Doktor Brum-Brum dem kleinen Stehaufmännchen einen Nasenstüber und entfernt sich hurtig, begleitet vom guten Pierrotte, der vor Freude weint und die ganze Zeit immer wieder sagt: »Ach, Herr Doktor, das kann man wohl sagen ... das kann man wohl sagen ...«

Als sie weggegangen sind, will Camille, daß der Kranke schlafen soll; doch er weigert sich energisch: »Gehen Sie nicht weg, Camille, ich bitte Sie darum ... Lassen Sie mich nicht allein. Wie soll ich denn schlafen mit dem großen Kummer, der mich quält?«

»Doch, Daniel, Sie müssen ... Sie müssen schlafen. Sie brauchen Ruhe; der Arzt hat es gesagt ... Seien Sie doch vernünftig, machen Sie die Augen zu und denken Sie an gar nichts ... Ich komme bald wieder nach Ihnen schauen, und wenn Sie geschlafen haben, bleibe ich sehr lange.«

»Ich schlafe ... ich schlafe ...«, sagt der kleine Dingsda und macht die Augen zu. Dann besinnt er sich eines anderen: »Noch ein Wort, Camille! ... Was ist denn das für ein kleines schwarzes Kleid, das ich vorhin gesehen habe?«

»Ein schwarzes Kleid?«

»Ja doch! Sie wissen sehr gut! Dieses kleine schwarze Kleid, das dort mit Ihnen gearbeitet hat. Jetzt ist es nicht mehr da. Doch vorhin habe ich es gesehen, ich bin ganz sicher ...«

»Ach nein, Daniel, Sie täuschen sich ... Ich habe hier den ganzen Vormittag mit Madame Tribou — Sie wissen doch noch, Ihrer alten Freundin Madame Tribou — gearbeitet, die Sie immer die sehr verdienstvolle Dame nannten. Doch Madame Tribou ist nicht in Schwarz gekleidet. Sie trägt immer noch ihr altes grünes Kleid ... Nein! Ganz bestimmt ist kein schwarzes Kleid im Haus ... Das müssen Sie geträumt haben ... Und nun gehe ich ... Schlafen Sie gut!«

Daraufhin läuft Camille Pierrotte rasch hinaus, ganz verwirrt mit feurigen Wangen, als habe sie gerade gelogen.

Der kleine Dingsda bleibt allein; doch er schläft deshalb nicht besser. Die Maschine mit dem feinen Räderwerk arbeitet wie wild in seinem Kopf. Die Seidenfäden überkreuzen, verwickeln sich ... Er denkt an seinen geliebten Jacques, der dort im Rasen von Montmartre ruht; er denkt auch an die schwarzen Augen, an diese schönen dunklen Lichter, die der Schutzengel eigens für ihn angezündet zu haben schien und die nun ...

Da wird die Tür zum Zimmer leise geöffnet, ganz leise, als ob jemand hereinkommen wollte; doch im selben Augenblick hört man Camille Pierrotte leise sagen: »Gehen Sie nicht hinein! Die Aufregung wird ihn töten, wenn er aufwacht ...« Und da wird die Tür wieder zugemacht, leise, ganz leise, wie sie geöffnet worden war. Unglücklicherweise hat sich ein schwarzer Rockzipfel eingeklemmt; und diesen Rockzipfel kann der kleine Dingsda von seinem Bett aus sehen.

Plötzlich hüpft sein Herz, seine Augen leuchten, er stützt sich auf seinen Ellenbogen und fängt an, sehr laut zu rufen: »Mutter! Mutter! Warum kommt Ihr nicht und nehmt mich in Eure Arme?«

Sogleich öffnete sich die Tür. Das kleine schwarze Kleid — das es nicht länger aushalten kann — kommt ins Zimmer gestürzt; doch statt zum Bett zu gehen, läuft es genau an das andere Ende des Zimmers und ruft mit ausgebreiteten Armen: »Daniel! Daniel!«

»Hierher Mutter!« ruft der kleine Dingsda, der ihr lachend die Arme entgegenstreckt. Hierher! Seht Ihr mich denn nicht? ...«

Und da antwortet Madame Eyssette, halb zum Bett gewendet, mit zitternden Händen in der Luft herumtappend, in kläglichem Ton: »Nein, mein lieber Schatz, ich sehe dich nicht. Ich werde dich nie mehr sehen ... Ich bin blind!«

Als der kleine Dingsda das hört, stößt er einen heftigen Schrei aus und fällt auf sein Kopfkissen zurück.

Sicher, nach zwanzig Jahren Not und Leid, nachdem ihr zwei Kinder gestorben sind, ihr Heim zerstört wurde, ihr Mann fern von ihr ist, haben die Tränen die wunderschönen Augen von Madame Eyssette ausgebrannt, daran ist nichts Außergewöhnliches. Doch welche Übereinstimmung mit dem Traum des kleinen Dingsda! Welchen schweren Schlag hatte sich das Schicksal für ihn noch aufbewahrt! Wird er daran nicht sterben? ...

Nein doch! Der kleine Dingsda wird nicht sterben. Er darf nicht sterben. Was sollte dann aus der blinden Mutter werden? Wo sollte sie die Tränen hernehmen, ihren dritten Sohn zu beweinen? Was würde aus Vater Eyssette, diesem Opfer der Geschäftsehre, diesem ewigen Juden des Weinbaus, der nicht einmal so viel Zeit hat, daß er sein krankes Kind umarmen oder seinem toten Sohn eine Blume bringen kann? Wer soll dann das Heim wieder aufbauen, das schöne Familienheim, wo sich die beiden Alten eines Tages ihre kalten Hände aufwärmen können? Nein! Nein! Der kleine Dingsda will nicht sterben. Im Gegenteil, er klammert sich mit allen seinen Kräften an das Leben ... Man hat ihm gesagt, wenn er schneller gesund werden wolle, dürfe er nicht denken, er denkt nicht; er dürfe nicht sprechen, er spricht nicht; er dürfe nicht weinen, er weint nicht. Es ist eine Freude, ihn in seinem Bett liegen zu sehen, mit friedlichem Gesicht, offenen Augen; um sich zu zerstreuen, spielt er mit den Troddeln des Federbetts. Eine friedliche und gemächliche schöne Genesung ...

Und das ganze Haus Lalouette ist eifrig um ihn bemüht. Madame Eyssette verbringt ihre Tage am Fußende des Betts und strickt; die liebe Blinde ist so an die langen Nadeln gewöhnt, daß sie ebenso gut strickt wie in den Tagen, da ihre Augen noch sehen konnten. Die sehr verdienstvolle Dame ist

auch da; und jeden Augenblick sieht man das gute Gesicht von Pierrotte durch die Tür schauen. Selbst der Flötenspieler kommt vier- oder fünfmal am Tag herauf, um sich zu erkundigen. Doch dieser da, es muß gesagt werden, kommt nicht wegen des Kranken; ihn zieht vor allem die sehr verdienstvolle Dame an ... Seit Camille Pierrotte ihm in aller Form erklärt hat, daß sie weder ihn noch seine Flöte wolle, hat sich der ungestüme Instrumentalist auf die Witwe Tribou gestürzt, die, wenn auch weniger reich und nicht so hübsch wie die Tochter des Cevenners, doch nicht ganz ohne Reize und ohne Ersparnisse ist. Mit dieser schwärmerischen Matrone hatte der Flötenspieler seine Zeit nicht verloren; schon nach der dritten Sitzung lag die Hochzeit in der Luft, und es war davon die Rede, mit den Ersparnissen der Dame einen Kräuterladen in der Rue des Lombards aufzumachen. Und um diese schönen Pläne nicht einschlafen zu lassen, kommt der junge Virtuose so oft herauf und erkundigt sich nach dem Kranken.

Und Mademoiselle Pierrotte? Über sie wird nicht gesprochen. Sollte sie nicht mehr im Haus sein? Doch, immer noch; aber seit der Kranke außer Gefahr ist, betritt sie kaum noch sein Zimmer, und wenn sie hereinkommt, so nur ganz kurz, um die Blinde zu holen und zu Tisch zu führen; doch nie spricht sie ein Wort mit dem kleinen Dingsda ... Ach wie weit liegt die Zeit der roten Rose zurück, die Zeit, da die schwarzen Augen sich wie zwei samtene Blüten öffneten, um zu sagen: Ich liebe Sie! Der Kranke seufzt in seinem Bett, wenn er an diese entschwundenen Wonnen denkt. Er sieht wohl, daß man ihn nicht mehr liebt; doch das hat er so gewollt. Er hat kein Recht, sich zu beklagen. Und doch hätte es so gut getan, in all dieser Trauer und Traurigkeit ein wenig Liebe zu finden, um daran sein Herz zu wärmen! Es wäre so schön gewesen, sich an einer geliebten Schulter auszuweinen! ... Doch das Unrecht ist geschehen, sagt sich das arme Kind, denken wir nicht mehr daran, und Schluß mit den Träumereien! Für mich geht es nicht mehr darum, ob ich im Leben glücklich bin; es gilt, meine Pflicht zu tun ... Morgen werde ich mit Pierrotte sprechen.

Und wirklich, als der Cevenner am andern Tag behutsam durch das Zimmer schleicht, um in sein Geschäft hinunterzugehen, ruft ihn leise der kleine Dingsda, der schon seit dem Morgengrauen hinter seinen Vorhängen auf ihn gelauert hat.

»Monsieur Pierrotte! Monsieur Pierrotte!«

Pierrotte tritt an das Bett; da sagt der Kranke zu ihm, sehr bewegt und ohne aufzublicken: »Nun bin ich auf dem Weg der Besserung, mein lieber Monsieur Pierrotte, und ich muß ernsthaft mit Ihnen sprechen. Ich will Ihnen nicht danken für das, was Sie für mich und meine Mutter getan haben ...«

Lebhaft unterbricht ihn der Cevenner: »Kein Wort darüber, Monsieur Daniel! Alles was ich tue, mußte ich tun. Es war mit Monsieur Jacques so abgemacht.«

»Ja, ich weiß, Pierrotte. Ich weiß, daß Sie auf alles, was ich Ihnen hierzu sagen kann, immer die gleiche Antwort haben ... Ich will auch nicht darüber sprechen. Im Gegenteil, ich habe Sie gerufen, um Sie um einen großen Gefallen zu bitten. Ihr Ladengehilfe wird Sie bald verlassen; wollen Sie mich statt seiner einstellen? Oh, bitte, Pierrotte, hören Sie mich zu Ende an; sagen Sie nicht nein, ohne mir bis zum Schluß zugehört zu haben ... Ich weiß, daß ich nach meinem feigen und nichtswürdigen Benehmen kein Recht mehr habe, in Ihrer Mitte zu leben. Im Haus ist jemand, der unter meiner Anwesenheit leidet, dem mein Anblick verhaßt ist, und das ist nur gerecht so! ... Doch wenn ich es so einrichte, daß man mich nicht sieht, wenn ich mich verpflichte, nie hierherauf zu kommen, wenn ich immer im Geschäft bleibe, wenn ich zu Ihrem Haus gehöre ohne dazuzugehören, so wie die großen Hofhunde, die nie in die Wohnung dürfen, könnten Sie mich unter diesen Bedingungen nicht nehmen?«

Pierrotte hätte am liebsten den Lockenkopf des kleinen Dingsda in seine großen Hände genommen und ihn sehr herzlich geküßt; doch er beherrschte sich und antwortet ruhig: »Gewiß! Hören Sie, Monsieur Daniel, ehe ich irgend etwas sage, muß ich mit der Kleinen sprechen ... Was mich angeht, mir gefällt Ihr Vorschlag ganz gut; doch ich weiß nicht, ob die Kleine ... Wir wollen doch gleich sehen. Sie muß schon auf sein ... Camille! Camille!«

Camille Pierrotte, morgenfrisch wie eine Biene, ist im Begriff, ihren roten Rosenstock auf dem Kamin im Salon zu gießen. Sie kommt im Morgenmantel, hat die Haare nach chinesischer Art hochgebunden, ist frisch, munter und duftet nach Blumen.

»Hör mal, Kleines«, sagt der Cevenner zu ihr, »da fragt mich Monsieur Daniel, ob er bei uns eintreten und den Ladengehilfen ersetzen kann ... Doch da er meint, seine Anwesenheit hier sei dir unangenehm ...«

»Zu unangenehm!« unterbrach Camille den guten Pierrotte und verfärbte sich.

Mehr sagte sie nicht; doch die schwarzen Augen vollendeten ihren Satz. Ja! Die schwarzen Augen persönlich zeigten sich dem kleinen Dingsda, tiefdunkel wie die Nacht, strahlend wie die Sterne und riefen: Liebe! Liebe! mit solcher Leidenschaft und solchem Feuer, daß sich das Herz des armen Kranken daran entzündete.

Pierrotte lachte sich ins Fäustchen und meinte: »Bei Gott! Sprecht euch miteinander aus ... Dahinter verbirgt sich irgendein Mißverständnis.«

Und er ging ans Fenster und trommelte eine Weise aus den Cevennen gegen die Scheiben; und als er glaubte, die Kinder hätten sich genug ausgesprochen — mein Gott! sie konnten sich kaum drei Worte sagen —, kam er zu ihnen und schaute sie an: »Na und?«

»O Pierrotte!« sagt der kleine Dingsda und reicht ihm die Hände, »sie ist ebenso gut wie Sie ... sie hat mir verziehen!«

Von diesem Augenblick an geht die Genesung des Kranken mit Siebenmeilenstiefeln voran ... Das will ich meinen! Die schwarzen Augen verlassen das Zimmer nicht mehr. Sie verbringen die Tage damit, Zukunftspläne zu machen. Sie sprechen von Hochzeit, von dem wiederaufzubauenden Heim.

Sie sprechen auch von der lieben Mutter Jacques, und bei diesem Namen fließen noch viele Tränen. Doch das macht nichts. In das ehemalige Haus Lalouette ist die Liebe eingezogen. Das fühlt man überall. Und sollte sich jemand darüber wundern, daß Liebe inmitten von Trauer und Tränen erblühen kann, so rate ich ihm, sich auf den Friedhöfen die vielen hübschen kleinen Blumen anzusehen, die in den Rissen der Grabsteine wachsen.

Im übrigen dürft ihr nicht glauben, über der Leidenschaft habe der kleine Dingsda seine Pflicht vergessen. So gut es ihm auch in seinem großen Bett zwischen Madame Eyssette und den schwarzen Augen geht, es drängt ihn, gesund zu sein, aufzustehen, in den Laden hinunterzugehen. Das Porzellan lockt ihn nicht so sehr, gewiß; doch er sehnt sich danach, dieses Leben voller Aufopferung und Arbeit zu beginnen, das Mutter Jacques ihm vorgelebt hatte. Schließlich ist es immer noch besser, in einer Passage Teller zu verkaufen, wie die Tragödin Irma sagte, als das Institut Ouly auszufegen oder sich im Montparnasse auspfeifen zu lassen. Von der Muse dagegen ist nicht mehr die Rede. Daniel Eyssette liebt immer noch Verse, doch nicht die seinen; und an dem Tag, an dem der Drucker die neunhundertneunundneunzig Exemplare der ›Schäferkomödie‹ nicht mehr länger bei sich herumliegen haben will und sie in die Passage du Saumon zurückschickt, hat der unglückliche frühere Dichter die Kraft zu sagen: »Das muß alles verbrannt werden.«

Darauf antwortet ihm der umsichtigere Pierrotte: »Das alles verbrennen! ... meiner Treu, nein! Ich will es lieber im Laden aufheben. Ich werde schon eine Verwendung dafür finden ... Das kann man wohl sagen ... Ich muß demnächst eine Sendung Eierbecher für Madagaskar verpacken. Seit die Leute in diesem Land die Frau eines englischen Missionars weichgekochte Eier haben essen sehen, will man dort die Eier anscheinend nur noch weichgekocht essen ... Mit Ihrer Erlaubnis, Monsieur Daniel, werden mir Ihre Bücher dazu dienen, die Eierbecher einzupacken.«

Und in der Tat, vierzehn Tage später macht sich die ›Schäferkomödie‹ auf den Weg in das Land des berühmten Rano-Volo. Möchte ihr dort mehr Erfolg beschieden sein als in Paris!

Und nun, liebe Leser, will ich euch, ehe ich die Geschichte beende, noch einmal in den gelben Salon führen. Es ist Sonntag nachmittag, ein schöner Wintersonntag — kalt, trocken und sonnig. Das ganze Haus Lalouette strahlt. Der kleine Dingsda ist wieder ganz gesund und gerade zum erstenmal aufgestanden. Am Morgen hat man Äskulap, zu Ehren dieses glücklichen Ereignisses, ein paar Dutzend Austern geopfert, die mit feinem Weißwein aus der Tourraine begossen wurden. Jetzt sind alle im Salon versammelt. Es ist schön warm; der Kamin brennt. Auf den vereisten Fensterscheiben zeichnet die Sonne silberne Landschaften.

Vor dem Kamin sitzt der kleine Dingsda auf einem Schemel zu Füßen der armen Blinden, die eingeschlummert ist, und spricht leise mit Mademoiselle Pierrotte, die röter ist als die rote Rose, die sie im Haar hat. Das ist verständlich, sitzt sie doch so nahe am Feuer! ... Ab und an ein Mäuseknabbern — das ist der Vogelkopf, der in einer Ecke pickt; oder ein Notschrei — das ist die sehr verdienstvolle Dame, die im Begriff ist, beim Kartenspiel das Geld für den Kräuterladen zu verlieren. Bitte beachtet das triumphierende Gesicht von Madame Lalouette, die gewinnt, und das besorgte Lächeln des Flötenspielers, der verliert.

Und Monsieur Pierrotte? ... Oh, Monsieur Pierrotte ist ganz in der Nähe. Er steht dort am Fenster, halb verborgen durch den gelben Vorhang in eine stille Beschäftigung vertieft, die ihn ganz in Anspruch zu nehmen scheint und ihn zum Schwitzen bringt. Vor ihm auf einem kleinen runden Tisch liegen Zirkel, Bleistifte, Lineale, Winkelmesser, Tusche, Pinsel und zu guter Letzt ein langes Plakat aus Zeichenpapier, das er mit eigenartigen Zeichen bedeckt ... Die Arbeit scheint ihm Freude zu machen. Alle fünf Minuten hebt er den Kopf, neigt ihn etwas zur Seite und lächelt wohlgefällig über seine Kleckserei.

Was ist das nur für eine geheimnisvolle Arbeit?

Wartet; wir werden es gleich wissen ... Pierrotte ist fertig. Er kommt aus seinem Versteck, tritt leise hinter Camille und den kleinen Dingsda; dann hält er ihnen plötzlich sein Plakat vor die Augen und sagt: »Schaut mal her, ihr Verliebten, was meint ihr dazu?«

Zwei Freudenrufe antworten ihm: »O Papa! ...« — »Oh, Monsieur Pierrotte!«

»Was ist los? ... Was ist das?« fragt die arme Blinde, die aufgeschreckt ist. Und Pierrotte antwortet fröhlich: »Was das ist, Madame Eyssette? ... Das ... das kann man wohl sagen ... das ist ein Entwurf für das neue Firmenschild, das wir in einigen Monaten an unserem Geschäft anbringen. Los, Monsieur Daniel, lesen Sie uns das laut vor, damit man beurteilen kann, wie das klingt.«

Im Grunde seines Herzens weint der kleine Dingsda seinen blauen Schmetterlingen eine letzte Träne nach; dann nimmt er das Plakat in beide Hände. Komm schon ... sei ein Mann, kleiner Dingsda! — Dann liest er laut mit fester Stimme dieses Firmenschild vor, auf dem in großen Lettern seine Zukunft geschrieben steht:

Porzellan und Kristalle
Ehemals Haus Lalouette
EYSSETTE UND PIERROTTE
Nachfolger

Erster Teil

Zweiter Teil

Die Abenteuer eines blauen Schmetterlings!

Adieu! – Du solltest schon gehen?
Gewiß! Ich muß nach Haus.
Bedenkt, es ist schon spät!
Der Schmetterling: Verdammt!
Reißt nicht gleich aus. Es ist
doch nie zu spät, wieder nach
Haus zu gehen –
Mir wird wie lang die Zeit daheim,
und dich Lust sehen!
Wie gar so [illegible] Türen,
Wand und Fenster durch
wenn uns die draußen Tau
und Sonne locken noch,
und Klatschmohnblüten
Und [illegible] deinem Sinn, gewiß,
nicht [illegible] ...
So sag es mir …

Aber, doch [illegible]
wenn ich [illegible]

DER SCHMETTERLING

Wählen die
Dummen, [illegible]
[illegible] nicht [illegible]
mehr, [illegible]
So war [illegible]
sieht, es ist [illegible]
schön, so und

DER MARIENKÄFER

Ja doch …
Seid still
Was gibt's?